W0076801

V&R

Manfred Tiemann

Jesus comes from Hollywood

Religionspädagogisches Arbeiten mit Jesus-Filmen

Vandenhoeck & Ruprecht
in Göttingen

Bitte beachten Sie unseren ergänzenden Internet-Service:

Informationen zu den im Buch vorgestellten Filmen – Regisseur, Produzent, Mitwirkende, Inhaltsangabe, Literaturhinweise – sowie zu ca. 400 weiteren Filmen, die sich mit Jesus beschäftigen: explizit oder implizit, in Stumm- und Monumentalfilm, in Dokumentations-, Trick- und Animationsreihen -– finden Sie im Internet unter:

http://www.vandenhoeck-ruprecht.de/tiemann/hollywood.html

Die Informationen werden laufend aktualisiert.

Die Deutsche Bibliothek – CIP-Einheitsaufnahme

Tiemann, Manfred:
Jesus comes from Hollywood : religionspädagogisches Arbeiten mit Jesus-Filmen /
Manfred Tiemann. – Göttingen : Vandenhoeck und Ruprecht, 2002
ISBN 3-525-61396-2

© 2002, Vandenhoeck & Ruprecht in Göttingen.
http://www.vandenhoeck-ruprecht.de
Printed in Germany. – Das Werk einschließlich seiner Teile ist
urheberrechtlich geschützt. Jede Verwertung außerhalb der engen
Grenzen des Urheberrechtsgesetzes ist ohne Zustimmung
des Verlages unzulässig und strafbar.
Das gilt insbesondere für Vervielfältigungen, Übersetzungen,
Mikroverfilmungen und die Einspeicherung und Verarbeitung
in elektronischen Systemen.
Satz: Weckner Fotosatz GmbH, Göttingen
Druck und Bindung: Hubert & Co., Göttingen

Vorwort

„Irgendwie find ich, Jesus ist ein *Loser*", sagt Anna. Dabei spielt sie mit dem trendigen Bronzekreuz, das ihr um den Hals hängt.
„Und was ist das?", frage ich.
„Das trägt man eben", sagt Anna.
„Bloß, weil es ‚in‘ ist?", will ich wissen.
„Nö", sagte Anna. „Das bedeutet auch was. Das ist sozusagen *heilig*."

Genau genommen war dieses kurze Gespräch der Anlass für das vorliegende Buch. Jesus im Religionsunterricht – das muss sein. Und zwar nicht (nur), weil es in der Bibel und in den Lehrplänen steht, sondern weil die Schülerinnen und Schüler in ihrer Umwelt von Jesus umgeben sind. Da wimmelt es von *Ichtys*-Fisch-Aufklebern, Kreuzen und „Madonnas", von Jesus-Zitaten in Werbung, Kunst und Literatur.

Mitmenschen begegnen diesen Chiffren zwiespältig. Einerseits sind sie verfügbar, käuflich, billig. Andererseits bürgen sie für eine – nicht genauer zu definierende, diffuse, übernatürliche – Qualität; das *Label* Jesus steht gewissermaßen für *höhere Weihen*.

Und der andere, der biblische Jesus?, möchte man fragen. Ja, der … Gottes Sohn, Kind in der Krippe – verheißener Retter, verlorener Versager – halb Gott, halb Mensch … Es drängt sich der Verdacht auf, dass wir heute die gleichen Probleme mit den „zwei Naturen" Jesu haben wie die Kirchenväter in Nicäa.

Das macht Jesus-Unterricht sowohl nötig als auch spannend. Bloß: Wir müssen Wege finden, dieses Empfinden mit den Schülerinnen und Schülern zu *teilen*. Wir müssen sie, um das viel traktierte Wort zu wiederholen, da abholen, wo sie sind, in ihrer Welt der Medien und der Markenzeichen, der Gegenwarts- und Alltagskulte und der Sinnsuche, die meistens einen weiten Bogen um die Kirche macht.

Aus den genannten „Zutaten" der aktuellen Lebenswelt ragt für mich der *Jesus-Film* heraus. Denn er benutzt nicht nur das *Label* Jesus – er reflektiert es auch. Jesus ist sein Markenzeichen *und* sein Inhalt – ein geradezu perfekter Einstieg für den Jesus-Unterricht, ein Schatz von Möglichkeiten des Zugangs zum Gott-Menschen Jesus Christus, der auch Schüler*innen* fasziniert.

Seit langem beschäftige ich mich intensiv mit Jesus-Filmen und fast eben so lange setze ich Jesus-Filme gezielt im Religionsunterricht ein. An beiden Polen ist Erfahrung gewachsen, die religionspädagogisch und didaktisch ertragreich ist.

Dieses Buch verbindet dreierlei: Ausgehend von einem genaueren Blick auf die Lebenswelt der Schülerinnen und Schüler (A) nimmt es das Unterrichtsmedium Jesus-Film, seine verschiedenen Ausprägungen, Wirkungen (B) und Möglichkeiten der Auseinandersetzung (C) in den Blick, um dann an praktischen Beispielen darzustellen, wie dieses Medium im Unterricht einzusetzen ist (D); ein Materialteil bietet Orientierung über die wichtigsten Filme, ihre Themen, Schlüsselszenen und didaktischen Potenziale sowie exemplarische Filmvergleiche (E). Adressen- und Literaturverzeichnisse, Film- und Themenregister und nicht zuletzt Tipps zum Bezug der Filme bilden den Abschluss (F). Ich hoffe, dass dieses Arbeitsbuch vielen Religionslehrerinnen und -lehrern und ihren Schülerinnen und Schülern spannende Begegnungen mit dem verschafft, der nach christlichem Bekenntnis *der Weg ist, die Wahrheit und das Leben*.

Inhalt

Wo leben wir eigentlich? – zwei Aspekte

1. Die Allgegenwart des Religiösen

Alle Jahre wieder geschieht es in stereotyper Regelmäßigkeit: Zu den Festtagen Weihnachten, Karfreitag, Ostern und Pfingsten sendet das öffentlich-rechtliche Fernsehen Jesus-Filme. Die Tatsache, dass sich in den letzten Jahren auch die kommerziellen Sender diesem „Brauch" angeschlossen haben, lässt ahnen, dass der Mann aus Nazareth gute Einschaltquoten garantiert.

Ein Blick auf die Ostertage des Jahres 2001 illustriert den Trend:

Corpus Christi (12-teilige Dokumentation, Frankreich 1997)	in Arte
Ein Kind mit Namen Jesus (12 Folgen, Italien 1988)	in KIKA
Paulus auf Reisen (4-teilige Serie, 1995)	in HR
Das Osterwunder (Zeichentrick, Irland 1997)	in KIKA
König der Könige (USA 1960)	in BR und N3 (6,6%)
Das Gewand (USA 1953)	in ZDF (10,7%)
Ben Hur (USA 1959)	in SAT 1
Die Bibel – Jesus (Teil 1/2)	in S3 und ORB
Quo vadis (USA 1951)	in SF2
Die Bibel: Paulus (Teil 1/2, Deutschland/Italien 2000)	in ARD und ORF (8,6%/7,8%)
Maria – die heilige Mutter Gottes (USA 1999)	in Premiere

(Prozentangaben = Marktanteile)

Der Pay-TV-Sender Premiere bot über die Osterfeiertage insgesamt fünfzehn Bibel- und Jesus-Filme an und zwar in erster Linie alte Hollywood-klassiker in Dauerwiederholungen, aber auch eine Erstausstrahlung.

Ist Jesus also „in"? Der Eindruck wird verstärkt, wenn man im Alltag die Augen offen hält: Im Straßenverkehr begegnet der „Ichtys"-Fisch als Auto-aufkleber, an Schmuckständen gibt es Kreuze und Fische in den verschiedensten Ausführungen, Zeitungen und Werbung[1] benutzen Versatzstücke

---

1 Vgl. A. Mertin/H. Futterlieb, Werbung als Thema des Religionsunterrichts, Göttingen 2001.

der Jesus-Tradition zur Legitimierung, als „Hingucker" oder zur Provokation. Videoclips[2] und Pop-Songs behandeln in vielfachen direkten und indirekten Anspielungen den gekreuzigten wie den auferstandenen Retter.

Hinzu kommt ein allgemein verbreitetes religiöses Interesse der Zeitgenossen, das sich in „Alltagskulten" (Musik, Body-Styling, Mode, Idole), in der wachsenden Nachfrage nach Esoterik, Mystik und Spiritualität und in dem starken Zulauf niederschlägt, den Sekten und Sondergemeinschaften mit fundamentalistischen Grundsätzen und hierarchischen Strukturen verzeichnen.

Jesus und Religion *sind* „in" – aber das ist bekanntlich nur die halbe Wahrheit. Der heutige Zeitgeist zeichnet sich unter anderem auch durch eine seltsame Zwiespältigkeit aus: Die Sehnsucht nach Sinn, höheren Werten und Wahrheit ist einerseits groß, andererseits sind Kultur und Religion längst entzaubert und säkularisiert, man „glaubt" nicht mehr – höchstens an Fortschritt, Technik und Wirtschaft. Man sucht seine Antworten nicht mehr bei den zuständigen Institutionen wie Parteien, Verbänden oder der Kirche, sondern bedient sich auf einem Markt gewissermaßen privater Anbieter und „bastelt" dann ganz individuelle Lösungen. Fern von der Institution jedoch bekommen solche Sinnkonstruktionen etwas Unverbindliches, Beliebiges.

 Religiöses wird an seinem Bildungs-, Unterhaltungs- oder Freizeitwert gemessen, nach Geschmack oder Brauchbarkeit gewählt oder wieder verworfen.

2. Durch die Brille der Medien

An Weihnachten 1952, dem Beginn des regelmäßigen TV-Sendebetriebs in Deutschland, besaßen nur etwa 1000 Haushalte ein Fernsehgerät. Seitdem hat der Fernsehkonsum bei Kindern, Jugendlichen und Erwachsenen kontinuierlich zugenommen.

Nach Daten zur Nutzung des Fernsehprogramms verbrachten Erwachsene an den Werktagen der ersten drei Monate des Jahres 1977 täglich durchschnittlich 127 Minuten ihrer Freizeit vor dem Fernsehgerät.

Für 1994 ergab eine Studie, die von ARD und ZDF in Auftrag gegeben wurde[3]:
– Drei von vier Kindern zwischen sechs und dreizehn Jahren sitzen täglich vor dem Fernseher.
– Jedes fünfte Kind hat seinen eigenen Apparat und sieht bei über drei Stunden am Tag mindestens fünfzig Werbespots.

2 Vgl. A. Mertin, Videoclips im Religionsunterricht, Göttingen 1999.
3 Zit.n. Stern, Nr. 3 vom 12.1.1995, S. 61ff.

- Bereits 360000 Kinder sehen morgens vor Schulbeginn fern.
- 330000 Kinder unter vierzehn Jahren sehen am Samstagabend noch nach 23 Uhr fern.

 „Die Beziehungen zu Fernsehfiguren sind teilweise stärker als zu den eigenen Eltern", stellt der Kommunikationsforscher Jo Groebel fest. Bedenklich ist aber auch die Motivation: „Kinder schauen nicht fern, um etwas über die Welt zu erfahren, sie nutzen das Fernsehen als Erlebnismedium."[4]

Die Veränderungen im Freizeitverhalten 1999:
– Fernsehen: drei Stunden täglich sitzt der Durchschnittsdeutsche vor der Glotze.
– Das Internet wird täglich von ca. 51% der Bürger – meist ziellos – genutzt.
– Den Computer benutzen ca. 79% der Bürger.

Nach einer Studie[5] hat sich der Fernsehkonsum im Jahr 2000 weiter gesteigert: Von 179 Min. (1999) auf 211 Min. (2000).

Hoher TV-Konsum macht Kinder aggressiv und lässt sie abstumpfen. Weniger TV und Videospiele seien ein gutes Mittel gegen kindliche Aggressivität.

Das Angebot an Spielfilmen wird von Jahr zu Jahr vermehrt: Im Jahr 2000 wurden mehr als 12000 Spielfilme im deutschen Free-TV ausgestrahlt. Allein zwischen Karfreitag und Ostermontag 2001 waren es mehr als 400 Spielfilme.
„…*da kann man nur hoffen, dass das Wetter schlecht wird, damit man nicht zwischendurch noch raus muss.*"[6]

Ähnliches wie für das Fernsehen gilt auch für die neuen Medien: Sie sind heute nicht nur die Informationsquelle Nummer eins – achtzig Prozent unseres Wissens über Dinge, die wir selbst nie in Augenschein genommen haben, beruhen auf Medienerfahrungen[7] – sondern sind auch zu einer unverzichtbaren Lustquelle geworden.

Da wundert es nicht, dass das Segment Kultur in den Medien immer weniger nachgefragt wird. Beispielsweise sahen im Jahr 2001 nur etwa 200000 Zuschauer die ZDF-Inszenierung von Goethes „Faust". Was speziell die Jugendlichen betrifft, so ist ebenfalls das Interesse an Magazinen mit politischen Schwerpunkten stark zurückgegangen; so sind beispielsweise der ARD-Weltspiegel oder das ZDF-Auslandsjournal für diese Ziel-

4 J. Groebel, Angsthaben ist so schön. Gewalt im Fernsehen ist bei Erwachsenen umstritten – Kinder lieben sie. Warum?, in: Die Zeit, Nr. 3 vom 13.1.1995, S. 67. Vgl. ferner: W. Klingler/J. Groebel, Kinder und Medien 90. Eine Studie der ARD-ZDF-Medien-Kommission, 1995.
5 dpa, in: Heidenheimer Neue Presse vom 17.1.2001.
6 TV-Spielfilm 8/01, S. 302.
7 Vgl. R. Kohm, Weltbilder – Wahrnehmung – Wirklichkeit, in: Wirklichkeit und Medien. perfo. Medienmagazin für die Ev. Landeskirche in Württemberg 4/1998, S. 4.

gruppe kein Thema mehr: Der Marktanteil bei der Zuschauergruppe zwischen 14 und 29 Jahren halbierte sich binnen vier Jahren[8]. Hingegen steigt das Angebot an unterhaltenden Spielfilmen; man darf also hier von entsprechend steigender Nachfrage ausgehen.

Der Trend ist offensichtlich: In der Gesellschaft wie bei den Jugendlichen stehen Erlebnisse, Spannung, Abwechslung hoch im Kurs, die aber seltener selbst gestaltet, häufig einfach konsumiert werden. Dass trotz ständig wachsendem Angebot immer weniger gelesen wird, braucht kaum noch angeführt zu werden!

 Von dieser Entwicklung betroffen sind auch die Bibel und das religiöse Schrifttum.

---

8 Vgl. HörZu, Nr. 14/1999, S. 112.

Abbilder Jesu –
wie und wozu?

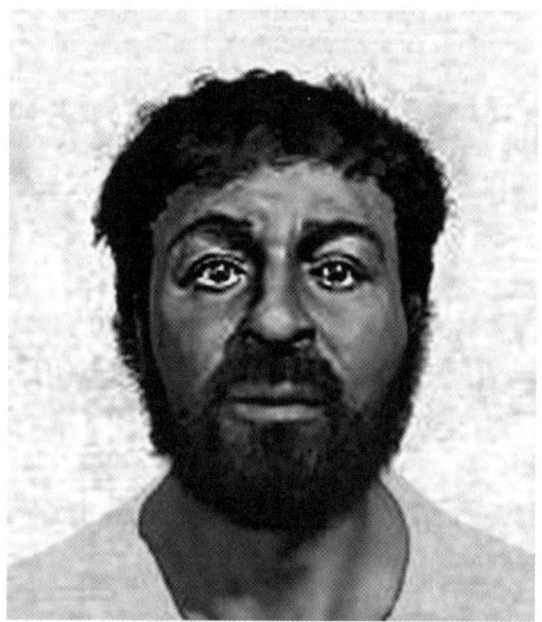

Holder Jüngling in lockigem Haar? Blond mit blauen Augen? – Es geistern viele Jesus-Vorstellungen in den Köpfen. Nun meint die BBC zu wissen, wie Jesus wirklich aussah.

Spiegel Online, 28.3.2001

1. Jesus-Bilder in der Kunstgeschichte

In allen Jahrhunderten haben Maler, Bildhauer und Graphiker versucht, Gott, Jesus und den Gehalt der Bibel künstlerisch darzustellen.

Sie legten auf ihre Weise Zeugnisse ihrer persönlichen Frömmigkeit ab[9]. Viele Künstler galten als Propheten, die eine besondere Nähe zu Gott hatten und deren Werke daher als göttlich inspiriert verehrt wurden, z.B. *Raffael* oder *Michelangelo*.

Sie befolgten nicht das Bilderverbot: „Du sollst dir kein Bildnis noch irgendein Gleichnis machen..." (Ex 20,4). Dabei ist es interessant, sich vor Augen zu führen, wozu dieses Verbot einst diente: Israel setzte sich in einen bewussten Gegensatz zu den Nachbarvölkern und seinen Kulten; die Vorschrift sollte verhindern, dass Israels Gott – wie die Umweltgötter – in Kultbildern und Götzenfiguren dargestellt und verehrt, beschränkt und eingegrenzt und damit letztlich verfügbar gemacht wurde. Als Mose Gott fragt, wie sein Name lautet, erfährt er die Antwort: „Ich werde sein, der ich sein werde"...

 Die Gefahr, Gott zu verdinglichen und verfügbar zu machen, ist heute erneut von großer Aktualität: Die Vermarktung religiöser Symbole geht in eben diese Richtung.

Gleichzeitig haben die Bilder einen erzieherisch-religiösen Aspekt. Besonders wird dies in den Ausmalungen von Kirchen, von Kreuzwegen und bei der *Biblia Pauperum*, der Armenbibel aus dem 11. Jahrhundert, deutlich: Illustrationen helfen dem Priester, dem Volk (den „geistlich Armen") die Heilsgeschichte der Bibel zu vermitteln. Die biblischen Gestalten ziehen lebendig am Betrachter vorüber. Die Gläubigen werden in das Geschehen mit einbezogen.

Die Bilder haben also zunächst eine *dienende Funktion*: Die Heilige Schrift erhielt zusätzlich „heilige Bilder". Sie sollten die kirchliche Lehre veranschaulichen, in biblischen Geschichten unterweisen und die

---

9 Vgl. folgende Bildsammlungen, Literaturauswahl u.a.:
 – Bach, B. (Hg.): Das Bild in der Bibel. Bibelillustrationen von der Reformation bis zur Gegenwart. Aus evangelischen Archiven und Bibliotheken in Bayern, München 1995
 – Köder, S.: Bilder zum Neuen Testament. 56 Farb-Dias und Texte, [7]1997
 – Zink, J.: Dia Bücherei. Christliche Kunst. Betrachtung und Deutung. Band 20. Jesusgeschichte II: Begegnungen und Gespräche, Eschbach 1987
 Jesus-Bilder im Internet:
 http://www.pictures.com/MiscellaneousImagesOFJesus.htm
 http://www.clark.net/pub/webbge/jesus.htm
 http://www.princeton.edu/ica/indexca.html

Erinnerung festigen. Später jedoch lösten sich die heiligen Bilder von den biblischen Texten ab und wurden selbstständig verehrt. Und schließlich konnten sie sogar für antiklerikale Zwecke umfunktioniert werden.

In welcher Absicht auch immer sie entstanden, die Kunstwerke waren stets auch geprägt von der Theologie ihrer Zeit. Die Jesus-Darstellungen betonen in manchen Epochen den siegreichen König, in anderen den Schmerzensmann, einmal den jugendlichen, menschenfreundlichen Hirten, ein anderes Mal den souveränen und welterfahrenen Herrscher.

In der *Gotik* wird Jesus vornehmlich als Menschen-Sohn, als menschlicher Gottessohn abgebildet; bedrängt von Hungersnöten, Pest und Elend stellten die Künstler den leidenden, duldenden Jesus dar, mit dem sich der Gläubige identifizieren, bei dem er aber auch Trost und Hoffnung finden kann. Denn Jesus ist, auch das steht im Mittelpunkt, auch im Leiden der Retter, der Heiland, der *Salvator*.

In der *Reformationszeit* werden Bilder als *Ablenkung* vom Wort Gottes empfunden und aus den Kirchen entfernt.

Im *Barock* schwelgt man in Sinnenfreude, Zärtlichkeit, Leidenschaft. Volkstümliche Darstellungen zeigen Jesus selbst am Kreuz als *herkulischen Sieger*.

Das *17. Jahrhundert* historisiert: Auch biblische Themen werden *verweltlicht*, d.h. in Ereignisse der Geschichte und Gegenwart eingebettet. Im 18. Jahrhundert wird Jesus vollends auf das Idealbild des aufgeklärten Bürgers zugeschnitten.

Im *19. Jahrhundert* wird auch die Christusfigur durch die *Religionskritik* von Denkern wie Feuerbach, Marx und Nietzsche fragwürdig. Man liebt einen klassizistisch dargestellten Jesus mit den idealisierten Zügen des Heilands (z.B. von Chr. Bertel Thorvaldsen, 1822-29).

Das *20. Jahrhundert* wiederum zeigt einen neuen Ansatz zur Begegnung mit Christus; die Bedeutung Jesu wird an politisch-gesellschaftlichen Fragestellungen *aktualisiert* und er erscheint als „Mensch für andere", als Chiffre für Mitmenschlichkeit, Freiheit und Toleranz (Man denke nur an die Misereor-Hungertücher oder die Kreuzwege in Lateinamerika.).
Jesus kann im 20. Jahrhundert provokativ dargestellt werden, z.B. als
- revolutionärer Selbstbefreier
  (z.B. José Clemente Orozco, Jesus fällt sein Kreuz, 1932/34)
- am Kreuz Leidender mit Gasmaske
  (George Grosz, Christus mit der Gasmaske, 1935/36)
- verfolgter und gekreuzigter Jude
  (z.B. Marc Chagall, Die weiße Kreuzigung, 1937)
- Schwarzer (z.B. William H. Johnson, Jesus am Kreuz, 1944)
- unproportionierter glatzköpfiger Agitprop-Typ
  (Eugen Schönebeck, Der Gekreuzigte, 1964)
- Narr (Peter Litzenburger, Christus, der Narr, 1978)
- Frau (Candace Carter, Frauenaltar, 1991/92).

Die Bilder Jesu sind Bilder des Menschen, des Menschen, der der jeweiligen Theologie-, Geistes- und Kulturgeschichte seiner Zeit verhaftet ist. Sie interpretieren und sind interpretierbar.

2. Als die Jesus-Bilder laufen lernten

Wie die Bilder sind auch die Filme ihrer Entstehungszeit vielfältig verpflichtet; zugleich aber bringt der zeitliche Vorsprung der Kunstgeschichte gegenüber der Filmgeschichte es mit sich, dass Filmemacher sich an *Kunstwerke* wie an Vorlagen anlehnen konnten.

Sie nahmen die vorhandenen Jesus-Motive wie den guten Hirten, den jugendlichen Menschenfreund, den Leidenskönig oder den siegreichen Kämpfer auf und setzen ihn in Szene. So macht etwa Cecile B. DeMille für seine Kreuzweg-Inszenierung im Film „King of Kings" von 1927 eine Anleihe bei den Holzschnitten des romantischen Künstlers Gustave Doré aus dem Jahr 1866.[10]

Neben den zeitgenössisch besonders beliebten Bibelbildern Dorés oder auch von Julius Schnorr von Carolsfeld und J. James Tissot dienten den frühen Filmemachern die Gemälde alter Meister (z.B. DaVincis „Abendmahl" oder die „Kreuzigung" von Velasquez) oder aber die frommen Gebrauchsbilder wie Andachts- und Fleiß- und Sterbebildchen als Vorbilder ihrer Gestaltung.

Jedoch nicht die Bilder allein lehrten den Film-Jesus das Laufen; Unterstützung kam noch von einer anderen, längst etablierten Gattung, nämlich dem *Jesus-Roman*.

Dessen Geschichte ähnelt wiederum der Geschichte der Bilder: Bis zum 18. Jahrhundert lehnten sich die literarischen Bearbeitungen der Figur Jesus eng an die Evangelien an. Dabei standen die Weihnachts-, Passions- und Osterspiele im Vordergrund. Im Zusammenhang mit bibelkritischen Forschungen (z.B. D.F. Strauss, Das Leben Jesu, 1835/6) entstanden ab Mitte des 19. Jahrhunderts freiere und säkularisierte Annäherungen an den Mann aus Nazareth.[11] Beispielsweise stellt E. Renan in „La vie de Jesus" 1863

10 Vgl. D. Kothenschulte, Glaube und Glamour. Doré, DeMille und Oberammergau: Der Jesus-Film The King of Kings (1927) als Schnittpunkt massenmedialer Bibelrezeption, in: R. Zwick/O. Huber (Hg.), Von Oberammergau nach Hollywood. Weg der Darstellung Jesu im Film, Köln 1999, S. 124.
11 Vgl. folgende Literaturauswahl:
  – Kuschel, K.-J.: Jesus in der deutschsprachigen Gegenwartsliteratur, Gütersloh 1978 (erw. Aufl. München/Zürich 1987); ders. (Hg.): Der andere Jesus. Ein Lesebuch moderner literarischer Texte, München/Zürich 1987; ders.: Weil wir uns auf dieser Erde nicht ganz zu Hause fühlen. 12 Schriftsteller über Religion und Literatur, München/Zürich 1985; ders.: Im Spiegel der Dichter. Mensch, Gott und Jesus in der Literatur der 20. Jahrhunderts, Düsseldorf 1997
  – Langenhorst, G.: Jesus ging nach Hollywood. Die Wiederentdeckung Jesu in Literatur und Film der Gegenwart, Düsseldorf 1998
  – Sölle, D.: Das Eis der Seele spalten. Theologie und Literatur in sprachloser Zeit. 1996
  – Sölle, D./ Mautner, J.: Himmelsleitern. Ein Gespräch über Literatur und Religion. Herbert Falken. 1996.

Jesus in psychologisierender Art dar: Jesus ist ein sanfter Schwärmer und Weltbeglücker. Zu den bekanntesten Jesus-Romanen des 19. Jahrhunderts zählen

- Lewis Wallace: Ben Hur. Eine Erzählung aus der Zeit Christi (1880)
- Henryk Sienkiewicz: Quo vadis? Eine Erzählung aus der Zeit Neros (1895/96).

Darin wird Jesus aus der Perspektive von Weggefährten und Zeitgenossen dargestellt.

Gleichzeitig erscheinen Bühnenversionen, z.B. W. Young: Ben Hur (1899). An eigenständige Jesus-Interpretationen wagen sich die Romanautoren des 20. Jahrhunderts.

1929: In der romanhaften Biografie *Der Menschensohn* von E. Ludwig wird Jesus als „ewiger Mensch" gesehen, der stellvertretend für menschliches Elend steht.

1939: Schalom Ash erzählt in *Der Nazarener* das Leben Jesu aus jüdischer Sicht.

1942: In Lloyd Cassel Douglas' *Das Gewand des Erlösers* wird Jesus aus der Perspektive der Römer beschrieben.

1948: Nikos Kazantzarkis lässt in seinem Roman *Die letzte Versuchung* Jesus als Zimmermann auftreten, der Kreuze für die römischen Kreuzigungen herstellen muss. Maria Magdalena ist aus Enttäuschung über Jesus Hure geworden. Jesus, ein ganz normaler Mensch wie alle anderen, ruft am Kreuz: „Mein Gott, mein Gott, warum hast du mich verlassen!" Die Anklage wird unterbrochen durch „die letzte Versuchung", durch einen Traum und durch eine Vision, in der Jesus – vom Kreuz befreit – mit Maria Magdalena ein Kind zeugt. Jesus wird durch Judas aus dieser Vision gerissen und stirbt am Kreuz mit den Worten: „Es ist vollbracht!" Bereits kurz nach dem Erscheinen wurde dieser Roman von der katholischen Literaturkritik wegen Blasphemie auf den „Index der verbotenen Bücher" gesetzt.

1983: Luise Rinser schreibt ihren Roman *Mirjam* aus der Sicht der schönen Makkabäer-Tochter Mirjam, einer Rebellin und Getreuen Jesu. Mirjam sucht sich selber und fragt nach dem Sinn des Lebens. Sie verkörpert als Friedenskämpferin Gewaltlosigkeit in einer versteinerten Männerwelt.

1984: Das Buch von Peter de Rosa, *Meine Stunde ist noch nicht gekommen. Ein Roman über die frühen Jahre Jesu*, beschäftigt sich mit den frühen Jahren Jesu. Rosa erzählt, wie Jesus vor seinem öffentlichen Wirken gelebt, was er gedacht und gefühlt hat.

1991: Raymund Schwager will mit seinem Roman *Dem Netz des Jägers entronnen* die These belegen, dass sich in Jesus das ganze Alte Testament erfüllt hat. Die Lebensgeschichte wird entlang von alttestamentlichen Voraussagen gestaltet.

1991: José Saramago greift in *Das Evangelium nach Jesus Christus* zunächst die Frage auf, warum es so viel Leid auf der Welt gibt. Die Antwort wird in das Bewusstsein Jesu projiziert.

Ab 1993/94 gilt das Interesse der Jesus-Bücher mehr der Frage, was wir über den historischen Jesus wissen können.

> Dazu gehören beispielsweise: Jackman, Stuart: Geheimakte Davidsohn. Eine fingierte Akte über den Prozess Jesu (1993); Thiering, Barbara: Jesus von Qumran. Sein Leben – neu geschrieben (1993); Vandenberg, Philipp: Das fünfte Evangelium (1993); Crossan, John Dominic: Der historische Jesus (1994).
> Erwin Wickert stellt in *Zappas oder die Wiederkehr des Herrn* (1995) die Zeit der Christenverfolgungen unter Nero dar. Es kommt die Nachricht aus Korinth, dass Christus in Gestalt des ehemaligen Sklaven Zappas wiedergeboren und nun gekommen sei, sein Erlösungswerk zu vollenden. Während viele Christen ihm glauben, lehnt Petrus diesen Messias ab.

Viele dieser Romane wurden verfilmt. Die Romane wie ihre Verfilmungen spiegeln zunehmend die Fantasie oder die Idealvorstellung des jeweiligen Autors oder Regisseurs wider. Die persönliche Einstellung zur Bibel und zu Jesus – Glaube oder Unglaube – bestimmen den Charakter der Darstellung.

3. Was ist gelaufen? – Chronologische Übersicht über Phasen der Jesus-Verfilmungen

Stummfilm. Die ersten Jesus-Verfilmungen zeigen nur bruchstückhafte Episoden aus Jesu Leben, vorwiegend aus der Passion. Die Dauer der Filme beträgt oft nur wenige Minuten. Die erste filmische Version „La Passion de Christ" entstand in Frankreich 1897, war fünf Minuten lang und ist nicht erhalten geblieben. Im selben Jahr wurden aber auch bereits in England, den Vereinigten Staaten, Italien und noch einmal in Frankreich Passions-Filme gedreht. Bemerkenswert war der Schauplatz der amerikanischen Version „The Passion Play of Oberammergau" unter der Regie von Henry C. Vincent: Man drehte auf dem Dach des Grand Central Palace in New York.

„Le Christ marchant sur les flots" (1899/1900, Regie und Buch: Georges Méliès) ist einer der ersten Jesus-Filme, der sich nicht auf die Passion beschränkt. Das Werk verblüffte damals die Kino-Besucher dadurch, dass Jesus tatsächlich über Wasser wandelt. Diesen Effekt erreichte man mit Hilfe einer trickreichen Doppelbeleuchtung. Wie ein U-Boot taucht der Heiland auf und schreitet über die Wasseroberfläche.

Im Jahr 1897 gründen die Brüder Charles und Emile Pathé die Firma Pathé Cinéma und geben damit den Startschuss zur industriemäßigen Produktion von Filmen. Um 1900 wird das Leben Jesu zum Kassenknüller. Die Kirche erkennt rasch die Werbekraft des neuen Mediums und meldet Urheberansprüche an. Euphorisch äußerten sich die Befürworter der neuen Kunst:

„Das Zeitalter des Films dämmert herauf. Der Film wird zum besten Lehrer und zum besten Priester. Zwei Dinge wird die Zukunft bringen: Alkoholverbot und die Cinematographie. Beide werden die Menschen zu Höherem führen."[12]

 Oftmals entsteht Streit zwischen den Filmproduzenten und der katholischen Kirche; es geht sowohl um die Vermarktungsrechte als auch um Inhalte: Die Kirche verlangt, dass Jesus „richtig" dargestellt werde.

Ab 1910 wandeln sich die Jesus-Verfilmungen: Sie werden länger; erläuternde dialogische und monologische Zwischentitel werden eingeführt. Außerdem werden die Rollen nicht mehr vorwiegend mit unbekannten Laienschauspielern, sondern mit professionellen Darstellern besetzt. Man bemüht sich, an Originalschauplätzen, also im Heiligen Land und in Ägypten, zu drehen.

Der erste Dokumentarfilm aus dem Heiligen Land entsteht 1912 unter der Regie des Amerikaners Sidney Olcott: „From the Manger to the Cross" beginnt mit der Geburt Jesu, zeigt die Flucht nach Ägypten und Jesu Kindheit in Nazareth; Wunder wie z.B. die Auferweckung des Lazarus, schließen sich an. Die Ereignisse der letzten Woche, Kreuzigung und Auferstehung bilden den Schlussteil. Für die Innenaufnahmen wurde eigens ein Studio in Jerusalem errichtet. Der Film erhielt den Segen der katholischen Kirche.

Ein markantes Beispiel aus den Anfängen des italienischen Monumentalfilms ist die zweite Verfilmung des Romans von Henryk Sienkiewicz „Quo vadis" im Jahr 1913 unter der Regie von Enrico Guazzoni. Der Filmkonzern Cines möchte den engen Raum der Bühne sprengen und den Zuschauer durch imposante Massenszenen faszinieren. 5000 Komparsen zeigen Szenen aus der Zeit der Christenverfolgungen; sogar echte Löwen werden aufgeboten. Die Produktionskosten lagen bei 60000 Lire, was zunächst als Risiko galt. Der Film wurde jedoch zu einem großen Kassenerfolg in Berlin, Paris und New York und als großes Kunstwerk gefeiert. Die zeitgenössische Kritik lobt:

„Der Film entrollt ein grandioses plastisches Bild des weltbeherrschenden Roms zur Zeit Neros und der Christenverfolgung. Jeder plumpe Effekt ist in dem Bild vermieden, fast jede Stilwidrigkeit ist ausgeschaltet; man sieht, dass hier ein mit der Materie absolut vertrauter Künstler als Regisseur an der Arbeit war …"[13]

---

12 Zit.n. der Fernsehsendung „Jesus Christ Moviestar" (Schweiz, 25.12.1992). Zuletzt wiederholt in ARTE am 17.12.1993, in WDR 3 am 1.1. und 6.1.1994, in Bayern 3 am 21.3.1994.
13 Zit.n. Die Chronik des Films, München 1994, S. 24.

Anfangs warnt die katholische Kirche noch vor dem neuen Medium, z.B. Papst Pius X. untersagt 1912 den Angehörigen des Klerus den Besuch öffentlicher Kinovorführungen und spricht am 13. Januar 1913 ein Verbot von Kinovorführungen in Kirchen aus. Die Aufführung von Filmen religiösen Inhalts ist grundsätzlich untersagt.

Ein Monat später, am 7. Februar 1913, wird allerdings im Vatikan ein päpstliches Kino eröffnet.

Für die englischen Jesus-Filme ist das Jahr 1913 besonders wichtig: Die britische Filmbehörde erließ bei ihrer Gründung 1913 zwei Verbote, die unbedingt einzuhalten waren: keine Szenen mit Nackten und keine Szenen mit Jesus.

Dies Verbot besteht in England bis in die 30er-Jahre, z.B. in dem Film „Barabbas" (1935) ist Jesus im Verhör mit Pilatus nicht direkt zu sehen, sondern nur zu hören.

Eine Zeitungsmeldung von 1912 zeigt das damalige große Interesse an „echten" Jesusbildern: „Das New Yorker Institut veranstaltete Aufnahmen zur Darstellung der Leidensgeschichte Christi in Jerusalem selber, an denselben Orten und möglichst mit derselben Umwelt in Trachten und Volkstypen wie in jener Zeit. Die Aufnahmen fanden deshalb statt am Fuße des Ölberges, in der Nähe des Davidsturmes, am Damaskustor, und da beim Heiligen Grabe und auf Kalvaria so etwas nicht gestattet werden konnte, fand die Kreuzigungsnachbildung in einem Gelände sechs Kilometer nördlich von Jerusalem statt, wo man die Bodenverhältnisse denen des alten Kalvariahügels als ziemlich ähnlich betrachtete. Die Unkosten müssen groß sein."[14]

Ab 1915 wird die Rolle Jesu weiter instrumentalisiert. Der Zuschauer soll z.B. in den so genannten *Moralitäten-Stücken* zu ethischem, sittlichem und ehrenhaftem Verhalten erzogen werden. Jesus begegnet in solchen Filmen vorwiegend Menschen von zweifelhaftem Lebenswandel und bringt sie zur Umkehr. Hierzu drei Beispiele:

In „Business is Business" (1915, Regie: Otis Turner) verliert ein ruchloser Industrieller (Nat C. Goodwin) letztlich alles. Als er im Sterben liegt, erscheint ihm Jesus (Hobart Bosworth) beim letzten Abendmahl.

Der Film „Light at Dusk" (1916, Regie: Edgar Lewis) zeigt die Erzählung über den sozialen Aufstieg eines russischen Bauern, der aufgezehrt wird vom Geiz. Er wird in Amerika finanziell sehr erfolgreich, indem er Arbeiter in seiner Firma ausbeutet. Als seine Frau stirbt, erscheint ihm Jesus Christus. Sofort ändert er seine schlechte Lebensweise.

Der Film „I.N.R.I. Ein Film der Menschlichkeit" (Deutschland 1923/24, Regie: Robert Wiene) erzählt die Geschichte eines Attentäters, der durch die Betrachtung des Leidens Christi geläutert wird.

14 Die katholische Tageszeitung „Neue Zürcher Nachrichten", 1912.

Der Stil des Films ist deutlich angelegt auf das dekorative Arrangement, das sich an bekannten Darstellungen aus der bildenden Kunst orientiert, und auf diese Wirkung monumentaler Massenszenen, z.B. bei der Bergpredigt und beim Einzug in Jerusalem.

Die Kritik war damals fast einhellig positiv, wobei ein Argument aus der Besprechung der „Frankfurter Zeitung" interessant ist: *Die große und eigentliche Wirkung des Films aber, der die Welt erobern müsste, liegt im Wesen des so oft geschmähten Kinos selbst; nämlich in seiner Stummheit, in dem großen Schweigen, das über den sieben Akten ruht.*"[15]

Bereits früh nehmen gesellschaftspolitische Situationen Einfluss auf Jesus-Filme; die Zensur schränkte Aussagemöglichkeiten ein. Zum Beispiel versuchte Thomas Harper Ince 1916 in seinem Antikriegsfilm „Civilisation" nach dem Buch von C. Gardner Sullivan, die Botschaft Jesu zu aktualisieren. Er plädiert für Amerikas Neutralität im Ersten Weltkrieg. Jesus erscheint hier einem König, der mit seinem Nachbarland im Krieg lebt, führt ihm die Schrecken des Kampfes vor Augen und macht ihn so zu einem friedliebenden Menschen. Dieser Film wurde wegen seiner pazifistischen Aussage unterdrückt und erst nach 1919 zur Aufführung zugelassen.

In den Jahren 1926/27 drehte der Amerikaner Cecil B. de Mille „The King of Kings". Der Film wurde zum teuersten Stummfilm aller Zeiten, zum international erfolgreichsten Jesus-Film, legte Wert auf theologische Unbedenklichkeit – und erhob keinerlei Anspruch auf historische Genauigkeit. Gezeigt wird ein aufwändiger Bilderbogen mit Unmengen von Komparsen, einer moralisch geläuterten Maria Magdalena – und (neben anderen Hollywood-Effekten) etlichen Zebras…

De Mille versuchte, „Christus gleichzeitig als Mensch und als Gott zu zeigen. Die Erscheinung und die Himmelfahrt waren zwei Bravourstücke der Filmtechnik, die ungeteilten Beifall und Bewunderung fanden. Allgemein war die Filmtechnik ausgezeichnet; die Untertitel stammten aus den vier Evangelien."[16]

Die Instrumentalisierung setzt sich fort: Jesus-Filme werden unter dem Aspekt des missionarischen Einsatzes gesehen: Wilhelm Pauli, Bankdirektor in München, wirbt 1928 u.a. für die Verfilmung des Passionsspiels: „…ich aber sage Ihnen aber, dass dem Oberammergauer Passionsfilm eine noch weit größere Bedeutung zukommt und von einer nie geahnten segensreichen Wirkung sein wird, wenn wir den Missionaren die bildliche Wiedergabe des Oberammergauer Passionsspieles als Werbematerial für den christlichen Glauben bei den Heiden an die Hand geben. Je tiefer ein Volk in der Kulturstufe steht, desto weniger kann der gebildete Mann, der Christ, mit ,Worten' ausrichten."[17]

---

15 Reclams Filmführer, Stuttgart [7]1987, S. 270f.
16 C. Ford, Der Film und der Glaube, Nürnberg 1955, S. 77.
17 Zit.n. J. Raschke, Das „Nein" aus Oberammergau. Gescheiterte Passionsfilm-

Der Tonfilm. Anfang der 30er-Jahre setzt sich der Tonfilm mehr und mehr durch. Die Realitätsnähe wird durch Geräusch- und Musikuntermalung intensiviert. Besonders Kreuzigungsszenen werden ausführlicher und eindringlich-gefühlvoller ausgestaltet; Jesu Schmerzen, ja selbst das Einschlagen der Nägel, werden miterlebbar akustisch dokumentiert. Ansonsten allerdings tritt das Interesse am Jesus-Film hinter anderen Projekten deutlich zurück.

Der US-Regisseur King Vidor arbeitete 1929 mit dem frühen Tonfilm „Hallelujah" mit Jesus-Motiven und verlagerte sie ins Sklavenmilieu der amerikanischen Südstaaten. Gospelgesänge und Gebete vermitteln sehr authentisch die Situation in den Südstaaten: Der Film wurde nur mit Farbigen gedreht.

Der Jesus-Film „Das Kreuz von Golgatha" (Frankreich 1934/35, Regie: Julien Duvivier) ist ein Passionsfilm über das Leben Jesu, von Palmsonntag bis Himmelfahrt.

Der Vorspann betont, die Darstellung wolle die historische Dimension Jesu nach dem Matthäusevangelium hervorheben, beschränke sich deshalb auf den „äußeren Verlauf" der Ereignisse und maße sich nicht an, mit seinen Mitteln an das „Mysterium der Passion zu rühren".

Die Geschichte wird aus der Sicht Jesu erzählt. Für die Dialoge wurden ausschließlich Textstellen des Evangeliums benutzt.

Die deutsche Filmfassung verzichtet auf fast sämtliche Großaufnahmen Christi – in der Erkenntnis, dass ein Schauspielergesicht bei der Darstellung Jesu der Distanz bedarf.

Ab 1940 wurden überdies Zweifel an der Eignung des Films als Medium der direkten Verkündigung laut. „Ist es möglich, im filmischen Sinne, vom Menschen her Gott zu verstehen und ihn so zur Anwendung zu bringen?", fragt beispielsweise 1948 Harald Braun in seinem Salzdetfurther Referat[18]. Und die „Schwalbacher Entschließung" fordert 1950 deutlich Zurückhaltung bei dem direkten Zugriff auf die Gestalt des Heiligen:

„Wir wehren uns dagegen, dass Inhalt und Formen der christlichen Verkündigung in so genannten ‚religiösen Filmen' lediglich als Humanität oder Sentimentalität oder gar sadistische Sensation verfälscht werden. Wir müssen auch bitten, die filmische Darstellung der göttlichen Offenbarung (Christusleben, Vorgang des Wunders, Vollzug der Sakramente) zu vermeiden. Der Film kann die Wirklichkeit des Heiligen Geistes nur im Spiegel eines menschlichen Schicksals spürbar machen."[19]

Projekte, in: R. Zwick/O. Huber (Hg.), Von Oberammergau nach Hollywood. Wege der Darstellung Jesu im Film, Köln 1999, S. 98.
18 Zit.n. epd Film 12/85.
19 Evangelischer Film-Beobachter, 1. Juli 1950, S. 90.

„Es ist auffallend, dass, je weiter man sich von den Anfangszeiten des Films entfernt, es anscheinend mehr und mehr unmöglich wird, die Person des Evangeliums auf die Leinwand zu bannen, ohne dabei der Lächerlichkeit zu verfallen. Das elementarste religiöse Gefühl ist rasch peinlich berührt; einesteils durch den Ruch der Verkleidung, der immer den Gewändern der Antike anhaftet, zum anderen durch die Gegenwart bekannter Schauspieler in den Rollen der heiligen Personen."[20]

Die Epoche der Monumentalfilme. Von solchen Bedenken lassen sich jedoch die Filmemacher in den USA nicht anfechten. Hier entwickelt sich geradezu ein Kanon von Standardsituationen, die ein „echter" Jesus-Film aufzuweisen hat; dazu gehören die so genannten Drei Weisen im Stall zu Bethlehem, das Abendmahl und die Kreuzigung. Die amerikanischen Monumentalfilme, eher opulent und bildreich als narrativ oder gar reflektierend, wirken geschmacksprägend; mit der Uraufführung des Films „Das Gewand" am 4.12.1953 nach dem Roman von Lloyd Douglas beginnt auch in Deutschland die Ära der „Sandalenfilme" (spöttische Bezeichnung für die Filme, die Jesus in Sandalen zeigen).

Die neuen Jesus-Filme haben „Überbreite" – durch das neu erfundene Breitwandverfahren Cinemascope – und Überlänge (über zwei Stunden); sie operieren mit Melodramatik, Spezialeffekten und grausamen Massenszenen. Fantasie und Publikumswirksamkeit gehen vor Authentizität. „Das Gewand" beispielsweise (USA 1953, Regie: Henry Koster) erzählt die Legende des römischen Tribuns Marcellus Gallio, der mit seinen Tribunen die Kreuzigung Jesu vornimmt, anschließend von seinem Gewissen bedrängt wird und sich den Christen anschließt.

Das Ganze ist zugleich eine ergreifende Liebesgeschichte und ein kontrastives Sittengemälde: So wie das lasterhafte Rom wird Amerika untergehen, wenn es sich nicht auf die urchristlichen Tugenden zurückbesinnt.

In den Folgejahren überbieten weitere Monumentalfilme einander gegenseitig an Aufwand und Pathos, u.a. „Ben Hur" und „Der Fischer von Galiläa" (1958/9).

 Das Münchner Institut für Jugendfilmfragen hat die Wirkung solcher Filme auf Kinder untersucht und herausgefunden, dass die Acht- bis Zehnjährigen nicht in der Lage sind, den Filminhalt zu durchschauen; alles, was den Kolossalfilm charakterisiere, der häufige Wechsel von Schauplätzen, die Vielzahl der Mitwirkenden, die Handlungsfülle, übersteige die Auffassungsgabe. Die verlorene Grundübersicht erhöhe die Anfälligkeit für Schreckszenen und Horror.[21]

20 In: Radio-Cinéma-Television vom 16. März 1952. Zit.n. C. Ford, Der Film und der Glaube, Nürnberg 1955, S. 81.
21 film-dienst 15 vom 11. April 1962.

Monumental in anderer Weise sind dann in den 60er-Jahren Filme, die nicht die Leben-Jesu-Geschichte aus möglichst vielen Details erzählen, sondern versuchen, Jesus vor dem Hintergrund der gesamten (Heils-)Geschichte zu interpretieren, beispielsweise „Fünfzig Stufen zur Gerechtigkeit" (1961), „The King of Kings" (1960) oder „Die größte Geschichte aller Zeiten" (1963). Der brasilianische Regisseur Anselmo Duarte überträgt im erst genannten Film die Gestalt und Passion Jesu auf die gesellschaftliche und politische Situation in der Gegenwart seines Landes und übt Kritik an Religion, Kirche und Staat. Die beiden amerikanischen Filme setzen auf den zeitlos sympathischen und vorbildlichen guten Menschen Jesus.

Aber auch die großen Ambitionen der Monumentalfilmer stießen nicht überall auf Gegenliebe: „Bibelfilme sind ein alt bekanntes Ärgernis", kritisiert Theo Fürstenau, der Leiter der Filmbewertungsstelle Wiesbaden. „Das Leben Christi als kleinbürgerliches Genre, als leere Erbauung, auf Öldruck, im 19. Jahrhundert in seiner negativsten Ausprägung: Wer will das heute noch sehen?"[22]

Und bei den „Festwochen des religiösen Films", die 1966 in Aachen stattfanden, stellte man kritische Fragen – Was sind Kennzeichen des religiösen Films? Sind die Monstre-Filme zu Sujets aus der Bibel religiöse Filme? Soll ein religiöser Film Heilige und Priester als Helden vorstellen? Muss der religiöse Film erbauen? – und kam zu folgendem Urteil:

„Der Begriff *religiöser Film* ist irreführend. Er verleitet zu der Annahme, es gäbe religiöse Filme so wie es etwa Wildwest-Filme, Liebesfilme und Heimatfilme gibt. Die Charakteristik religiös kann aber keine Genre-Bezeichnung für einen Film sein. Die Kennzeichen für religiös und nicht-religiös sind vielmehr im Thema zu suchen, in den vorgestellten Verhaltensweisen und ihren inneren Begründungen. Mancher Problemfilm, in dem kein Wort von Gott fällt, hat darum eher etwas mit Religion zu tun als etwa ein Don-Camillo-Film. Weder ein festgelegter Heldentypus noch Historien aus biblischer Zeit noch Rührseliges zur Erbauung haben in der Regel mit Religion mehr gemein als Äußerlichkeiten. Sie bieten statt Religion, Filmdevotionalien statt Wirklichkeit. Eine Definition, die hilft, Filme als religiös zu kategorisieren? Es gibt sie nicht."[23]

22 Zit.n. H. Gerber, Christliche Superlative. Gedanken zur Problematik der „Bibelfilme", in: epd Kirche und Film, Nr. 11, November 1965.
23 P. Halbe, Zeitnahe religiöse Gespräche durch den Film, in: film-dienst 50 vom 14.12.1966.

Das Jesus-Musical. In den Siebzigerjahren nimmt man Abstand vom monumentalen Jesus-Film und versucht sich an Jesus-*Transfigurationen* – Umsetzungen und Neuinterpretationen der Gestalt Jesu. Oft werden nur einzelne religiöse Motive eingearbeitet. Beispielsweise ist der Leidensweg Jesu Vorbild für zahlreiche Gefangenenfilme (z.B. in Stuart Rosenbergs „Der Unbeugsame", 1966).

Die Jugendkultur in den USA – u.a. die Hippie-Bewegung, die Jesus-People – schuf neue Formen der Sinnsuche und entdeckte Jesus als neue Hoffnungsgestalt. Der Jesus-Stoff wird entsprechend dem Lebensgefühl der „Flower-Power-Generation" als Show-Ereignis präsentiert; man denke nur an „Jesus Christ – Superstar" (USA 1972), „Godspell" (USA 1973), „The Gospel Road" (USA 1973) und „Hair" (USA 1976).

1975 charakterisiert Franz Everschor den neuen Jesus-Film: „Es ist nicht mehr der Christus der ‚Größten Geschichte aller Zeiten' und auch nicht mehr der Christus Pasolinis, der uns in den Filmen der Siebzigerjahre begegnet. Er ist zur romantisch-nostalgischen Fluchtfigur geworden, zum Kristallisationspunkt des Zivilisationsüberdrusses, zur Identifikationsfigur einer ‚Easy-Rider'-Mentalität, die längst dem Geschäft und der Konsumindustrie überantwortet ist. Aus Christus wurde Jesus Christ Superstar, Musical-Held der Sehnsucht nach einem befreienden humanitären Vorbild..." Jetzt „ist Christus ein Synonym für die Flucht in die Freiheit, für den Traum von einem neuen, besseren Menschen. Die wesentliche ‚religiöse' Dimension der in dieser Hinsicht relevanten Filme der Siebzigerjahre scheint mir die Suche nach einer neuen Orientierung, die Sehnsucht nach Individualität und Verantwortung zu sein."[24]

Satiren, Parodien, Blasphemie. Zu Beginn der Achtzigerjahre sind zwei Tendenzen sichtbar: Einerseits erneuert man das Ringen um authentische Bibelverfilmungen (z.B. mit dem „Genesis-Projekt"), andererseits entstehen kritische Jesus-Filme, die Grundfragen menschlicher Existenz aufgreifen und die Zuschauenden – teilweise provokativ – herausfordern, über die aufgezeigten Probleme nachzudenken und dementsprechend zu handeln (z.B. „Jesus Christus in Seoul"; „Jesus von Montreal"). Die Provokation macht auch vor Satire und Parodie nicht Halt; man denke an „Das Leben des Brian" (1979), „Das Gespenst" (1982); „Jesus – der Film" (1986) oder „Die letzte Versuchung" (1988).

---

24 F. Everschor, Die Darstellung religiöser Inhalte im Film, in: Stimmen der Zeit, 100. Jg. 1975, S. 395.

Am Beispiel „Das Gespenst" (BRD 1982) können deutlich damalige Zensur, Intoleranz und Vorwurf der Blasphemie aufgezeigt werden:

Im Film steigt eine lebensgroße Christusfigur („Der 42. Jesus") in einem bayerischen Kloster auf die Klage einer enttäuschten Oberin (Annamirl Bierbichler) vom Kreuz, um als „Ober" (Herbert Achternbusch) mit Münchner Passanten, mit der Polizei und mit einem Bischof in Konflikt zu geraten.
Den unbedeutenden 42. Herrgott zieht es ins Bett der Oberin. Um ihren gemeinsamen Lebensunterhalt zu versorgen, bewirtet er die Gäste der Klosterschänke.
„Denkst du dir nichts, wenn du Rotwein trinkst?", fragt die Oberin. – „Nein, wieso?" – „Es ist dein Blut!" – „Wie kommst du darauf?"
Der Film löste heftige Proteste aus: *„cineastischer Nierenschlag", „grotesk, blasphemisch".*[25]
Nach zwei Jahren juristischer und journalistischer Auseinandersetzung wurde der Film in der Schweiz freigegeben. Das Bundesgericht in Lausanne verfügte die Aufhebung der Beschlagnahme des Films durch die Züricher Bezirksanwaltschaft. Die Freigabe wurde begründet, *dass der Film, in seiner ganzen Länge besehen, in keiner Weise eine Beschimpfung oder Verspottung des Christentums darstelle. Auch wer ihn inhaltlich ablehne, könne ihn nicht als Machwerk zur Verhöhnung des christlichen Glaubens bezeichnen."*[26]

Im deutsch-italienischen Film „Joan Lui – Eines Tages werde ich kommen, und es wird Montag sein" aus dem Jahr 1986 von und mit Adriano Celentano ist der zum Weltstar aufsteigende Sänger Joan Lui ein Heilsverkünder mit missionarischer Botschaft: Die nazarenerhafte Gestalt kommt von einem anderen Stern mitten in das *Sodom* und *Gomorrah*, um die sündige Menschheit zu erlösen. Doch Joan Lui, der Fremde, der als Sänger und Musiker bald das Idol einer großen Fan-Gemeinde ist, wird von der Millionen witternden, eiskalten Managerin Judy als Werbeträger vermarktet. Die Botschaft des Möchtegern-Erlösers lautet: „Ihr sollt nicht töten!" In einer pompösen Tempel-Disco predigt er – in Anlehnung an die Propheten und an Jesus – gegen die Verkommenheit der Welt. Während der Verkündigung gerät die Welt aus den Fugen: *Apocalypse now*!

Neben der hier karikierten Vermarktung religiöser Botschaften und Botschafter stehen im Brennpunkt der Distanzierung und Kritik der neuen Filmemacher Themen wie eine abergläubische Wunder-Fixierung, religiöser Fanatismus, Heuchelei, Bigotterie und Körperfeindlichkeit sowie eine generelle Infragestellung der Göttlichkeit Jesu. Während solche Filme sich immer wieder dem Vorwurf der Blasphemie ausgesetzt sehen, gibt es auf der anderen Seite auch Filme, denen ein ernsthaftes Ringen um eine neue Annäherung an die christliche Botschaft nicht abzusprechen ist.

25 Vgl. Pro und contra das „Gespenst". Epd-Dokumentation 29/83 vom 20. Juni 1983.
26 Zit.n. G. Seeßlen, Sakralität und Blasphemie, in: W. Roth/B. Thienhaus (Hg.), Film und Theologie. Diskussionen. Kontroversen. Analysen (epd Texte 20), Frankfurt 1989, S. 96.

Ein Beispiel ist der italienische Film „L' Inchiesta" (Die Untersuchung, Fernsehtitel: Und sie erkannten ihn nicht) aus dem Jahr 1986. Der Regisseur und Drehbuchautor Damiano Damiani erzählt die Geschichte des ehrgeizigen römischen Beamten Taurus (Keith Carradine), der drei Jahre nach dem Tod Jesu an den Kreuzigungsschauplatz zurückkehrt, um den „Fall" Jesus von Nazareth noch einmal zu untersuchen und Auferstehungsgerüchte zu widerlegen. Claudia (Phyllis Logan), die Frau des Pontius Pilatus, führt ihn an Jesu Grab. Auf seiner Spurensuche geraten Taurus' pragmatische Theorien immer stärker ins Wanken; er sieht sich zunehmend herausgefordert von der Faszination des neuen Glaubens.

In „Matewan" (USA 1987, Regie und Buch: John Sayles) dient die Botschaft Jesu als Berechtigung der Kritik an sozialer Ungerechtigkeit: In dem Ort Matewan, ein Bergwerksort in den Hügeln von West Virginia, verweigern 1920 die Grubenbesitzer den Bergarbeitern einen gerechten Lohn. Die „Stone Mountain Coal Company" stellt billigere Arbeitskräfte aus dem Süden und italienische Einwanderer ein und heuert bewaffnete Trupps an. Der Gewerkschaftsführer Joe Kennehan (Chris Cooper) ruft zur Solidarität auf:[27] *„Sie haben euch dazu gebracht, dass Weiß gegen Schwarz kämpft, Einheimisch gegen Fremd, Hungrig gegen Hungrig, wo es doch nur zwei Seiten auf dieser Welt gibt: die, die arbeiten, und die, die es nicht tun."*

Der Prediger ergreift im Gottesdienst Partei gegen die Gewerkschaftsbewegung: *„Jesus Christus ist unser Herr. Kennt ihr seinen Namen? Seht ihr nicht die Barmherzigkeit des Herrn? Fühlt ihr nicht die Güte unseres Herrn? Gelobt sei seine unendliche Güte. ... Gewerkschaftler, Herr der Lügen. Dieses Unwesen ist überall unter uns und was werden wir dagegen tun?"*

Darauf erzählt der junge Dennis, Sohn der Wirtin Elmar, Jesu Gleichnis vom Weinberg. *„Die Arbeiter erhalten einen Dollar pro Tag. Die Arbeiter murrten, aber der Besitzer sagte: Wir einigten uns auf einen Dollar und den habt ihr gekriegt. Und was ich mit den anderen ausgemacht habe, geht euch nichts an. Fertig! Aus! So steht es im Evangelium. Und welche Lehre zieht Jesus nun daraus? Jesus sagt: So wird es also sein im Reiche Gottes. Die Ersten werden die Letzten sein und die Letzten die Ersten. Aus diesem Gleichnis erkennen wir, dass Jesus nichts von einer Gewerkschaft wusste. Wenn er jedoch heute lebte, dann würde er anders denken. ..."*

Irgendwo zwischen den skizzierten Neuansätzen steht der US-Film „Stigmata. Fürchte das Böse. Bete, dass du verschont bleibst" (1999, Regie: Robert Wainwright; Buch: Tom Lazarus, Rick Ramage): Frankie Page (Patricia Arquette) ist eine lebenslustige Frau, die nicht an Gott glaubt.

---

27 Die Dialogtexte sind vom Film abgehört.

Eines Tages verändert sich ihr Leben von Grund auf, als sich an ihren Händen und Füßen gefährliche Wunden bilden – die Stigmata. Pater Kiernan (Gabriel Byrne) und Kardinal Houseman (Jonathan Pryce) untersuchen den Fall. Bald wird klar, dass hinter den Wundmalen eine Botschaft steckt, die nicht nur die katholische Kirche, sondern auch das Schicksal der Menschheit für immer ändern kann...

Josef Müller[28] geht 1993 der Frage nach, welche Impulse der neue Film der Theologie geben kann und weist auf Verbindendes zwischen den beiden Disziplinen hin: Sie seien von „gleicher Leidenschaft zum Leben" bewegt; Thema der Theologie wie des Films sei das Leben. Er findet die „Grunddimensionen der menschlichen Wirklichkeit im Spiegel des zeitgenössischen Films": „In vielfältigen Lebensgestalten und -formen, in der Sehnsucht, dem Hunger nach Leben sind Urfragen des Menschen enthalten: Wo ist Leben, wo sind Wege zum Leben, auch zum endgültigen, ganzen und heilen Leben?"

Müller kommt u.a. zu folgenden Thesen:

- Filme stellen mit großer Sensibilität Lebensgeschichten, Begegnungen, Verhaltensweisen – und zwar sowohl außerordentliche Begebenheiten wie auch Alltäglichkeiten – dar und bilden sie ab.
- Filme tragen dazu bei, dass für den Theologen (noch) nicht wahrgenommene Möglichkeiten der Alltagswelt, der Wirklichkeit bewusst werden.
- Filme können Theologen dazu bringen, dass sie betroffen sind bzw. zumindest getroffen werden durch das, was ein Filmemacher durch seine „Geschichte(n)" bewirken will.
- Im Sinne eines offenen Kunstwerks provozieren Filme zur Auseinandersetzung mit Fragen der Lebenswirklichkeit.
- Dies gilt vor allem eine „dialogische" Theologie, eine Theologie der Begegnung, die sich einlässt auf die gesamte Lebenswirklichkeit der Menschen, die nicht von vornherein weiß, was für Menschen gut ist, sondern im Dialog nach dem fragt, was lebensfördernd ist.

Der Gegenwartsfilm. In den Neunzigerjahren versuchen z.B. *Fernsehspiele* Inhalte der Bibel auf die Alltagswelt zu übertragen und deren Aktualität aufzuzeigen. Die ZDF-Reihe „Biblische Frauen" beispielsweise stellt neben Judit, Sara und Naomi aus dem Alten Testament auch Anna, die Mutter der Maria, vor. Sie alle werden präsentiert als Frauengestalten, die sich zeitlosen Konflikten stellen und ihr Leben selbst in die Hand nehmen. Hauptpersonen der Gegenwartshandlung, die immer wieder Parallelen zur biblischen Vorlage ahnen lässt, sind „Menschen wie du und ich".

28 J. Müller, Aus gleicher Leidenschaft zum Leben – „Leben" als Thema von Theologie und Film, in: Z. Cavigelli u.a. (Hg.), Aus Leidenschaft zum Leben, Zürich 1993, S. 11-24.

Details aus der Geschichte Jesu kommen bei diesem Ansatz nur im Hintergrund zur Sprache:

In „Mirjams Mutter" (1993, Regie: Vera Loebner, Buch: Irene Rodrian nach Erika Wisselincks Roman „Anna im Goldenen Tor – Gegenlegende über die Mutter der Maria") spielt die Rückblende am Kreuzigungstag; nach der Kreuzigung ihres Sohns Jesus flüchtet sich Mirjam (Despina Pajanou) in das Haus ihrer Mutter Anna (Heidy Forster). Die beiden Frauen, die im Streit auseinander gegangen sind, haben sich seit Jahren nicht gesehen. In dieser Nacht der Trauer aber können die beiden ohne Scheu über ihre Probleme sprechen. In der Erinnerung tauchen die Konflikte ihres Lebens auf: Unverständnis, religiöse Meinungsverschiedenheiten, mangelnde Liebe. In langen Gesprächen findet Anna zurück zu ihrer Tochter. (ZDF 1993)

In „Lena" (1995, Regie: Karin Hercher, Buch: Maria Seidemann) hat Lena (Magdalena) sich aus Angst um ihr Kind von der Stasi zur Mitarbeit erpressen lassen. Durch die Begegnung mit Studentenpfarrer Christian erkennt sie ihre Schuld und steigt aus. In der Konfrontation mit ihrem Führungsoffizier, den sie nach dem Fall der Mauer im Arbeitsamt wiedertrifft, bewältigt sie ihre Vergangenheit. Der Film deutet sehr vage die biblische Frauengestalt an.

Auch *Filme* der Neunziger benutzen biblische Motive gern als Symbole, mit deren beglaubigender Unterstützung sie ihre eigene *Story* transportieren. So muss beispielsweise die Weihnachtsgeschichte für einen TV-Western herhalten (Weihnacht in der Wildnis, USA 1991), um einen rachedurstigen Indianerhäuptling friedlich zu stimmen, oder die wunderbare Heilkraft Jesu gibt Anlass für eine parodisierende Entlarvungsgeschichte über die Macht des Konsums und der modernen Verführungen (Touch. Der Typ mit den heilenden Händen, USA 1997, Regie: Paul Schrader): Der junge Prediger und Franziskaner Juvenal (Skeet Ulrich) heilt allein durch die Kraft seiner Hände. Er weist die gleichen Stigmata auf wie Jesus. Bei einem Gottesdienst heilt er einen Jungen. Juvenal will nur Gutes tun und widersetzt sich allen Versuchen, seine Fähigkeiten zu vermarkten. Er ist begehrtes Objekt der Massenmedien und rivalisierender Orden.

In der Nachfolge von Achtziger-Jahre-Erfolgen von „Das Leben des Brian" bis „Die Untersuchung" gehören Jesus-Stoff-Transformationen wie „Miraculi" (BRD/DDR 1991), „Bad Lieutenant" (USA 1992), „Ava und Gabriel" (Curacao/Niederlande 1992) und „Apostel!" (USA 1997).

In „Miraculi" findet die Passionsszene Jesu eine Parallele: Der Straßenbahnkontrolleur Sebastian (Volker Ranisch), äußerlich zum Heiligen, zum Heiland gewandelt mit schulterlangem, welligem Haar und Bart, wird zum Heiland der Ehrlichkeit. Von einer Jugendbande wird er verspottet und gefoltert. Er wehrt sich nicht und lässt die Schmähungen über sich ergehen.

Kevin Smith stellt in seinem Film „Dogma" (USA 1999) alle kirchlichen Dogmen auf den Kopf, z.B. die letzte Verwandte von Jesus arbeitet in einer Abtreibungsklinik, es gibt einen 13. Apostel, der in der Bibel nicht vorkommt, weil er schwarz ist, und Gottes Prophet ist ein Drogendealer und spricht am liebsten über Sex und Onanieren.

In dem 1999 gedrehten Diplomfilm „Mensch Jesus" von Tanino Bellanca (Produktion) und Peter Erlemann (Kamera) schickt Gott seinen Sohn zurück in die Welt der Sterblichen, um nachzusehen, wie sich die Menschheit entwickelt hat. Jesus landet am Rande einer deutschen Stadt im Jahr 1999. Jesus überwindet seine Moralvorstellungen. Er empfindet Zuneigung zu Christa und ihrer kleinen Tochter Erika, die ohne Vater aufwächst. Jesus kehrt nicht mehr in den Himmel zurück. Christa bringt einen Sohn zur Welt, ... mit Heiligenschein![29]

Spuren des Religiösen, eines Messias, lassen sich finden in „12 Monkeys" (USA 1995). Terry Gilliam (einst Mitglied der britischen Komikertruppe „Monty Python") verwendet Motive aus Judentum und Christentum und transformiert alte apokalyptische Bilder: z.B. Anlehnungen an die Reisen Henochs (1 Henoch 6-36), die Rückkehr zum Paradies, in dem sich der Wolf mit dem Lamm niederlegt (vgl. Jes 11, 6-9; 2 Baruch 73, 6-7). Der Film fängt im Jahr 2035 an: Die Menschheit ist durch Viren, Seuchen und Pest so zurückgegangen, dass die Welt bereits entvölkert ist.

Bruce Willi als Messias warnt die heutige Gesellschaft davor, sich apokalyptischen Visionen hinzugeben.

In „Matrix" (USA 1999) warnt Andy Wachowski seine Zuschauer ebenfalls: Im 22. Jahrhundert sind Roboter an der Macht und halten die unwissenden Menschen in einer virtuellen Welt gefangen.[30]

In der fiktiven Reportage „Gnadenlos schön" (Drop Dead Gorgeous, USA 1999[31]) über die örtliche Teenage-Queen-Wahl in Mount Rose, einem verträumten Nest in der amerikanischen Provinz, werden amerikanische Neurosen und ihre Auswüchse aufgezeigt: krankhafter elterlicher Ehrgeiz, Schönheitskult und Ellbogenmentalität, Sabotage-Akte mit tödlichem Ausgang, christliche Heuchelei.

„Hallo Pater, es gibt Bürgersteige!"
„Es ist nicht seine Schuld."
„Der Messwein erweist sich für manche von ihnen als zu große Versuchung."

---

29 Inhalt und Szenenübersicht (Storyboard) sind zu finden: M. Braß/J. Kirschner. Sitzung am 11.Juli 2000. www.ruhr-uni-bochum.de/relipaed/ref_IX.htm. Dort weitere Hinweise auch für den Einsatz des Films im Unterricht.
30 Ausführliche Filmbeschreibung und Unterrichtsentwurf stehen im Internet: http://www.entwurf-online.de
31 Die Dialogtexte sind vom Film abgehört.

„Deshalb nehmen wir Lutheraner nur Traubensaft als Blut Christi." (04:30)
Zur Begeisterung der Dorf-Spießer führt Backy Leemann (Denise Richards) mit einem schlecht zusammengebastelten gekreuzigten Stoff-Jesus ein Tänzchen auf.

Gladys Leemann (Kirstie Ally), Organisatorin des Wettbewerbs nach dem Auftritt ihrer Tochter: „Ist ja gerade zum Schicksal, nach dieser Nummer antreten zu müssen. Sie hat die Stimme eines Engels. Nicht wahr?" (59:00) Die Reaktion entlarvt die Lacher: Der „Jesus-Stoff" bietet sich auch als Lachnummer an. Die Satire demontiert die heile Plastik-Welt Amerikas.

Als am nächsten Tag beim großen Siegeszug die Siegerin Backy gegen ihren Willen auf einem kitschigen Schwan sitzen muss, geht der geschmückte Umzugswagen in Flammen auf. Bei der Beerdigung betet der Prediger: „O deshalb, o Herr, stehen wir in so tiefer Trauer, um dieser jungen Frau zu gedenken, deren Traum, auf einem riesigen Schwan zu fahren, ihren allzu frühen Tod verursachte. Möglicherweise ist es deine Art, o Herr, zu sagen: Kauft amerikanische Produkte." (1:14:30)

Als ein weiteres Beispiel sei hier die isländisch-norwegisch-deutsch-schwedisch-dänische Koproduktion „Engel des Universums" aus dem Jahr 2000 (Regie: Fridrik Thór Fridriksson) vorgestellt.

Paul (Ingvar E. Sigurdsson) ist Maler, Dichter, spielt Schlagzeug und andere Instrumente. Paul hat sich verliebt in ein Oberklassenmädchen. Sein Vater dagegen ist Taxifahrer. Er liebt sie bedingungslos und glaubt die gesellschaftlichen Schranken überwinden zu können. Er scheint etwas Besonderes zu sein: ein Dichter oder ein Spinner?
„Ich bin kein Mensch, ich bin eine Wolke in Hosen."
Paul wartet immer wieder vor dem Haus seiner Freundin, die sich von ihm abwendet.
Sie lässt ihn spüren, dass sie ihn wegen der Standesunterschiede ablehnt. Sie hat sich einem kleinbürgerlichen „Spinner" hingegeben.
Paul rastet aus und entwickelt schizophrene Schübe. Er muss bald in eine Reykjaviker Klinik für psychisch Kranke. Dort trifft er Nazis, Musiker, die Beatlessongs komponieren, und andere Außenseiter der isländischen Gesellschaft.
Es beginnt für Paul die Passion: Ständige Kopfschmerzen plagen ihn. Sein Innerstes ist zutiefst verletzt. In seinen Vorstellungen kann er wie Jesus über das Wasser laufen. Er hält Zwiegespräche mit dem Himmel. Wie Christus am Kreuz wird er als Stigmatisierter allein gelassen.
Als Paul im Elternhaus wieder einen gewalttätigen Wutanfall bekommt und ihm Blut aus seinen Wunden quillt, wird er in eine Anstalt, in ein sauberes Haus mit rotem Dach am Meer, eingeliefert und mit Psychopharmaka ruhig gestellt.
Paul wird nach Hause entlassen und erlebt dort eine kalte, gefühlslose Welt ohne Phantasien: Die wilden Gemälde sind entfernt.

Das „Spiel" wiederholt sich: Es erfolgen erneute Einweisung in die Anstalt und anschließende Entlassung. In einem Betonsilo vegetiert er dahin, bis er sich von dem gefühllos gewordenen Leben selbst erlöst.

In dem Film werden die Trennungslinien zwischen Gesunden und Kranken verwischt.

Der Zerstörungswille erfasst alle Menschen: Die Welt als geschlossene Anstalt hält jeden gefangen. Erlösung von außen gibt es nicht.

Einen Rückschritt in den „Sandalen-Kitsch" der Sechziger- oder Siebzigerjahre stellen hingegen drei Filme dar, die 1999 gedreht wurden:
–   Geliebt – gehasst – gekreuzigt. Wer ist Jesus? (England)[32]
–   Die Bibel – Jesus (2 Teile, Deutschland/Italien/USA)
–   Maria – Die heilige Mutter Gottes (USA).

 Die Oberammergauer Passionsspiele waren mit etwa hundert Vorführungen à sechs Stunden Spieldauer mit ihrer Passion 2000 sehr erfolgreich. Das Passionsspiel ist dem Zeitgeist angepasst worden: Christus erscheint nicht mehr als passiv Leidender, sondern als Kämpfer und Prophet.[33]

4. Wie soll es ankommen? – Ausrichtungen (Gattungen) des Jesus-Films

Passionsspieldokumentation. Echte oder nachgestellte Passionsaufführungen von Oberammergau werden abgefilmt. So wurde beispielsweise „Der Galiläer" (Deutschland 1921) unter der Regie des Exilrussen Dimitri Buchowetzki auf einer riesigen Freilichtbühne in Anlehnung an Oberammergau gedreht. Dabei kürzte man allerdings die etwa fünfeinhalbstündige Bühnen-

---

32 Kurzfilm mit den wichtigsten Stationen der Geschichte von Jesus (aus der Serie: „Bibel-Live"-Matthäus-Evangelium), 23 Min., Hänssler-Verlag, Stuttgart. Aus dem Werbetext:
„Erleben Sie die unglaublichste Geschichte aller Zeiten: das Leben von Jesus. Nur 33 Jahre ist er alt geworden, aber sein Leben und Sterben hat die Welt verändert. Geliebt!
In Scharen liefen sie hinter ihm her. Er zog die Massen an, wohin er auch kam. Seine Reden beeindruckten, die Begegnung mit ihm veränderte die Menschen. Gehasst!
Er war ein Dorn in den Augen der Elite seiner Zeit. Sie verwickelten ihn in Streitgespräche, bespitzelten ihn und hetzten gegen ihn auf. Zuletzt wählten sie den Weg der Gewalt und nahmen ihn gefangen. Gekreuzigt!
Jesus blieb standhaft und wurde dafür wie ein übler Verbrecher gegeißelt und gekreuzigt. Seine Kreuzigung war ein Ereignis – da starb kein normaler Mensch ... Jesus hat die Welt verändert – Diese Geschichte kann Ihr Leben verändern!"
33 TV: Ausschnitte und kritische Berichterstattungen in: ARD, 17.5.2000, 45 Min.; BR 3, 23.7.2000, 60 Min.; HR 3, 15.7.2001, 85 Min.

version auf etwa sechzig Minuten. Obwohl Jesus schulterlanges Blondhaar trägt und Maria das Weiß der Heiligen, lobt die Kritik die Bibeltreue des Werkes[34].

Narrative Bilderzyklen. In Anlehnung an die narrativen Zyklen der sakralen Kunst entsteht die „Matthäuspassion" (Österreich 1949), ein umstrittener Versuch, das Bach-Oratorium visuell zu begleiten.

Jesus-Episoden-Film. Zum Beispiel in „Intolerance" (USA 1916) erscheint Jesus nur am Rand, als „Aufhänger" des Geschehens. Der Film besteht aus vier Episoden, die nicht nacheinander, sondern parallel erzählt werden, und von denen jeweils eine in der Moderne, zur Zeit Jesu, im Mittelalter und zur Zeit des Perserkönigs Kyrus spielt. Es geht um den ewigen Kampf zwischen Gut und Böse, der am Ende des Films von der immer währenden Frieden schaffenden Liebe überwunden wird.

 „Ein Film muss sein wie eine Predigt", sagt Regisseur und Drehbuchautor David Wark Griffith. „Er erzählt dem Publikum eine spannende Geschichte und entlässt es mit einer Moral auf den Heimweg."[35]

Jesus-Biografie. Unter den Jesus-Biografien gibt es zwei Gruppen: Filme, die sich an ein/die Evangelium/en halten, und solche, die apokryphe Texte und Legenden ausgestalten. Zu letztgenannter Gruppe gehört der sechsteilige Fernsehfilm „Ein Kind mit Namen Jesus" (Italien/Deutschland 1988), der sich auf die Kindheitserzählungen konzentriert und die Kindheit Jesu als Geschichte ständiger Flucht und Angst, aber auch Geborgenheitserfahrungen darstellt.

Jesus-Missionsfilm. Manche Jesus-Filme sind von vornherein für missionarische Zwecke produziert worden oder wurden nachträglich dafür eingesetzt. So wurde die Filmfassung „Hope has got a name" (Zusammenschnitt aus „Das Genesis-Projekt: Jesus) von „Campus für Christus" (Deutschland 2000) auf der Weltausstellung Expo 2000 in Hannover kostenlos verteilt.

Jesus-Dokumentationsfilm. Ergebnisse historischer, archäologischer und theologischer Forschungen werden zu einem „wahren" Jesus-Porträt zusammengestellt. Für die vierteilige BBC-Reihe „Jesus: Prophet, Messias,

---

34 „Hier ist ein Werk entstanden, das sich … eng an die Überlieferung hält, das keinerlei Zusammenhänge willkürlich schafft, keinerlei Ausdeutungen vornimmt, sondern schlicht und packend die Passionsgeschichte des Heilands im Bilde bringt." (Berliner „Tägliche Rundschau", 16.11.1921)
35 Zit.n. P. W. Engelmeier, 100 Jahre Kino. Die großen Filme, Augsburg 1994, S. 17.

Rebell?" (deutscher Fernsehtitel: Wer war dieser Mann?) diskutierte Autor Mark Tully vor Ort, z.B. in Ägypten, Israel, Indien und Rom, mit Wissenschaftlern über die Wahrscheinlichkeit alter und neuer Theorien über Jesus. Er geht der Frage nach, was an der Person Jesu so faszinierend gewesen sein mag, dass sich kurze Zeit nach seinem Tod in seinem Namen eine neue Glaubensrichtung entfaltete.

Jesus-Roman-Adaptionen (Literaturverfilmungen). Bisweilen handelt es sich um anspruchslose „Nacherzählungen mit Bildern" wie im Fall des nach einem Roman von Marjorie Holmes gedrehten Streifen „Eines Tages in Galiläa" (USA 1978), bisweilen aber auch um ambitionierte Projekte wie Andrej Wajdas Bearbeitung des Romans von Michail Bulgakow „Der Meister und Margarita". Wajdas Version „Pilatus und andere" verlegt die Passionsgeschichte in unsere Tage; der Pole verbindet Motive der Passionsgeschichte und Dialoge aus dem Bulgakow-Roman „mit sozialrevolutionären Neuinterpretationen des Neuen Testaments aus dem Umfeld der Jesus-People-Bewegung der Siebzigerjahre. – Ein für das deutsche Fernsehen inszeniertes Experiment, phantasiereich und kunstvoll in der Verknüpfung von Vergangenheit und Gegenwart"[36].

Jesus-Transfigurationen. Jesus ist in solchen Filmen nur indirekt dabei, gewissermaßen inkognito als eine anders namige, individuelle Erlöserfigur (vgl. das oben in Abschnitt B.3 Gesagte).

Jesus-Parodie. Neben den ebenfalls im vorigen Abschnitt vorgestellten Jesus-Parodien (z.B. „Das Leben des Brian") gehen *Jesus-Provokationen* noch einen Schritt weiter: „Die letzte Versuchung" (USA 1988) beschäftigt sich ausführlich und rein fabulös mit Jesu Liebesleben.

Jesus-Animation. Der Kurzfilm mit Animation „Damals in Bethlehem" (USA 1998), der Trickfilm „Die Geburt Jesu" (Russland 1998), die Trickserie „Jesus-Geschichten" (Italien 1996), die Animationsserie „Verbotene Geschichten" (Irland 1996) sowie der Trickfilm „Die Spur der Könige" (Frankreich/Belgien/Luxemburg 1990) wenden sich an Kinder und Jugendliche. In der Qualität sind die einzelnen Produktionen sehr unterschiedlich; das bunte Medium verführt zum Schwelgen in Action und Kitsch; andererseits ist es bei den Adressaten beliebtes Darstellungsmittel, das geeignet ist, auch einen fremden und ernsthaften Gehalt attraktiv zu machen.

---

36 P. Hasenberg u.a., Religion im Film, S. 193.

5. Wie kommt es an?

Die Popularität der verschiedenen Spielarten der Jesus-Filme wurde bereits im historischen Abriss deutlich; aber auch Kritikerstimmen sind zu Wort gekommen.

Anders als bei „profanen" Filmen, zu denen es in der Regel divergierende Meinungen gibt, sitzt die Ambivalenz gegenüber Jesus-Filmen viel tiefer. Es geht um Glaubensfragen, um religiöse Gefühle, die verletzlicher sind als Geschmacksfragen und die – was die Kirchen betrifft – auch verbunden sind mit einem besonders ausgeprägten Verantwortungsgefühl oder mit einem dogmatisch verstandenen Wächteramt.

Zwei ältere Stellungnahmen können die Grundpositionen verdeutlichen[37]:

PRO:

„Jesus ist in dieser Welt und in dieser Geschichte geboren, hat in ihr gelebt und ist darin gestorben. Wenn er aber richtiger Mensch geworden ist, dann kann man ihn auch verfilmen. Was den Künstlern der Malerei recht ist, ist den Filmgestaltern billig."

(W. Wilken, Pastor)

CONTRA:

„Die heiligen Dinge werden heute in einer Weise in die Öffentlichkeit gestellt, die sicher nicht im Sinne des Reiches Gottes ist. Ich wage zum Beispiel nicht, mir die Situation vorzustellen, in welche bei der Vorbereitung des Films die Person Christi durch ihren unglücklichen Darsteller geraten würde."

(R. Guardini, Religionsphilosoph)

Für alle Gläubigen kommt mit der Person Jesu mehr als eine historische Gestalt auf die Leinwand oder den Bildschirm. Das Heilige wird abgebildet, mit mehr oder weniger Ernst, getreu und weniger getreu der biblischen Vorlage (s.o.). Für wen die Religion „ein hermetisch abgeschlossenes intrapersonales Geschehen ist", der wird diese Art der Ver-Öffentlichung unangemessen und beleidigend finden – oder zumindest ängstlich auf Bibeltreue beharren. Wer sich aber bewusst macht, dass sich auch Religion und Religiosität „in erkennbaren Phänomenen im Sinne der Empirie äußern"[38] und daher dokumentierbar, interpretierbar und adaptierbar sind, der kann es wagen, auch für religiöse Inhalte verschiedene Formen und Kontexte zu erproben und zu diskutieren. Nur im zweiten Fall wird die Bereitschaft vorhanden sein, sich mit Jesus-Filmen auseinander zu setzen. Dann aber kann die Auseinandersetzung spannend und fruchtbar sein:

---

37 R. Schweizer, Der verfilmte Jesus, in: Radius 1/1966, S. 45f.
38 P. Hasenberg u.a., Religion im Film, Köln 1992, S. 11f.

- Der Zuschauer wird mit einer u.U. seiner eigenen Überzeugung unähnlichen oder widerstrebenden Sichtweise des Religiösen konfrontiert.
- Dabei entdeckt er neue Zugänge – oder:
- Er erreicht in der Konfrontation eine reflektiertere Stufe der gewohnten Sichtweise.

Was Paul Klee einmal über die Kunst sagte, gilt auch für den anspruchsvollen Film: Er „gibt nicht das Sichtbare wieder, sondern macht sichtbar". Eingefahrene und fest gefügte Bilder vom Menschen und der Welt werden angegriffen. Wie die Gleichnisse der Bibel laden Bilder zur Identifikation, aber auch zur Distanzierung ein, um selber neue Gleichnisse in der Praxis des christlichen Glaubens zu entdecken.[39]

 Vor einen derartig idealen Dialog des Zuschauers mit dem Film sind in der Praxis viele Hindernisse gelegt: Nur dann wird er gelingen, wenn beide „Partner" füreinander offen sind:
- Der Zuschauer muss bereit sein, sich auf die Fragen des Films einzulassen und seinerseits Fragen zu stellen.
- Der Film muss qualitativ so anspruchsvoll sein, dass er wirklich Fragen stellt und nicht nur allgemein verträgliche Klischees reproduziert.

---

39 Das Klee-Zitat sowie die sich anschließenden Formulierungen des Absatzes stammen aus einem Beitrag von W. Schneider/D. Kiesel, in: epd Film 5/89.

Zugänge und Sichtweisen –
Annäherungen an Jesus-Filme

1. Sich einstellen

Für die Auseinandersetzung mit Filmen wie mit literarischen Texten und
Bildern gilt, dass es lohnt, zunächst den Anlass und die Absicht zu klären,
die zu der Begegnung führen. Wer sich einen Jesus-Film anschaut, kann
daran sehr unterschiedliche Erwartungen knüpfen; möglicherweise möchte er

– sich vom Alltagsstress ablenken lassen (*Unterhaltung*)
– sich informieren (*Bildung*)
– neue Impulse für seinen Glauben bekommen (*„Erbauung"*).

Entsprechend verschieden gestalten sich die Annäherungen: Der eine geht
mit einer rein passiven Erwartungshaltung an den Film heran, der nächste
mit gezücktem Bleistift und kritischer Distanz, der Dritte mit hohen Erwartungen, emotionsgeladen. „Was werde ich erfahren?", fragt der Bildungs-
hungrige, der Erbauung Suchende überlegt: „Was wird der Film mir bringen?"
In der beschriebenen Weise beeinflusst jeder Zuschauende durch seine
persönliche Disposition sein spezifisches Verstehen des Filmes.

 Für jede Interpretation von Medien gilt: Der Interpretierende erklärt nie-
mals das Werk an sich, sondern stets nur seine eigene Reaktion darauf.

Wenn eine Gruppe plant, sich gemeinsam mit einem Film auseinander zu
setzen, sollte vor besprochen werden, unter welchem/n der folgenden vier
Schwerpunkte dies geschehen wird:
Wollen sie den Film
– durch Analyse seiner Gestaltung in Bild, Wort und Musik *verstehen*?
– von den Fakten her *erklären*?
– als autonomes Werk *begreifen*?
– als Zuschauer auf den Film *reagieren*?

Die bewusste Einbeziehung mehrerer Zugänge eröffnet Chancen für eine
vielfältigere und damit gründlichere Begegnung mit dem Film. Filme „sen-
den" stets auf mehreren Ebenen. Sie sind selbst Welt, d.h. sie wollen in und

mit Bildern leben, sie spiegeln gesellschaftliche, politische und historische Wirklichkeit, haben eine eigene filmsprachliche Struktur (das Zusammenspiel von Bild, Sprache und Ton), bieten vielfache Möglichkeiten des intuitiven eigenen Erlebens, Erfahrens und Entdecken und stehen andererseits auch in Gefahr, durch ihre spezifische Deutung einzuengen.

Dem Jesus-Film nähert man sich am besten von mehreren Seiten[40], z.B. man befragt ihn nach

- ▶ Persönlichen Zugängen: Was fasziniert mich/uns an Jesus?
- ▶ Theologischen Sichtweisen
  - Was wissen wir über Jesu Biografie? (Leben-Jesu-Forschung)
  - Was bedeutet: Jesus ist Gottes Sohn? (Christologie)
  - Was heißt: Jesus befreit die Armen und Unterdrückten? (Befreiungstheologie)
  - Was kann Jesus für die Frauen bedeuten? (feministische Theologie)
- ▶ Psychologischen Sichtweisen
  - Was heißt: Jesus als Archetypos zu verstehen?
  - Was bedeutet Jesus unter therapeutischem Gesichtspunkt?
- ▶ Atheistischen Sichtweisen
  - Was bedeutet Jesus für Atheisten?
  - Was bedeutet Jesus für Marxisten?
- ▶ Multikulturellen Sichtweisen
  - Wie wirkt Jesus in Lateinamerika?
  - Wie wirkt Jesus in Afrika?

Nicht jeder Film wird auf all diese Fragen antworten; der Fragekatalog steht symbolisch für die Vielzahl der Möglichkeiten.

2. Eine Wahl treffen

Gemäß dem Gesagten ergeben sich erste Kriterien für einen guten Jesus-Film – und das heißt: für einen Jesus-Film, der den Aufwand der Auseinandersetzung lohnt. Er darf nicht einfach die Illustration der biblischen Jesus-Geschichte sein wollen, sondern er muss
- deutungshaltig sein
- Fragen und Antworten aufwerfen, die Sinnfragen aufwerfen und dazu führen, dass der Zuschauer auf seiner Suche nach Wahrheit und Sinn
- neue, spezifische Impulse bekommt.

40 Einen ersten Überblick bietet die Textsammlung von J. Thiele (Hg.), Jesus. Auf der Suche nach einem neuen Gottesbild. Mit Beiträgen von M. Buber, E. Drewermann, D. Sölle, H. Küng, A. Holl, T. de Chardin u.a., Düsseldorf/Wien 1993.

3. Auf die Filmsprache hören

Auch wenn die Zuschauer für das Thema des gewählten Films eingestellt sind und der Film in der Tat deutungshaltig ist, geschieht es, dass der Zuschauer-Film-Dialog dennoch nicht in Gang kommt. Es ist weiterhin zu bedenken, dass die Partner unterschiedliche Sprachen sprechen, d.h. dass der Zuschauer die Signale des Films nicht bemerkt, falsch deutet oder nicht versteht. Zur Analyse eines Films (besonders in Unterricht und Gruppenarbeit) sollten daher bestimmte Leitfragen und Betrachtungsaufträge herangezogen werden.

In jedem Fall zu klären sind

▶ die spezifischen Entstehungsbedingungen des Mediums (z.B. Zeitgeschichte, technische Möglichkeiten u.a.)

▶ Elemente der bewussten Gestaltung des Films durch Regie, Kameraführung u.a.

▶ die dreifache Frage:
  – Welche Wirkung will der Film erzeugen? (Wirkungsintention)
  – Welche Wirkung könnte der Film erzeugen? (Wirkungspotenzial)
  – Welche Wirkung hat der Film erzeugt?
    (Rezeption, z.B. Filmkritiken, Zuschauerzahlen)

Dazu lohnt es sich, folgenden Betrachtungsaufträgen nachzugehen:

▶ zum Inhalt
  – Was geschieht?
  – In welcher *Reihenfolge* wird erzählt (chronologisch? Rückblenden?)
  – In welchem *Tempo* wird erzählt? (Länge der Sequenzen? Zeitsprünge?)

▶ zur Filmsprache
  Einstellungsgröße: Hier kann grob unterschieden werden zwischen
  WEIT: Landschaften, Natur, Skylines u.a.; Stimmungsbilder
  TOTAL: dramaturgische Funktion, Gesamtüberblick, deutlich
             handlungsbezogen
  HALBTOTAL: Betonung der Körpersprache der Handelnden
  HALBNAH: Beziehung der Figuren untereinander, kommunikative
             Situation
  NAH: Brustbild einer Person, Betonung und Konzentration auf
             Mimik
  GROSS: filmische Darstellung von Gefühlen und Empfindungen
             Darstellung von Details
  Perspektiven: Hier können vereinfachend drei Grundformen unterschieden werden:

NORMALSICHT: Kamerahöhe entspricht der alltäglichen Wahrnehmung
UNTERSICHT: „Froschperspektive" von unten auf ein Geschehen
blicken; führt zu Verzerrung und Verfremdung der
Realität; Personen können idolisiert, karikiert, bedroh-
lich, unheimlich wirken
AUFSICHT: „Vogelperspektive" als Instrument der Kommentierung der Handlung; führt zur Identifikation mit
einem Helden

Kamerabewegungen
– fester Stand, wenig Bewegung
– Schwenk aus einer festen Position heraus
– Zoomen

Beleuchtung
– Grundlicht
– Fülllicht
– Schatten
– Kontraste

▶ zur Beziehung von Wort, Bild und Ton
– *Verwendung der akustischen Zeichen:*
– On the screen: Die Tonquelle ist im Bild sichtbar
– Off the screen: Die Tonquelle ist nicht sichtbar

– Wie wird eine *Verknüpfung von Bild und Ton* erreicht?

– Welche Funktion hat die *Musik*?
– Illustration
– Kommentierung
– Kontrapunktierung
– Leitmotivik
– Kanonisierung
– Strukturierung

– Welche Funktion haben *Geräusche*?

▶ zur Montage (Organisation der Bilder in der Zeit)
Hier können vereinfachend sieben Grundtypen unterschieden werden:[41]

– Als *narrative Montageformen* bezeichnet man die
– Szenische Montage (Einheit von Raum, Zeit und Handlung)
– Erzählende Montage (verbindet verschiedene Einstellungen bzw.
Sequenzen).

41 In Anlehnung an Th. Kuchenbuch, Filmanalyse, Theorien, Modelle, Kritik, Köln
1978, S. 39ff.

– Die *deskriptive Montageform* beschreibt Schauplätze der Handlung, z.B. Städte, Häuser, Gärten); durch straffe Komposition wird räumliche Einheit erzeugt.

– Die *metonymische Montage* verklammert verschiedene Bereiche. In der Addition einzelner Teile ergibt sich ein Neues.

– Die vergleichende oder *kontrastive Montage* verbindet z.B. zwei parallel ablaufende Handlungen.

– Die *symbolische Montage* arbeitet mit dem symbolischen Wert von Bildern (verwendet beispielsweise Pferde als Symbol der Freiheit und Ungebundenheit).

– Bei der *assoziativen Montage* schließlich wird mit Hilfe einiger vage herausgegriffener Bilder einer Situation deren Atmosphäre vermittelt.

▶ zur Wirkung auf den Zuschauer sind zu befragen
– die Wirkungsabsicht des Produzenten
– das Wirkungspotenzial des Films
– die Rezeption des Films: Pressekritiken, öffentliche Resonanz, Proteste (siehe oben).

4. Jesus-Filme unter die Lupe nehmen

Was bislang an Betrachtungsaufträgen zusammengestellt worden ist, bezieht sich allgemein auf das Medium Film; darüber hinaus sind im Spezialfall der Jesus-Filme folgende Untersuchungsschritte aufschlussreich:

▶ Die Frage der Adaption: Wie wird die biblische Jesus-Überlieferung in das Medium Film übertragen?
Dabei geht es nicht um etwas Verwerflicheres („bloß nachgemacht"), sondern um den durchaus anspruchsvollen Vorgang einer eigenständigen künstlerischen Gestaltung unter Wechsel des Mediums. Für den Interpreten ist es wichtig, die Entscheidungen nachzuvollziehen, die Drehbuchautoren und Regisseure dabei getroffen haben. Übertrugen sie den Jesus-Stoff auf
– ein *Historiengemälde* (z.B. „Die Bibel: Jesus", 1999)
– *Abenteuerunterhaltung* (z.B. „Die Gladiatoren", 1954)?

Wählten sie
– eine Illustration mit dem Anspruch: „So war es" (z.B. „Das Genesis-Projekt Jesus")
– eine interpretierende oder aktualisierende Transformation (z.B. „Jesus von Montreal", 1989)

– eine politisierende Adaption (z.B. „Das letzte Abendmahl", 1976)
– eine ideologisierende Adaption (z.B. „Return – Jesus Vender Tilbage",
  1992)
– eine parodisierende Adaption (z.B. „Das Leben des Brian", 1982)?

▶ Die inhaltlichen Schwerpunkte
Der Stoff der Jesus-Geschichte mag vorgegeben sein; es obliegt aber
Drehbuchautoren und Regisseuren, zu gewichten, auszuwählen und
auch auszulassen. Man kann
– das Leben Jesu von der Krippe bis zum Kreuz als Lebenslauf nacher-
  zählen (z.B. „Die größte Geschichte aller Zeiten", 1995)
– sich auf einzelne Motive beschränken (z.B. „Die Passion Jesu", 1910)
– sich auf einzelne Aussagen konzentrieren, etwa auf Jesu Gleichnisse
  (z.B. das Weinberggleichnis in „Matewan" (USA 1987)
– sich auf einzelne Reliquien Jesu wie etwa das Kreuzigungsgewand
  beziehen (z.B. „Das Gewand", 1953)
– bekannte Gestalten der Umgebung Jesu zum Filmhelden machen
  (z.B. Judas in „Der Verräter des Herrn", 1953)
– Jesus neu interpretieren (z.B. „Zum Schweigen verurteilt", 1953)
– den Jesus-Nimbus ganz aus der Geschichte lösen und auf fiktive
  Erlöser-Geschichten übertragen (z.B. „Pale Rider", 1984/5).

▶ Die Frage des Bibelverständnisses
Wichtig für die Einschätzung des Films ist es auch zu klären, welchen
Rang er seiner Vorlage, dem Bibeltext, zumisst. Hält er die Bibel nach
der Lehre der
– Verbalinspiration für „Gottes Wort", ein von Gott diktiertes, daher
  irrtumsloses Buch, das möglichst unverfälscht auf das Medium Film
  zu übertragen ist?
– Oder wendet er auf die Bibel als einem Quellentext die Methoden der
  historisch-kritischen Forschung an und sucht in den ursprünglichen
  Intentionen der Texte Glaubensaussagen der Autoren?
– Versteht er die Erzählungen der Bibel als einen Dialog zwischen Gottes
  Wort und Menschenwort, der unter seiner geschichtlich gewachsenen
  Form der existenziellen Interpretation zugänglich ist und daraufhin
  befragt werden kann: „Was bedeutet das für mich heute?"

▶ Die Frage der Theologie
Der Betrachter muss sich Rechenschaft darüber ablegen, was für ein
Gottesbild der Film vermittelt. Hier sind nahezu unendlich viele
Möglichkeiten denkbar; es können nur Beispiele angeführt werden.
Behandelt der Film Gott
– als eine Idee

- als Person „wie du und ich"
- als persönliches Gegenüber der Protagonisten
- als unberechenbare Schicksalsmacht
- als himmlischen „Strippenzieher"
- als Rächer des Bösen?
- als spirituelle Erfahrung, die sich ereignet oder um die man ringt
- als großes Nichts?

▶ Die Frage der Christologie
Schließlich geht es um die Grundsatzfrage der zwei Naturen Jesu. Wie interpretiert der Film das Menschliche und das Göttliche in Jesus? Viele Nuancen sind denkbar; grob lassen sich zwei Ansätze unterscheiden:
Eine *Christologie von oben* beginnt im Himmel, wo Sohn und Vater seit Anbeginn der Zeiten existieren; es folgen Jungfrauengeburt, Tod und Auferstehung; der irdische Jesus ist ein „Gott inkognito", der gemäß göttlichem Heilsplan einen Auftrag in der Menschenwelt hat und per Himmelfahrt und Erhöhung zur Rechten Gottes zurückkehrt.
Eine *Christologie von unten* setzt bei der Geschichte des irdischen Jesus ein, bei seinen Worten und Taten, bei seinem Glauben, seiner Verkündigung und seinem Verhalten, bei seinem Leiden, Sterben und Auferstehen – und fragt von der Wirkung her nach Jesu Göttlichkeit.

5. Mögliche Lernziele und Inhalte

Wenn Jesus-Film und Schüler*innen sich im Religionsunterricht treffen
▶ ist das zum einen ein Betrag zur *Vermittlung von Medienkompetenz*, wie sie in modernen Lehrplänen fächerübergreifend gefordert ist.

Wenn Jugendliche u.a. Fernsehen, Kino und Internet als ihr wichtiges Freizeitgut angeben, sollen folgende Überlegungen für eine Medienpädagogik leitend sein:
▶ Literatur, Theater, Musik sind Teile der schulischen Ausbildung: Sie stehen verbindlich im Pflichtprogramm der Lehrpläne aller Schularten. Es fehlt aber noch an pädagogischem Bemühen um Film und Computer. Die Schule muss versuchen, junge Menschen an die Kultur des Kinos, des Fernsehens und des Internets heranzuführen und die Schüler vorzubereiten auf eine kritisch-differenzierte Sichtweise gegenüber den Angeboten der Vergnügungs- und Unterhaltungsindustrie.
▶ Im Religionsunterricht und in der Erwachsenenbildung kann es nicht darum gehen, den Fernsehkonsum der Jugendlichen bzw. der Erwachsenen zu kritisieren oder zu verderben. Es kann aber gelingen
   - die Schüler bzw. Erwachsenen bei ihrem Verhalten abzuholen
   - die Wahrnehmungsfähigkeit durch gezieltes Betrachten zu sensibilisieren
   - den Schülern in ihrem realen Lebenszusammenhang Hilfen zu geben, sie zu befähigen, mit den Medien in verantwortlicher Weise umzugehen

– die kommunikative Kompetenz zu fördern und die innere Leere, die häufig hinter überzogenem Medienkonsum steht, mit neuem Sinn zu füllen.

▶ Kunstwerke und Jesus-Filme bieten Informationen und Interpretationen über die Welt und regen den Verstehenden an, im Prozess der Auseinandersetzung mit den in den Kunstwerken angesprochenen Fragen und Antworten neu nach Sinn und Wahrheit zu suchen.

▶ ist das andererseits eine Chance, sich aus einer lebensweltlich nahe liegenden Perspektive mit dem Kern christlichen Glaubens auseinander zu setzen. In der Arbeit am Jesus-Film bzw. an kontroversen Jesus-Filmen, beim Bestimmen von Bewertungskriterien, bei der Klärung inhaltlicher Fragen und Anstöße reflektieren die Schüler*innen zugleich ihre eigene religiöse Sozialisation.

Für einen didaktischen Umgang mit Jesus-Filmen ist zu berücksichtigen, dass weder der Religionsunterricht noch die Filme (die Gattung der *missionarischen* Filme einmal ausgeschlossen) Predigt oder Verkündigung sind. Es kann dabei niemals um das einzig richtige Gottes- oder Jesus-Bild gehen, sondern um mögliche Bild*er* und um ein Kennenlernen, Reflektieren und Einordnen Können religiöser und christlicher Bild- und Symbolsprache.

Für die Behandlung und Analyse von Jesus-Filmen bieten sich u.a. folgende Schwerpunkte an:
– Die Beschränkung auf *thematische Sequenzen* eines Films, z.B. Wunder, Versuchungsgeschichte, Passionsgeschichte, Auferstehung u.a.
– Ein Filmvergleich von *kontroversen Konzeptionen* (Analysen, Vergleiche u.a.)
– Ein Vergleich *unterschiedlicher biblisch-theologischen Konzeptionen*
– Überlegungen zu *ästhetischen und theologischen Kriterien*
– Die Unterscheidung von *Abbildrealismus – Symbolsprache*
– Die im Film dargestellte *Kritik* an Bibel, Kirche, Gesellschaft
– Ein Vergleich von *Film und Bibel* (biblische Texte gekürzt, verfremdet, aktualisiert oder wörtlich als Drehbuchvorlage verwendet)
– Die *Entstehungsgeschichte* des Films (z.B. Auftraggeber, Produktionskosten, Drehorte, gerichtliche Auseinandersetzungen u.a.)
– Die *Intention des Regisseurs* (z.B. Interviews mit Regisseur, mit „Jesus-Darstellern" u.a.)
– Die *Rezeptions- bzw. Wirkungsgeschichte* (z.B. Kritiken, Zuschauerzahlen u.a.)
– Die Vorwürfe der Gotteslästerung: mögliche *blasphemische Elemente* (§ 166 StGB).

Über den mehrdimensionalen Zugang zu Jesus-Filmen kann eine inhaltlich oberflächlich einseitige Beurteilung vermieden werden.

Unterrichtsideen mit Jesus-Filmen

Die Teile A–C mögen es gezeigt haben: Potenziale, Probleme und Beispiele des Jesus-Filmes sind gleichermaßen unerschöpflich. Angesichts der Menge der Möglichkeiten erweist es sich als wenig praktikabel, komplett ausgearbeitete Unterrichtseinheiten zur direkten Umsetzung anzubieten. Sie würden nie genau dem Geschmack des Lehrenden, nie wirklich der Situation der Lerngruppe gerecht werden. Daher ziehe ich es vor, *flexible Vorgaben* zu machen. Ich biete

- erstens *Gerüste* für Jesus-Film-Stunden, d.h. den organisatorischen Rahmen, in dem sie sinnvoll stattfinden können
- zweitens *Beispiele* für eine aussagekräftige und motivierende Stoffauswahl
- *vorstrukturiertes Material* zum gezielten Auswählen und selbstständigen Zusammenstellen.

1. Die Schülerinnen aktivieren

Um einer möglichen passiven Konsumhaltung vorzubeugen, wenn im Religionsunterricht oder in der Gruppenstunde Jesus-Film-Szenen gezeigt werden, gilt es, das Sehen durch *Beobachten* zu ersetzen. Die Schüler*innen* erhalten vor der Vorführung konkrete *Arbeitsaufträge*. Am meisten Spaß machen dabei kreative Projektideen, wie ich sie im Folgenden kurz vorstelle:

Präsentation eines Filmbeispiels

Die Schülerinnen und Schüler
- wählen aus dem gezeigten Film zwei oder drei Szenen von je maximal zwei bis drei Minuten aus und führen diese erläuternd vor (Ziel: Beschränkung – Verdichtung)
- begründen ihre Auswahl: Warum sind gerade diese Szenen für den Film – für uns – wichtig ? (Ziel: Mögliche Identifikation oder Ablehnung)
- präsentieren ein Kurzreferat über Inhalt, Entstehung des Films, Intention des Regisseurs u.a. (z.B. unter Verwendung von „Powerpoint" oder „Flash 5")

– entwerfen ein eigenes Filmplakat: eine Collage aus Einzelbildern des Films, die besonders angesprochen haben[42]
– tragen ihre kritische Bewertung begründend vor.

Neu- oder Nachvertonung

Die Schülerinnen und Schüler
– entwerfen zu einem Stummfilm (z.B. „Das Leben und die Passion Jesu Christi", 1897) eine Tonspur, d.h. einen Begleittext (Dialogleiste oder Kommentar) und eventuell Musik
– entwerfen zu einer Szene (z.B. Passion) eines Monumentalfilms eine eigene Tonspur mit ausgewählter Musik und/oder mit einen neuen eigenen Dialogtext oder Kommentar in ihrer Sprache.

Kürzen/Schneiden (Erstellen einer Kurzfassung)

Die Schülerinnen und Schüler schneiden
– einen Film (z.B. „Das Genesis-Projekt: Jesus", Originallänge 120 Min.) auf ca. 30 Min. zusammen. Für die Bearbeitung sind u.a. folgende Fragen leitend:
  ▨ Welche Szenen könnte man ganz weglassen?
  ▨ Welche Szenen könnte man kürzen?
  ▨ Welche Szenen sind unveränderbar bzw. unverzichtbar?
– eine längere Szene.

Thematischer Szenenvergleich aus kontroversen Jesusfilmen

Die Schülerinnen und Schüler
– stellen z.B. unterschiedliche Passionsszenen aus zwei kontroversen Filmen (z.B. „Genesis Projekt" – „Das Leben des Brian" u.a.) zusammen und bewerten diese kritisch
– berichten über beide Filme
– gehen auf Inhalt und Darstellungen beider Filme kritisch vergleichend ein.

Drehen eines eigenen Videoclips

Die Schülerinnen und Schüler
– drehen Interviews bei Konfirmanden, Pfarrern, Priestern, Mitgliedern von „Sekten" (z.B. Straßendienst von „Zeugen Jehovas") u.a. zu unterschiedlichen Themenstellungen, z.B.

42 Die kurzen Filmsequenzen werden mit einem Computerprogramm (z.B. „Adobe Premiere 6.0") in den PC eingelesen, framegenau geschnitten und bearbeitet. Ausgewählte Bilder können kopiert und mit Bildbearbeitungsprogrammen (z.B. „Adobe Photoshop 6.0", „Powerpoint", „Flash 5") für eine Präsentation gestaltet werden.

- Was bedeutet Jesus für uns heute?
- Was würde Jesus heute bei uns kritisieren, was verändern u.a.?
- verfilmen eine kürzere Bibeltextstelle, z.B. Szenen aus den Gleichnissen. Hierzu bieten sich unterschiedliche Möglichkeiten an:
  - den biblischen Text wörtlich als Drehbuch verwenden
  - biblische Aussagen auf eine heutige Situation übertragen (z.B. das Gleichnis vom verlorenen Sohn, Lk 15, 11ff, lässt sich übertragen auf drogenabhängige Jugendliche)
  - biblische Szenen aus der Sicht der betroffenen Personen spielerisch gestalten, z.B. die Salbungsszene (Mk 14,3-9) aus der Sicht der unbekannten Frau, eine Wundererzählung aus der Sicht des Geheilten
  - ein Streitgespräch zwischen den Gruppen zur Zeit Jesu, z.B. zwischen Zöllern, Zeloten, Pharisäern, Sadduzäern u.a., führen: Zunächst stellen sich die einzelnen Gruppen vor (z.B. Herkunft, Tradition, Beruf u.a.), dann nennen sie ihre Erwartungen an einen Messias, schließlich formulieren sie ihre Kritik am Verhalten Jesu.

Erstellen eines eigenen kurzen Jesus-Films

Die Schülerinnen und Schüler
- drehen einen „Jesus-Kurzfilm" (maximal ca. 10 Min.), z.B. für muslimische Mitschüler: „Wer war/ist Jesus?"
- schreiben ein Storyboard (s.u.). Hierzu kann ein „Steckbrief" Jesu hilfreich sein, z.B. ausgehend von Fragen nach Geburt, Eltern, Geschwistern, Nationalität, Muttersprache, Erziehung, Kindheit, Lehre, Anhänger, Feinde, Anklage, Urteil u.a.
- verwenden dabei Bild- und Kartenmaterial aus dem Internet u.a.
- filmen eine Befragung nach der Bedeutung Jesu
- stellen die wichtigsten christlichen Feste vor: Weihnachten, Ostern, Pfingsten
- treffen eine Musikauswahl (z.B. neuere Jesus-Songs o.a.).

2. Den Stoff in den Griff bekommen

Die meisten Jesus-Filme sind wegen ihrer Länge im Unterricht nur bedingt einsetzbar. Deshalb sind neben einer gezielten Auswahl auch Überlegungen zu einer Reduzierung (Filmschnitt) wichtig. Ich empfehle:
- Man entscheidet sich für ein Schwerpunktthema (z.B. die Passion).
- Man wählt zwei oder drei kontroverse Filme zu diesem Thema aus.
- Aus diesen Filmen wählt man je eine prägnante Sequenz.
- Man stellt die kontroversen Filmsequenzen nebeneinander.
- Diese werden – nach dem Untersuchungsraster (s.u.) – analysiert.

– Als Korrektiv kann eine entsprechende Sequenz aus einem Dokumentar-
film hilfreich sein.
– Abschließend können weitere Szenen aus dem Film, der den größten
Anklang fand, gemeinsam angeschaut werden.

3. Vorschläge für thematische Filmreihen

Schwerpunkt Taufe

Die Tauftexte der Evangelien: Mk 1, 9-11; Mt 3, 13-17; Lk 3, 15-17, 21f;
Joh 1, 29-34. Es bieten sich folgende drei kontroverse Filme im Vergleich
an: – König der Könige
   – Das 1. Evangelium – Matthäus
   – Das Genesis-Projekt: Jesus

Nach folgenden Kategorien lassen sich die Filme vergleichen:
– Filmtexte (Verwendung der biblischen Texte; Bibel als Drehbuch?)
– Ort
– Kostüme (Ausstattung)
– Die Gestalt Jesu: vor – nach der Taufhandlung
– Die anderen Personen, z.B. Johannes
– Musik
– Kameraeinstellungen
– Theologische Konzeption

(Siehe dazu die vergleichende Tabelle S. 171)

Schwerpunkt Jesu Leben

Es bieten sich folgende drei kontroverse Filme im Vergleich an
– Die größte Geschichte aller Zeiten
– König der Könige
– Das 1. Evangelium – Matthäus.

Da alle drei Filme in einem Zeitraum von fünf Jahren entstanden sind, las-
sen sich die Filme auch vom Aspekt der vergleichenden Zeitgeschichte als
Rezeptionsgeschichte betrachten.
Beim Vergleich sollten folgende Schwerpunkte herausgearbeitet werden:
– Im Gegensatz zu den herkömmlichen Kolossalfilmen, z.B. „König der
   Könige", treten im Film „Die größte Geschichte aller Zeiten" die Schau-
   effekte zurück. Dennoch bleibt der Film in weiten Teilen dem amerika-
   nischen Frömmigkeitsgeschmack treu.
– Der Film betont eine bedächtige Feierlichkeit (z.B. erreicht durch
   Kameraführung, Hell-Dunkel-Gegensätze usw.).

48

Als ein lohnender Aspekt bietet sich die genauere Betrachtung der Versuchungsgeschichte an. Von den unterschiedlichen Verfilmungen dieser Szene ausgehend, könnten Mt 4,1-11 und Lk 4,1-13 gelesen und besprochen werden.

(Siehe dazu die vergleichende Tabelle S. 172ff.)

Schwerpunkt: Jesu Wunder

Die Darstellung der Wunder kann an folgenden Filmen verglichen werden:
- Das Genesis-Projekt: Jesus
- Jesus von Nazareth
- Das 1. Evangelium – Matthäus
- Keine Zeit für Wunder
- Stigmata

Herauszuarbeiten ist das jeweilige Wunder-Verständnis:
- Im „Genesis-Projekt" tritt Jesus auf wie ein „Zauberer": Er berührt das Ohr des römischen Soldaten und das zuvor abgeschlagene Ohr ist geheilt.
- Zeffirellis Film orientiert sich am Johannes-Evangelium. Spektakulär inszeniert Zeffirelli ein Wunder nach dem anderen: Jesus bestreicht mit feuchtem Lehm die Augen des Blindgeborenen am Sabbat (Joh 9, 4ff); der Blinde wäscht sich die Augen und erlangt allmählich die Sehkraft. Eine feierlich wirkende Musik unterstreicht den göttlichen Charakter des Wunders. Die gekürzte ZDF-Fassung nahm bei der Szene der Erweckung des Lazarus Schnitte vor.
- In Pasolinis Film werden die Wunder indirekt dargestellt: Die Geheilten sind glücklich, lächeln u.a. Hier gilt das Interesse nicht dem Übernatürlichen, sondern dem Zwischenmenschlichen.

(Siehe dazu die vergleichende Tabelle S. 175f.)

Schwerpunkt: Jesu Passion

Die Darstellung der Passion Jesu kann an zwei Filmszenen von den hier fünf aufgeführten Filmen verglichen werden:
- Das Leben und die Passion Jesu Christi
- Jesus Christ Superstar
- Das Leben des Brian
- Jesus von Montreal
- Es wäre gut, dass ein Mensch würde umbracht für das Volk.

(Siehe dazu die vergleichende Tabelle S. 177f.)

Schwerpunkt: Jesu Auferstehung

Eine Reihe von Filmen enden mit dem Tod Jesu und lassen die Auferstehung weg:
- „Jesus Christ Superstar": Nach Jesu Tod am Kreuz verlassen die Schauspieler nachdenklich die „Bühne".
- „Jesus von Nazareth" (1975): Jesus stirbt am Lanzenstich.

Andere Filme deuten die Auferstehung Jesu durch das leere Grab an, ohne den Auferstandenen im Bild zu zeigen:
- „Der Messias": Die Frauen sprechen am leeren Grab ein Dankgebet.
- „Das erste Evangelium Matthäus": Ein Grabes-Engel verkündet den Auftrag des Auferstandenen. Es fehlen die Szenen „Die Bewachung des Grabes" (Mt 27, 62-66), „Die Bestechung der Wache durch die Juden" (Mt 28, 11-15) und „Der Auferstandene erscheint zwei Jüngerinnen" (Mt 28, 9-10).
- Manche Filme präsentieren den Auferstandenen:
- „Jesus von Nazareth" (1976): Der Auferstandene Jesus erscheint in der
- Gestalt, wie er in der Abendmahlsszene bei seinen Jüngern anwesend war.
- „Das Genesis-Projekt: Jesus": Der Auferstandene soll Beweis sein für die Göttlichkeit Jesu.

Schwerpunkt: Frauen um Jesus

In vielen Jesus-Filmen bekommt *Maria*, die Mutter Jesu, die zweite Hauptrolle. Dies geschah z.B. zuerst in
- I.N.R.I
- Ben Hur (1924/25 und 1953)
- König der Könige (1926/27)
- Kreuz von Golgatha
- Das Gewand.

Zwei Filme stellen Jesus aus der Sicht von Maria dar
- Maria de Nazareth
- Maria – Die heilige Mutter Gottes.

Im Filmvergleich soll es um das jeweilige Frauenbild gehen, das diese Filme vermitteln. Sie zeigen deutlich den gesellschaftlichen Wandel des Frauenbildes auf. Es bieten sich zwei völlig unterschiedliche Filme zum Vergleich an:
- Der Messias
- Gegrüßest seist du, Maria.

Dabei kann u.a. herausgearbeitet werden: In „Der Messias" wird die Rolle der Maria gegenüber den Evangelisten erheblich erweitert und aufgewertet; sie ist die Erste, die an den auferstandenen Christus glaubt. Maria als *Urbild des Glaubens* entspricht der kirchlich-katholischen Tradition.

„Gegrüßest seist du, Maria" hingegen stellt eine moderne Übertragung dar; hier zeigt Maria Emanzipation und Eigenständigkeit, indem sie sich von der männlichen Umgebung deutlich absetzt. Maria geht es um *Spiritualisierung der Körperlichkeit*.

(Siehe dazu die vergleichende Tabelle S. 180)

Schwerpunkt: Der politische Jesus

Hier lohnt sich ein genauerer Blick auf einen einzelnen Film, z.B.: „Das letzte Abendmahl" (ausführliche Filmbeschreibung S. 143 ff.).

Schwerpunkt: Christus inkognito. Erlöserfiguren

„Christus inkognito" im Film meint keine adäquate Christus-Interpretation im Sinn der Theologie, sondern eine Möglichkeit zur Meditation bzw. zur Diskussion (s.o.). Besonders mit älteren Schülerinnen und Schülern ist es reizvoll, sich auf solche *Experimente* einzulassen.

Die Passion der Jungfrau von Orleans (Frankr. 1927/28)
Carl Th. Dreyer interpretiert Johanna von Orleans als eine Erlösergestalt in Parallelität zu Jesus (ausführliche Filmanalyse siehe S. 168 ff.).

Pale Rider – Der namenlose Reiter (USA 1984/85)
Der Held dieses Western tritt als Erlösergestalt auf; der Film verwendet bewusst biblische Anspielungen, um die Jesus-Artigkeit seines Protagonisten zu verdeutlichen.

Aus dem Inhalt[43]

Zeit	Szene/Inhalt
0:00:00	Das Goldgräber-Städtchen LaHood hat seinen Namen vom den skrupellosen Coy LaHood, Besitzer der Bergbaugesellschaft. Zusammen mit Marshal Stockburn tyrannisiert er die Siedler im Ort.
0:03:50	Megan, die Tochter, muss ihr Hündlein beerdigen, das brutal von einem Terrorkommando erschossen wurde. Sie spricht dabei den gesamten Psalm 23 und fügt ihre eigene Not ein: *Der Herr ist mein Hirte, mir wird nichts mangeln, aber*
0:07:50	*ihn vermiss ich. Er führet mich zum frischen Wasser. Er erquicket meine Seele, aber sie haben meinen Hund getötet. Auch wenn ich wandere im tiefen Tal des Todes, fürchte ich nichts Böses – aber ich habe Angst. Doch du bist bei mir. Dein Stecken und Stab werden mich leiten. Wir brauchen ein Wunder. Und ich werde wohnen im Hause des Herrn immerdar.*

43 Die Dialogtexte sind vom Film abgehört.

Zeit	Szene/Inhalt
0:09:30	Ein namenloser Fremder, auf dem Schimmel reitend, taucht plötzlich auf. Er wird wegen seines weißen Kragens „Prediger" genannt.
0:19:15	Megan liest in der Wohnstube in der Bibel die Vision von den apokalyptischen Reitern: *Da sah ich ein fahles Pferd und der, der auf ihm saß, dessen Name war Tod. Und die Hölle folgte ihm nach.*
0:33:35	Die Männer von LaHood zum neuen „Prediger": *...dass Sie von hier verschwinden sollen!* Seine Antwort: *Bei so vielen Sündern, die hier herumlaufen, muss ich doch erst meine Arbeit tun, bevor ich hier wieder weggehe.*
0:45:30	LaHood, der Reiche, spürt bald, dass der Prediger stört. LaHood versucht, den Fremden eine lukrative Pfarrstelle zu verschaffen: *Wieso gibst du diesem frommen Mann nicht eine neue Gemeinde, mehr noch, eine brandneue Kirche?*
	Der namenlose Prediger entgegnet: *Man kann nicht Gott dienen und dem Mammon.*
	LaHood: *Die Siedler-Prediger stehen dem Fortschritt entgegen ... Wenn Blut vergossen wird, dann klebt es an ihren Händen!*
	Der namenlose Prediger führt den Titel „Pale" (d.h. fahl) – eine Anspielung auf die Endzeit: Pale Rider wird LaHood und seine Hintermänner richten.
1:50:00	Am Ende des Films schreit Megan dem Prediger nach: *Prediger! Prediger! Wir alle lieben dich, du Prediger, wir alle lieben dich. Ich liebe dich, ich liebe dich. Wir danken dir! Leb wohl!*

Eine amerikanische Deutung aus dem Jahr 1988 belegt Vorwürfe der Ideologie: „Clint Eastwood weiß sehr genau, was er tut. Ich glaube, er weiß, dass dieser Mann ohne Namen die Charakterzüge eines Erlösers trägt. Auch der Westerheld setzt sein Leben für ein die bedrohten Mitmenschen, er will das Böse besiegen und den Menschen ein sicheres Leben bereiten. Vielleicht könnte er so sein, dass wir Menschen einfach eine starke Sehnsucht nach einer Erlösergestalt haben. Und als Christen sehen wir in Jesus von Nazaret diesen unseren Erlöser. Wir haben also in unserem Unterbewusstsein ganz stark die Sehnsucht nach Menschen, die uns von bedrohten Dimensionen des Lebens befreien und erretten können. Und diese Sehnsüchte haben wir als Christen auf Jesus von Nazaret gelenkt. Aber die gleichen Sehnsüchte finden wir ausgedrückt in vielen Filmen, besonders in den Westernfilmen. Wir alle brauchen eine Erlösergestalt in unserem Leben, männlich oder weiblich. Eastwood zeigt uns eine Erlösergestalt, die wir sehr anziehend finden, zumindest in der amerikanischen Kultur. ... ich will damit keineswegs sagen, dass die Gestalt Jesu identisch sei mit der Gestalt des Predigers im Film ‚Pale Rider'. Vielmehr ist dieser Prediger ohne Namen ein Mensch, der in manchen Dingen dem historischen Jesus der Bibel sehr ähnlich zu sein scheint."[44]

44 A. Greely, Religion in Popular Culture, Chicago 1988. Ins Deutsche übertragen von A. Grabner-Haider, Religion in der Popkultur: Musik, Film, Roman, Graz u.a. 1993, S. 130f.

Auswahl:
Filme – Themen – Zielgruppen

1. Filmanalysen: Die 24 wichtigsten Jesus-Filme

Hier werden die 24 wichtigsten Jesus-Filme in alphabetischer Reihenfolge nach folgender Systematik vorgestellt:

- *Filmtitel und Länge des Films*
- *Zielgruppe (z.B. Altersbeschränkungen/Klasse)*
- *didaktisch relevante Themen*
- *Inhalt*
- *Storyboards (Schlaglichter – Schlüsselszenen)*
- *Entstehung des Films*
- *Didaktisch-methodische Anregungen*
- *Kritikerstimmen.*

Die konzentrierten Informationen sollen dem Lehrenden Material und Anregungen an die Hand geben, die ihm bei selbstständiger Auswahl, Vorbereitung und Gestaltung *maßgeschneiderter* Jesus-Film-Unterrichtseinheiten helfen, die für seine jeweilige Gruppe, ihre spezifische Fragestellung und seine besondere Zielsetzung passen.

Apostel! (USA 1997)
133 Min.
Ab 12 J., ab Klasse 10

Themen

- Moderne Jesusgestalt
- Charismatische Erweckungsprediger
- Religiöser Fanatismus
- Selbst ernannte Apostel
- Vermarktung des Glaubens: Radio- Fernsehübertragungen
- Heuchelei und Aufrichtigkeit.

Inhalt

Der charismatische texanische Erweckungsprediger Sonny (Robert Duvall) verliert durch eine Intrige seine Gemeinde, erschlägt im Jähzorn den Liebhaber seiner Frau (Farrah Fawcett) mit einem Baseballschläger. Sonny muss fliehen. In Louisiana beginnt er ein neues Leben, zunächst als Automechaniker, dann als selbst ernannter Apostel. Sonny versucht, eine neue Kirche aufzubauen. Kompromisslos verkündet er die befreiende Kraft des Evangeliums. Er findet viele Anhänger, die ihn schätzen, und kann Skeptiker überzeugen. Er wird als Wohltäter und Radiomoderator sehr schnell populär, doch seine Vergangenheit holt ihn ein: Seine Frau erkennt seine Stimme in der Radioübertragung und kommt auf seine Spur. Die Polizei holt ihn während seines Gottesdienstes ab.

Storyboard (aus dem Anfangsteil[45])

Zeit	Szene/Inhalt	Bibel
0:00:00	Rückblende (Schwarz-weiß) Sonny erlebt als kleines Kind einen Gottesdienst in einer Kapelle in New Boston, Texas 1939. Blinder Prediger: *Wir danken dir, Gott!* Gemeinde: *Wir danken dir, Gott!* Prediger: *Preiset den Herrn!* Gemeinde: *Preiset den Herrn!* Prediger: *In der Bibel steht geschrieben:* *Lobe den Namen des Herrn.*	Hi 1,21
	Gemeinde: *Ja, Herr! Danke, Herr! Danke, Jesus!* Prediger: *Sie schlugen ihm Nägel in die Hände, Schwestern und Brüder, für euch und mich, und einen Speer. Sie setzten ihm eine Dornenkrone auf.*	Vgl. Joh 20, 25
	Gemeinde: *Ja, Herr! Gloria! Halleluja!* Prediger: *Jesus sagte: Selig sind, die nicht sehen und doch glauben!*	Joh 20, 29
0:03:20	Zwei Polizisten an der Unfallstelle: Ein PKW liegt überschlagen auf der Straße, der zweite ist über eine Böschung auf das freie Feld gelandet. Der Prediger Sonny fährt mit seiner Mutter an dieser Unglücksstelle vorbei, hält an: *Mama, warte. Eine Sekunde. Sieh dir das an! Sei ganz ruhig! Du bleibst sitzen, Mama!* Sonny steigt aus und geht mit der Bibel in der Hand auf das Auto im Feld zu. Am Unfallauto angekommen legt er die Bibel auf das Dach des Wagens und breitet seine Arme aus: *Ich aber ging an dir vorüber und sah dich in deinem Blut liegen und ich sprach zu dir, als du so in deinem Blut lagst, lebe!* Er schaut in das Wageninnere und stellt das Autoradio ab. *Mein Sohn, kannst du mich hören? Ich bin hier um dir zu helfen.* *Ich bin ein Diener des Herrn. Der Herr liebt dich und auch mich.* *Wenn du nicht antworten kannst, dann nicke einfach.*	Hes 16, 6

45 Die Dialogtexte sind vom Film abgehört.

Denk einfach. Antworte in deinem Herzen und in deinem Geist.
Sonny legt den Arm der ebenfalls schwer verletzten Beifahrerin auf den Schenkel des Fahrers. *Wenn der Herr dich zu sich rufen würde, bist du bereit? Erkennst du Jesus als deinen persönlichen Erlöser an? Bist du bereit für ihn?*
Bist du in diesem Augenblick bereit ihm zu folgen? Hast du dein Herz geöffnet, damit er einziehen kann? Er wird dir beistehen, ob du nun heimkehrst oder bei uns hier bleibst.
Und wenn er dich heute nicht zu dir nimmt, er steht dir bei.
Er geleitet dich durch diese schwere Prüfung. Jetzt hör mir gut zu: Es gibt Engel. Er hat seine Engel geschickt, um dich zu bewachen. Bekennst du dich zu ihm?
Der Schwerverletzte nickt leicht mit unbeweglicher Miene.
Sonny: *Ich danke dir, Jesus!*
Es treten die beiden Polizisten an das Auto: Sie müssen hier weg. *Sie dürfen hier nicht sein! Hören Sie!*
Sonny: *Ja, einen Moment noch.*
Zum Schwerverletzten: *Wenn dich der Krankenwagen gleich abholt, fliegst du über diesen Hain. Der Herr schickt dir eine Schar von Engeln, um dich zu führen. Wenn du heute den Herrn annimmst, wird er immer bei dir sein, weil ihr beide, hier und heute, seine Helden seid. Lobe den Herrn!*
Der Schwerverletzte stammelt: *Danke, danke, Sir.*
Sonny: *Danke nicht mir, mein Sohn! Danke dem Herrn und unserem Erlöser Jesus Christus. Du bist jetzt in seiner Obhut. Gesegnet seid ihr beide.*
Er wendet sich vom Auto ab: *Wenn zwei oder drei in meinem Namen versammelt sind...* Mt 18, 20
Polizist: *Tut mir Leid. Sie müssen wieder zu ihrem Fahrzeug zurück.*
Sonny: *Das verstehe ich.*
Polizist: *Finden Sie, Sie haben was im Wagen erreicht?*
Sonny: *Ich weiß es. Ich habe meinen Kopf nicht vergebens durch dieses Fenster gestreckt.*
Polizist: *Woher wollen Sie das wissen?*
Sonny: *Lieber heute sterben und in den Himmel kommen als hundert werden und in der Hölle enden.*
Polizist: *Ist das Ihr Ernst?*
Sonny kehrt zu seinem Auto zurück: *Ja, Sir, ja, Sir, allerdings! Ich weiß es, ich habe ... Das werde ich Ihnen verraten. Gott, den Allmächtigen, wie es in der Offenbarung steht. Gloria, ich danke dir. Ich habe dem Satan gesagt: „Weiche zurück!" Denn der Sieg ist heute unser! Mama, wir haben heute Schlagzeilen im Himmel gemacht. Es waren zwei junge Menschen, die das Leben noch vor sich haben. Vielleicht überlebt einer von ihnen. Ich weiß es nicht. Es hängt am seidenen Faden. Lasst uns für sie beten!*
Mutter: *Mein Gott!*
Sonny: *Ja, bete!*
Er fährt ab, während der Krankenwagen eintrifft.
Sonny rezitiert während der Autofahrt:

Und ob ich schon wanderte im finsteren Tal
fürchte ich kein Unglück, denn du bist bei mir,
dein Stecken und Stab trösten mich.
Du bereitest vor mir einen Tisch im Angesicht meiner Feinde
du salbest mein Haupt mit Öl und schenkest mir voll ein.
Gutes und Barmherzigkeit werden mir folgen mein Leben lang.
Und ich werde bleiben im Hause des Herrn immerdar.
Amen. – Komm, Mama, sing! Lobe den Herrn!
Schwenk zum Unfallauto: Die Beifahrerin bewegt ihre Hand.

Ps 23

0:09:30 In der Wohnung von Sonnys Mutter
Sonny begleitet am Klavier einen Jesus-Song. Seine beiden Kinder
(„Kleinen") und seine Mutter singen kräftig mit. Seine Mutter diri-
giert. Sonny: *Applaus für unseren Herrn Jesus! Wenn euer Bibel-*
camp vorbei ist, könnten wir mal in der Kirche singen. – Bei der
Verabschiedung von seinen Kindern: *Sagt mir mal die Bücher der*
Bibel auf!
Seine Kinder reagieren nicht.
Sonny: *Jetzt gleich: Genesis, Exodus, Leviticus ... ihr ...*

0:12:00 Im Missionszelt
Sonny: *Und ob ich schon wanderte im finsteren Tal ... Warum sage*
ich das? Weil wir heute schon die Kraft des Heiligen Geistes haben.
Könnt ihr die Kraft des Heiligen Geistes in diesem Zelt spüren?
Publikum: *Ja!*
Ein farbiger Prediger: *Bitte wiederholt ... die Kraft des Heiligen*
Geistes.
Ein anderer Prediger mit einem großen Schlüsselbund in der Hand:
Jesus fuhr zur Hölle. Er absolvierte einen Hausbesuch beim Teufel.
Er machte einen doppelten Salto rückwärts über den Teufel und
brachte aus der Hölle die Schlüssel zurück fürs Königreich. Wir
haben die Schlüssel zum Königreich. Er zeigt dem Publikum das   Vgl. Mt 16,
Schlüsselbund.   19
Sonny: *Wer ist der König der Könige?*
Publikum: *Jesus!*
Sonny: *Wer ist der erste und der letzte?*   Jes 41, 4
Publikum: *Jesus!*
Sonny: *Wenn ich auf der Abschussliste des Teufels stehe, wen habe*
ich an meiner Seite?
Publikum: *Jesus!*
Sonny: *Wer ist die Lilie im Tal?*
Publikum: *Jesus!*
Sonny: *Und ob ich schon wanderte im finsteren Tal, wer steht mir bei?*
Publikum: *Jesus!*
Sonny: *Sagt: geliebter Jesus. – Wenn ich eines Morgens im Himmel*
erwache, wen erblicke ich?
Publikum: *Jesus!*
Sonny: *Versucht es lauter! Sagt Jeeesus!*
Publikum lauter: *Jesus!*
Sonny: *Ich kann euch nicht hören ... –*
Und noch ein Applaus für Jesus!

Zeit	Szene/Inhalt	Bibel
0:16:55	**Zu Hause** Sonny sucht seine Frau Jessie in jedem Zimmer. Er steckt den Revolver ein und verlässt das Haus. Er wartet im Wagen vor dem Haus des Liebhabers auf seine Frau. Ihm fällt der Bibelvers ein: *Du sollst nicht töten!*	Ex 20, 13
0:19:12	**Bei seiner Frau** Sonny: *Antworte mir, was machen wir jetzt, Jessie?* Jessie: *Ich will nur raus!* Sonny: *Du meinst, raus aus der Ehe. Ja, darüber muss ich erst mal nachdenken.* Jessie: *Da gibt es leider nicht viel nachzudenken.* Sonny: *Würdest du noch einmal mit mir niederknien? Nur ein letztes Mal?* Jessie: *Warum?* Sonny: *Ich möchte, dass wir zusammen beten. In Versöhnung für unseren Sohn und unsere Tochter.* Jessie: *Nein!* Sonny: *Komm schon!* Jessie: *Nein!* Sonny: *Nächste Woche!* Jessie: *Nein!* Sonny: *Ich verstehe. Es gab noch nie ein Problem, das wir nicht lösen konnten ...* Jessie: *Er hat mir schon gesagt, was ich tun soll.* Sonny: *Wer?* Jessie: *Der.* Sonny: *Unser Herr?* Jessie: *Ja!* Sonny: *Bist du sicher, dass es Gott war? ... Mir liegt das Reisen im Blut, weil ich nun mal gern das Evangelium verkündige. Ich liebe meine Frau, ich liebe meine Kleinen. Sieh mich an, Jessie, du weißt, dass ich dich liebe.* Jessie kühl: *Ja, ich weiß es.* Sonny will sie küssen. Jessie weist ihn ab: *Nein!*	
0:24:30	Sonny hadert mit Gott und Jesus in seinem Zimmer. Sonny: *Ich sage dir, jemand hat mir meine Frau weggenommen und mir meine Kirche gestohlen, die ich gebaut habe. Ich stehe hier und schreie dich an, weil ich dir zürne. Ich kann das. Gib mir ein Zeichen. Irgendetwas.* *Gib mir ein Zeichen heute Nacht! Gib mir Frieden. Ich weiß nicht, wer mich zum Narren hielt. Du oder der Teufel? Ich weiß es nicht. Ich liebe dich, Herr, aber ich zürne dir, ich bin wütend auf dich. Erlöse mich heute Nacht, Herr! Sag es mir. Soll ich Hand an mich legen? Was soll ich tun?* *Ich weiß, dass ich ein Sünder bin und manchmal ein Schürzenjäger, aber ich bin dein Diener! Weil du mich damals dem Tod entrissen hast, bin ich dein Diener.* *Was soll ich tun?*	

0:25:45	Sonnys Mutter wird aus dem Schlaf gerissen durch das schrille Telefon. Eine Mitbewohnerin beschwert sich über die nächtliche Ruhestörung.	

– Ist das dein Sohn? ...
– Er hat schon als kleiner Junge gebetet. Manchmal redet er mit Gott, manchmal schreit er ihn an.
– Kann er nicht leiser reden. Manche Leute würden gerne schlafen.
Sonnys Mutter legt auf.
Sonny: *Gott, sprich mit Sonny. Du musst heute Nacht mit Sonny sprechen!*
Seine Mutter lacht.

Zum Charakter der Hauptperson

▶ Sonny weiß für sein Fehlverhalten stets einen Schuldigen, z.B.
  0:36:30 *Satan hat einen tiefen Keil zwischen mich und meiner Familie getrieben.*

▶ Sonny wirkt lächerlich, z.B. bei der Selbsttaufe
  0:42:00 *Daher taufe ich mich in Abwesenheit von Zeugen.*

▶ Sonny ist unfreiwillig (?) sarkastisch, z.B. in der Radioansprache
  1:02:30 *Heute predige ich, als würde ich in den Krieg ziehen. Ich bin eure mit dem Heiligen Geist und Jesus gefüllte Predigtmaschine, und wenn Gott für uns ist, wer könnte gegen uns sein. Gott ist in diesem Radio-Sender. Warum sage ich das? Weil heute hier der Heilige Geist explodiert. Der Heilige Geist ist unsere Stromleitung in den Himmel.*

▶ Sonny identifiziert sich mit Jesus, wenn er sagt:
  1:17:25 *Der von Gott gesandt wurde, spricht die Worte Gottes*
  (vgl. Joh 3,34).

▶ Sonny predigt der Gemeinde ein naives Jesus-Verständnis, z.B. wenn er die Gemeinde vor seiner Predigt auffordert:
  1:18:00 *Klatscht, um Jesus zu begrüßen, denn dies ist sein Heim!*

▶ Sonny zeigt Scheinmoral: Einerseits möchte er mit der Sekretärin Toosie eine intime Beziehung anfangen, andererseits hält er am christlichen Ideal ehelicher Liebe fest.

Zur Person des Regisseurs und zur Entstehung des Films

Robert Duvall war schon als Junge fasziniert von Radio- und TV-Predigern. Für seinen Film, dessen Drehbuch dreizehn Jahre lang bereits fertig war, interviewte er Priester und arbeitete ihre Lebensgeschichten ein: „Ich wollte

Wahrheit, Echtheit und Fairness." In einem Interview[46] erläutert Duvall seine Einstellung zu Predigern, die zwiespältig ist: „Bei einigen Predigern findet man Lug und Trug, bei anderen nicht."

Nachhaltig beeindruckt habe ihn ein 96-jähriger Farbiger in Hamilton, Virginia, der ihm vergeistigter vorkam als der Dalai Lama oder Mahatma Gandhi. Dieser Alte habe den Satz geprägt, der im Film mehrfach vorkommt: Er werde in einem kleinen Flugzeug wegfliegen, nicht nach Chicago oder New York. Auch nicht in irgendeine Stadt in dieser Welt. Er erwarte, dass er an diesem Tag an den Sternen vorbei direkt in den Himmel fliegen würde. „Einige fromme Leute könnten vielleicht fragen, warum ich solch einen Film mache und betone, dass dieser ‚evangelical preacher' Schwächen hat. Und meine Antwort ist: Wir sollten akzeptieren, dass auch gute Menschen Schwächen haben; anderenfalls müssten wir Seiten aus der Bibel herausreißen. Man müsste die Psalmen herausreißen und sie nie wieder lesen. Denn David hat einen Mann in den Kampf geschickt, damit er mit seiner Frau schlafen konnte. Und das war weit böser als alles, was der Sonny je tat. Hier ist der David, der große Dichter der Psalmen, den wir loben, und er machte etwas Schlimmeres als jeder gegenwärtige Prediger tun würde...

Wenn man gerettet wird und den Herrn akzeptiert, kann man dies nicht als Entschuldigung anführen, um der Strafe zu entgehen. ..."[47]

Didaktisch-methodische Anregungen

Bei diesem Film sollte man sich nur auf die ersten 30 Min. beschränken: Hier wirkt der Film sehr dicht. Im zweiten Teil hat der Film oft langatmige Szenen. Die Zuschauer beschreiben und diskutieren kritisch wertend

▶ das *Jesusbild*, das Gottes- und Bibelverständnis, das der Prediger vertritt (Fundamentalismus); z.B. anhand der blauen Neonbuchstaben auf dem Pfeil seiner Holzkirche in Bayou Boutte „The One Way Road to Heaven"
▶ den *Glaubensfanatismus* der Prediger (Führerprinzip); z.B. anhand des Mottos „Heute haben wir im Himmel für Schlagzeilen gesorgt"
▶ die *Volksfrömmigkeit der Glaubensgemeinde* (Hörigkeit gegenüber dem Prediger als „Über-Ich")
▶ das *patriarchale Verhältnis* von Sonny zu seiner Frau Jessie, bis sie aus der Ehe ausbricht
▶ Sonnys *Motive*: z.B. ist er auf der Flucht aus seiner Vergangenheit und möchte untertauchen – kann daher sein religiöser Fanatismus als Flucht aus der Lebenswirklichkeit interpretiert werden?

46 In: The Journal of Religion and Film (JRF). Unomaha. University of Nebraska/Omaha. Ed. by W. L. Blizek/R. R. Burke. Vol 2, No 1 – 1998 (gekürzt).
47 Übersetzung des Interviews durch den Autor.

▶ die *Machart des Films*: z.B. beschreibt er ohne kommentierende Wertung; gibt keine klare Stellungnahme ab für oder gegen den Apostel und überlässt die Bewertung dem Zuschauer: „Was fasziniert trotz aller Kritik dennoch…?“

Kritikerstimmen

☐ „Robert Duvall inszeniert als Regisseur und Hauptdarsteller eine eindrucksvolle und geschlossene Charakter- und Milieustudie, die die dargestellten Phänomene amerikanischer Religiosität eindrücklich beschreibt und darstellt, ohne sie zu kommentieren oder zu befragen.“[48]

☐ „Robert Duvall (spielt auch die Hauptrolle) entwirft ein psychologisch interessantes Drama über die Suche nach Sühne und Vergebung. Die religiöse Eiferei wirkt allerdings befremdlich und manchmal sogar lächerlich.“[49]

☐ Robert Duvall setzt diesen christlichen Showman mitreißend in Szene.[50]

☐ Trotz einiger atmosphärisch dichter Momente, der zurückhaltend eingesetzten Cajun-Musik und der prägnanten Besetzung ist sein ambitioniertes Filmdrama viel zu lang geraten: Vor allem zum Schluss hin wird die Geduld der Zuschauer arg strapaziert.[51]

Ava und Gabriel
(Curacao/Niederlande 1992)
90 Min.,
Ab 16 J., ab Klasse 10

Themen

– moderne Marien- bzw. Jesusgestalt
– Heiligenverehrung
– politische Theologie
– Amtskirche, Amtsverständnis
– Vermarktung des Glaubens
– Heuchelei und Aufrichtigkeit.

---

48 multimedia, in: Film-Jahrbuch 1999 (Heyne Filmbibliothek), München 1999, S. 33.
49 Margret Köhler, in: Film-Jahrbuch 1999 (Heyne Filmbibliothek), München 1999, S. 33f.
50 Volker Gunske, in: Tipp 21/98.
51 Fischer Film Almanach 1999, Frankfurt 1999, S. 31.

Inhalt

Der Film geht der Frage nach, ob Maria eine Farbige sein kann. Er spielt in Curacao in den 40er-Jahren: Der farbige Kirchenmaler Gabriel Goedbloed soll im Auftrag der Kirche ein Madonnenfresko malen. Er verleiht der Madonna Züge seiner geliebten Mulattin Ava. Einen Altar mit einer farbigen Madonna zu schmücken – das war damals eine ungeheure Provokation. Schwelende Rassenkonflikte brechen über dieser Frage auf.

Storyboard (aus dem Inhalt des Films[52])

Zeit	Szene/Inhalt
0:00:00	Der Film beginnt mit dem Einzug der Eucharistie-Kinder in die Kirche. Die Mütter: *– Sie findet sich so schön! – Aber ich habe auch ein prächtiges Kind, nicht wahr? – Die Hautfarbe des Vaters macht viel aus, nicht? – Yuyas Schneider hat das Satinkleid völlig vermurkst.* Ein Vater: *Sie sieht aus wie ein gerupftes Huhn. – Hauptsache, sie hat den Stoff bei uns gekauft.* Vor dem Kirchplatz kommt es beinahe zu einem Verkehrsunfall. Polizist zum Maler Gabriel Goedbloed: *Haben Sie überhaupt einen Führerschein? ... Ich hoffe, Sie malen besser, als Sie Autofahren. ... Wir sind im Grunde freundlich, aber wir können auch anders. Doch die hohen Herren erwarten dich, also geh!* Der Priester kommt hinzugerannt: *Toller Auftritt, bravo! Jetzt komm. Sie wollten schon gehen. ... Komm schon!*
0:03:55	Szenenwechsel. In der Kirche: Gabriel Goedbloed präsentiert dem Monseigneur Hildebrand, dem Pastor Fidelius, dem Gouverneur und seiner Frau die Skizze seines geplanten Gemäldes. Die Frau des Gouverneurs, Frau van Hansschot, kniet vor der Skizze nieder und verweilt andächtig. *Das ist wirklich etwas Besonderes, Herr Goedbloed. Eigenwillig. Elemente der Antillen, aber westliche Technik.* Zu ihrem Mann: *Schatz, was hältst du davon?* Ihr Mann: *Technisch zeigt er sehr viel Talent, nur eine Madonna mit den Antillen als Hintergrund ist historisch nicht ganz richtig.* Seine Frau: *Stimmt.* Monseigneur: *Ein Diskussionspunkt.* Zum Priester gewandt: *Fidelius! Wusstest du davon?* Die Frau (erhebt sich): *Ein engherziger Standpunkt, Monseigneur. Ich dachte, die Kirche respektiere die künstlerische Freiheit. Kunst ist frei.* Monseigneur: *Ich meine, Frau van Hansschot, dass ich in kirchlichen Dingen wohl eine Autorität bin.* Pastor Fidelius: *Monseigneur, die Heilige Jungfrau ist doch von Zeit und Ort unabhängig. Ich finde...* Monseigneur (fällt ihm ins Wort): *Und ich finde, dass ich dir zu viel Freiraum gelassen habe.* Zum Maler: *Herr Goedbloed, es ist gute Arbeit. Keine Frage. Wir reden noch darüber.*

---

52 Die Dialogtexte sind vom Film abgehört.

Zeit	Szene/Inhalt

Goedbloed nickt.

Der Gouverneur: *Ja, Louise, sollen wir gehen? Monseigneur, Herr Goedbloed...*

Monseigneur: *Exzellenz, ich komme mit.* Zum Pastor: *Fidelius! Wir sprechen uns noch!*

Frau van Hansschot zum Maler: *Herr Goedbloed: Ich finde, Ihre Arbeit ist von verblüffender Qualität. So unholländisch. Sie haben in Den Haag studiert?*

Goedbloed: *Ja, Exzellenz, Frau Hansschot, ja. Meine Privatsammlung wird Sie sicher interessieren.*

0:06:55 Szenenwechsel. Auf dem Pausenhof des kirchlichen Internats

Die Mädchen stürmen auf den Hof, begleitet von Nonnen und ihrer Erzieherin Ava. Der Polizist Carlos Zarius zu Ava: *Wie geht's dir, Schatz?* Er begrüßt sie mit einem Kuss. *Wie war der Tag?*

Sie ziert sich: *Was sollen die Schwestern denken?*

Polizist: *Die sollen einfach beten, Schatz.* Er umarmt sie.

0:07:40 Szenenwechsel. Auf der Straße

Luciano und zwei weitere Männer rufen Ava und ihrer Freundin nach:

– *Schatz bete für uns. Ich begehe alle Sünden der Welt für dich.*

– *Respekt, Luciano, das ist Arlinas Tochter.*

– *Schwester, ich kriege einen Herzinfarkt.*

0:09:10 Szenenwechsel. In der Kirche

Ava: *Mit traurigen Augen.*

Gabriel: *Gemalt mit meinen Händen. – Das ist ein Herz, Schwarze Madonna. Das leidet Schmerzen. Durch das Bild Deiner weinenden Schönheit. Du bist anwesend in meinem tiefsten Sinn. In den Stunden des Kummers und der Freude. Schwarze Madonna...*

0:12:10 Szenenwechsel. Gespräch mit Monseigneur

Monseigneur: *Die weiße Maria ist aber Tradition.*

Goedbloed: *Aber die Zeit bestimmt doch, was Tradition ist und was nicht. – Was meinen Sie, Mutter Oberin?*

Oberin: *Eine Maria der Antillen? Sie war doch nicht braun, oder? Ich weiß es nicht.*

Monseigneur: *Das ist alles so politisch geworden, dass ich ernsthaft zweifle. Auch der Gouverneur ist unzufrieden.*

Pastor Fidelius: *Aber seine Frau...*

0:15:20 Szenenwechsel. Pfarrer Fidelius und Maler Gabriel Goedbloed bitten Frau Arlina, Avas Mutter, in ihrem Haus um ihr Einverständnis.

Frau Arlina: *Warum fragen Sie nicht eine der Schwestern. Die stehen Gott näher als die arme Ava.*

Ava: *Mama, übertreibe nicht so. Ich bin nicht arm und kann selbst entscheiden.*

Mutter: *Du hast hier gar nichts zu entscheiden.*

Pfarrer Fidelius: *Frau Arlina, selbst Mutter Oberin war einverstanden.*

Frau Arlina: *Was? Aber sie kann diese Sache nicht erlauben. Sie lacht.*

Ava: *Mama, hör auf!*

Pfarrer Fidelius: *Auch Monseigneur Hildebrand würde ihre Kooperation schätzen.*

Frau Arlina: *Monseigneur Hildebrand?*

Pfarrer Fidelius: *Ja!*

Frau Arlina: *Eine gute Katholikin muss ihre Pflicht tun. Der Herr ist gerecht. Er ist stärker.*

Ava: *Ja, Mama ist so eine gute Katholikin. Pastor Fidelius könnte unsere Heiligen segnen!*

Zeit	Szene/Inhalt

Frau Arlina (steht empör auf) zu Ava: *Einen Augenblick, ja! Wir müssen über das eine oder andere reden.*
Maler Gabriel Goedbloed zeigt ihr die Skizze. Ava: *Mami, sieh dir das an!* Gabriel Goedbloed: *Ein Entwurf für das Wandbild.*
Ava: *Das bin ich!*
Gabriel Goedbloed: *Gefällt es dir?*
Ava (strahlt): *Ja. Es ist doch schon fertig!*
Gabriel Goedbloed: *Es geht ums Detail: die Reinheit, der Linie deines Kiefers, das Licht auf deiner Haut und deine Augen...*
Frau Arlina: *Ich bin einverstanden. Aber Pastor Fidelius ist für alles verantwortlich....*

0:31:35 Szenenwechsel. Polizist Carlos schreit im Laden
Ava steht nicht mehr Modell. Ava ist mein Mädchen!

0:32:50 Szenenwechsel. Ava steht im dunkelblauen Kleid dem Maler Gabriel Goedbloed Modell.
Schneider (stürmt in das Atelier): *Carlos wartet auf dich, er ist wütend. Wenn ich du wäre, würde ich gehen.*
Gabriel Goedbloed: *Was ist, Ava?*
Schneider: *Carlos findet, seine Verlobte hat genug Modell gestanden!*
Ava: *Auf Wiedersehen, Goedbloed! Sie verlässt ihn.*
Schneider (spottet): *Ganz ruhig. Das sieht doch schon ganz gut aus. Und Maurice hat bestimmt eine Ankleidepuppe für dich. Ich rede mit Ava. Auf Wiedersehen, Herr Prinz!*

0:34: 25 Szenenwechsel. Zarius und Ava kommen zum Tanzball
Ober: *Haben Sie reserviert, Herr Zarius?*
Zarius: *Ja, wie immer!... (zu Ava): Ich gebe dir diesen Ring, um zu zeigen, wie sehr ich dich liebe. (steckt ihr den Ring an): So sehr, dass ich nicht mehr weiß, was ich sagen soll.*
Gäste des Balls (diskutieren):
– Das Marienbild scheint die Gemüter mächtig zu erhitzen.
– Das würde ich nicht sagen.
– Unsere Partei wäre mit einer farbigen Maria sehr glücklich.
Frau Hansschot zum Maler: *Dieses Gerede über die Maria macht mich krank. Verzeihen Sie, Goedbloed, aber Sie dürfen nicht mehr darüber sprechen. Ich habe viel mehr zu bieten als die Heilige Jungfrau. ... Herr Goedbloed, kommen Sie, ich zeige ihnen meine Bilder.*

0:36:45 Szenenwechsel. Frau Hansschot trifft mit Goedbloed in ihre vornehme Villa ein und bittet ihn, sie in den nächsten Tagen zu malen. Sie ist sexuell an ihm interessiert.

0:38:30 Szenenwechsel. Ava bricht die Verlobungsfeier ab: *Nein, sage ich, nein! – Lass mich in Ruhe!*

0:45:10 Szenenwechsel. Frauen streiten in der Kirche über das Marienbild
– Mir gefällt das Bild.
– Du mit deiner Bildung bist besser still!
Pfarrer: *Ihr seid unmöglich. Lasst eure Herzen sprechen. Die Hautfarbe mindert doch nicht den Wert des heiligen Symbols. Der Maler gab Maria ein heimisches Gesicht.* Ein roter Schein fällt auf das Gesicht Marias. Frauen:
– Ein Zeichen. Gott hat uns ein Zeichen gegeben.
– Gegrüßet seist du, Maria, voll der Gnade.

Zeit	Szene/Inhalt
0:46:15	Szenenwechsel. Frauen versammeln sich betend vor Avas Haus Frau Arlina kommt heraus: *Seid nicht so kindisch. Ava ist keine Heilige. Sie hat auch nichts Heiliges. Sie ist wie jede andere.* Eine Frau: *Aber Frau Arlina, ich war selbst dabei. Sie sah mich hypnotisierend an wie eine weinende Heilige.* Ein Mann: *Frau Arlina, kann Ava für meinen Vater beten?* Ein anderer Mann: *Arlina. Ich habe kein Geld für die Miete. Was soll ich tun?* Eine andere Frau: *Wo ist Ava? Sie soll selbst sagen, was los ist.* Frau Arlina: *Sie kommt nicht raus, weil sie verfolgt und belästigt wird.* Die Frauen beten: *Du bist gebenedeit unter den Frauen.* Ava (erscheint auf dem Balkon): *Hört zu. Habt ihr's gehört? Aus Fleisch und Blut, genau wie ihr!* (weinend): *Ich bin Ava Recordinas. Nicht die Heilige Jungfrau. Lasst mich in Ruhe!* Eine Frau: *Sie heult, als ob sie die Heilige Jungfrau wäre und die Mutter Maria.* Frau Arlina: *Jetzt ist aber Schluss! Verschwindet! Seht ihr nicht, dass ihr dem Kind auf die Nerven geht.* Eine Frau: *Ist nicht mein Problem!* Frau Arlina: *Die, die anders darüber denken, nennen es Wunder. Ich nenne es faulen Zauber.*
0:47:50	Szenenwechsel. In einer verlassenen Villa beginnen Frau van Hansschot und der Maler Goedbloed sich zu lieben, werden aber durch Geräusche gestört. ...
1:08:20	Szenenwechsel. Goedbloed malt Ava als Meeresgöttin. Sie posiert freizügig vor ihren letzten „Madonnenbild".
1:11:10	Szenenwechsel. Bei der Enthüllung des Gemäldes, das Goedbloed von Frau van Hansschot gemalt und ihr geschenkt hat, kommt es zu einem Skandal. Goedbloed hat ihr linkes Auge entstellt gemalt. Wütend zerstört Frau van Hansschot das Bild. Ihr Mann befiehlt, den „Idioten" festzunehmen.
1:18:00	Szenenwechsel. Im Hause Avas Der Polizist Zarius erfährt von Ava, dass diese beim Maler war. Er schlägt sie brutal ins Gesicht. Ava: *Mama, wir sind Opfer schwarzer Magie!*
1:19:35	Szenenwechsel. Beim Maler Zarius dringt mit zwei Kollegen in das Atelier von Goedbloed ein und schlägt diesen brutal zusammen. Sie führen ihn im Polizeiwagen ab. Frau van Hansschot sieht, wie Goedbloed schwer verletzt aus dem Polizeiwagen auf den Boden geworfen wird. Sie wendet sich ab. *Bringt diesen Mann zum Verhör!*
1:25:00	Szenenwechsel. In der Kirche Ein Anstreicher untertüncht das Marienbild mit weißer Farbe.

Didaktisch-methodische Anregungen

Wenn es sich bei dem Film „Ava und Gabriel" auch nicht explizit um einen Jesus-Film handelt, ist er doch mit seinen Maria-Aussagen stark „Jesus-haltig".

Will man den Film nicht in seiner vollen Länge (90 Min.) zeigen, so bietet sich eine Reduzierung auf die ersten ca. 36 Min (bis zum Ballfest) an. Der erste Teil ist inhaltlich sehr dicht gestaltet und reich an religiösen Themen.

Bei der Besprechung können u.a. folgende Schwerpunkte herausgearbeitet werden:

▶ Kann Maria eine Farbige bzw. kann *Jesus ein Farbiger* sein? (Vgl. die lateinamerikanische Theologie der Befreiung: Jesus ist schwarz)
▶ Die Problematik, Religion (z.B. Maria, Jesus u.a.) für *politische Ziele* zu missbrauchen (vgl. die NS-Ideologie: Jesus war kein Jude, sondern Arier). Im Film sagen Besucher beim Ballfest: „Unsere Partei wäre mit einer farbigen Maria sehr glücklich."
▶ Fragen der *Volksfrömmigkeit*: die Bedeutung und Verehrung von Heiligen.
▶ „Die weiße Maria ist aber Tradition", beharrt Monseigneur. Wie viel Tradition braucht eine Kirche, wie viele Erneuerungen kann sie zulassen, ohne ihre eigene Identität zu verlieren?
▶ Frau Arlina sagt: „Eine *gute Katholikin* muss ihre Pflicht tun." Inwieweit müssen Mitglieder inhaltlich die Aussagen ihrer Kirche bzw. Religionsgemeinschaft vertreten, wann müssen bzw. können sie abweichen oder ihr widersprechen?
▶ Monseigneur entgegnet Frau van Hansschot: „Ich meine, ... dass ich in kirchlichen Dingen wohl eine Autorität bin." Hier können die Möglichkeiten und Grenzen von *Amt und Autorität* seitens der Kirchen (z.B. Papsttum) aufgezeigt werden. Andererseits können Möglichkeiten des allgemeinen Priestertums (vgl. Luther, Bonhoeffer) skizziert werden.

Bad Lieutenant (USA 1992)
92 Min.
Ab 16 J., ab Klasse 10

Themen

– Heuchelei und Aufrichtigkeit („bad")
– Fragen der Scheinmoral
– Das Heilige
– Vergebung statt Vergeltung
– Erlösungsbedürftigkeit jedes Menschen.

Inhalt

Ein drogen- und wettenabhängiger Polizist, dessen Leben ein Trümmerhaufen ist, wird durch die Begegnung mit einer am Altar brutal vergewaltigten Nonne, die den Tätern verzeiht, zutiefst erschüttert.

„Bad" bezieht sich auf das Verhalten des Polizisten: Er soll berufsmäßig Verbrechen bekämpfen, lebt aber in moralischer Hinsicht „schlecht": Die Beziehung zu seiner Frau und zu seinen Kindern ist gestört. Die Nonne verkörpert für ihn „das Heilige". In der Kirche hat er die Vision einer Begegnung mit Jesus Christus, der vom Kreuz herabsteigt. Er bittet Christus um Erlösung. Christus vergibt ihm.

Der Lieutenant entlässt hierauf die Vergewaltiger in die Freiheit. Er selbst wird von der Kugel des Killers der Buchmachermafia getötet.

Storyboard[53]

Zeit	Szene/Inhalt
0:01:50	Der Lieutenant (L.) verlässt das Haus, seine Kinder stürmen verspätet hinterher. Er fährt sie zur Schule: *Wollt rumkutschiert werden wie der Präsident!* Kind: *Das war doch nicht unsere Schuld!* L.: *Dann wohl meine?* Kind: *Mandy wollte, dass wir den Müll rausbringen ... wir konnten nicht mal die Zähle putzen.* L.: *Jetzt hört mal gut zu: ich bin der Boss ... Wenn ihr dran seid mit dem Badezimmer ... Was seid ihr, Männer oder Mäuse? Sagt mir Bescheid und ich schmeiß sie raus.*
0:03:40	Ankunft am Pausenhof der Schule. Die Kinder verabschieden sich – L. nimmt Drogen.
0:04:40	Einsatz zu einem Mordfall: Zwei Frauen wurden im Auto erschossen.
0:09:45	L. trifft sich im Treppenhaus mit einem Drogendealer. Zu den Kindern: *Verschwindet! Das ist eine Polizeiaktion!*
...	
1:09:20	Dialog zwischen L. und der Nonne (N.) in der Kirche. L. betritt die Kirche, geht langsam auf die Nonne zu, stammelt. L.: *Hören Sie mir zu, Schwester. ... Es sind noch Jugendliche, die kommen frei. Klar! Aber ich überliste das System und sorge für Gerechtigkeit! Wahre Gerechtigkeit! Ihretwegen!* N.: *Ich habe ihnen schon alles vergeben.* L.: *Kommen Sie, diese Kerle haben Sie gequält, haben ihre Zigaretten ... Kommen Sie wieder auf den Teppich, ja! Wie konnten Sie – wie konnten Sie diesen verdammten Schweinehunden vergeben, diesen Kerlen, entschuldigen Sie bitte ... denen verzeihen? Ganz tief in Ihren Inneren: Möchten Sie nicht, dass sie bezahlen für das, was sie getan haben? Wollen Sie nicht, dass dieses Verbrechen gesühnt wird?* N.: *Ich habe ihnen vergeben.* L.: *Aber ... haben Sie das Recht dazu? Sie sind nicht die einzige Frau auf der Welt! Nicht mal die einzige Nonne. Ihre Vergebung hat blutige Folgen. Was ist, wenn sie es auch anderen Nonnen antun? Oder anderen jungen Frauen? Oder alten Frauen, die sterben an dem Schock? Können Sie entscheiden, dass man diese Burschen frei rumlaufen lässt? Können Sie diese Bürde tragen, Schwester?* N.: *Reden Sie mit Jesus. Beten Sie. Sie glauben doch an Gott oder etwa nicht? Dass Jesus Christus für Ihre Sünden gestorben ist.*

53   Die Dialogtexte sind vom Film abgehört.

Zeit	Szene/Inhalt
	Die Nonne entfernt sich und lässt ihren Rosenkranz zurück. Der Lieutenant schreit in tiefer Verzweiflung sein Unverständnis heraus. Er brüllt, kniet nieder. Plötzlich steht Christus vor ihm. L.: *Hast Du mir etwas zu sagen? Oh mieser Scheißkerl! Du mieser Scheißkerl!* Er wirft den Rosenkranz auf Christus. L.: *Da hast du's! Was, sage doch was, steh nur nicht so da! Was soll ich tun? Kannst Du mir das sagen. Sag was, Du Arsch! Du Arsch, stehst einfach so da und erwartest, dass ich alles tue. Wo warst du? Oh Mann, wo warst Du. Wo – zur Hölle – warst du! Tut mir Leid, tut mir wirklich Leid. Ich habe so viel Böses getan. Ich versuche doch nur – ich versuche doch nur das Richtige zu tun. Aber ich bin so verdammt schwach. Ich bitte Dich, hilf mir! Hilf mir! Ich brauche Deine Hilfe! Vergib mir, vergib mir bitte!* Er krabbelt auf allen Vieren auf Jesus zu. Jesus streckt ihm die Hand aus. L. küsst das Blut an Jesu Füßen.
1:17:05	Als L. aufschaut, sieht er den Messner vor sich stehen.

Didaktisch-methodische Anregungen

In der Auseinandersetzung mit diesem Film sollten folgende Punkte herausgearbeitet werden:

▶ Die Darstellung *existenzieller Hoffnungslosigkeit*: Für Menschen kann die Welt zur Hölle werden.

▶ Die verschiedenen *Aspekte von Schlechtigkeit* („bad"): In professioneller Hinsicht ist der Lieutenant „schlecht", weil er sich – anstatt Verbrechen zu bekämpfen – selbst außerhalb der Legalität bewegt. Moralisch-privat ist er „schlecht", weil er seine Kinder vernachlässigt, ein gestörtes Verhältnis zu seiner Frau hat und immer neue Wettschulden macht.

▶ Die Fragwürdigkeit rein materiell ausgerichteter *Sinnsuche*: Der Lieutenant ist ein von seinen Süchten Getriebener. Was sucht er wirklich?

▶ Die *Erlösungsbedürftigkeit* des einzelnen Menschen: Wofür steht Jesus?

Kritikerstimmen

„Düster, unbequem und provokant – Regisseur Abel Ferrara mutet seinen Zuschauern einiges zu. Der überzeugte Katholik zeigt die Hölle auf Erden und lässt ein kleines Wunder geschehen. In einem Sumpf von Verbrechen, Zerstörung und Egomanie werden plötzlich Begriffe wie Gnade und Vergebung fassbar. Er führt seinen Negativhelden durch die tiefsten Abgründe, um am Schluss doch einen Funken Menschlichkeit aufleuchten zu lassen. Prinzip Hoffnung in der New Yorker Bronx?"[54]

54 ZDF-Monatsjournal 5/1999, S. 6f.

„Unerbittlich harte und kompromisslose Studie eines existenziellen Chaos, die in extreme menschliche Abgründe blickt und die Frage nach der Gnade angesichts der Erlösungsbedürftigkeit des Menschen stellt. Herausragend durch die in jeder Hinsicht konsequente Inszenierung und die radikale Darstellung Harvey Keitels, gelingt Ferrara ein einzigartiger Film, der dem Zuschauer eine beklemmende Erfahrung zumutet und ihm dadurch Reflexion abfordert."[55]

Die Bibel – Jesus.
Teil 1/2(Deutschland/Italien/USA 1999)
Jeweils 90 Min.
Ab 6 J. (Teil 1), ab 12 J. (Teil 2), ab Klasse 5

Themen

– Neues Testament
– Bibel- und Historienfilm
– Vermarktung von Jesusfilmen.

Inhalt[56]

Der Film „schildert den Lebens- und Leidensweg Jesu, der erst allmählich seine göttliche Herkunft begreift und sich seiner besonderen Mission stellt."

Storyboard (aus dem Anfang, Akt I[57])

Zeit	Inhalt/Dialogtexte
0:00:00	Im Namen von Jesus! Joseph (ruft im Schlaf): *Jesus!* (erwacht): *War das ein Traum?* Jesus: *Ja.* Joseph: *Ich habe vom Brot deiner Mutter geträumt. Noch warm aus dem Ofen.* Jesus: *Träum weiter, wenn du heute was essen willst.* Joseph: *Nichts zu essen und auf Steinen schlafen. Ich werde zu alt für so was. Wir müssen Arbeit suchen. Steh auf!* Jesus: *Ja, komm! Gab es sonst noch was zu essen in deinem Traum?* Joseph: *Maria hatte gerade sechs Laibe gebacken. Jesus, heute ist ein guter Tag!* Jesus: *Natürlich!*

---

55 multimedia, in: Film-Jahrbuch 1994, S. 42f.
56 In: Pressemappe „Die Bibel", hg. von der Kirch-Gruppe, Ismaning 2001, S. 4.
57 Die Dialogtexte sind vom Film abgehört.

Zeit	Inhalt/Dialogtexte

0:01:20 Szenenwechsel. Römische Reiter
Livio: *Lass mich dich als Erster willkommen heißen, Pilatus!*
Pontius Pilatus: *Ein Eroberer erwartet keinen warmherzigen Empfang!*
Livio: *Judäa ist die unruhigste Provinz des Imperiums!*
Pontius Pilatus: *Warum?*
Livio: *Sie ist voller Juden!*

0:03:30 Szenenwechsel. Am Brunnen
Frau: *Guten Morgen, Maria!*
Maria (Jesu Mutter): *Ein wunderschöner Morgen!*
Frau: *Sind Joseph und Jesus zurückgekehrt?*
Maria: *Nein! Sie haben sicher Arbeit in Jerusalem als Zimmermann.*
Frau: *So Gott will!*
Maria: *So Gott will!*
Szenenwechsel. Joseph und Jesus auf Arbeitssuche
Farmer: *Wir haben nichts zu essen für euch! Geht eures Weges!*
Joseph: *Wir sind keine Bettler! Wir suchen Arbeit! Wir sind Zimmerleute, sehr gute Zimmerleute!*
Farmer: *Hier gibt es keine Arbeit mehr! Ich musste Geld leihen. Ich habe meine Steuern an Rom bezahlt.*
Joseph: *Ich bin Joseph von Nazareth! Das ist mein Sohn Jesus.*
Farmer: *Nazareth! Ihr kommt von weit her! Solch einen langen Weg?*
Joseph: *Auf der Suche nach Arbeit!*
Farmer: *Ich habe Mandeln angebaut, die sollten für meinen Sohn sein! Ihr dürft euch bedienen.*
Joseph: *Möge Gott dich segnen und dich beschützen!*
Farmer: *Gott! Ich verliere mein Land, kein Erbe – und wo ist Gott?*

0:11:12 Szenenwechsel. Martha – Maria von Bethanien – Jesus
Martha: *Maria, hör auf, Jesus so anzustarren, dann wird er ja nie mit der Tür fertig! Wir freuen uns immer, wenn die Zimmerleute kommen, nicht wahr, Maria? Es gibt doch nichts Schlimmeres als eine quietschende Tür.*
Jesus: *Gibt es sonst noch etwas zu tun?*
Martha: *Etwas, was gebrochen ist, aber ...*
Jesus: *Ich kann die meisten Dinge richten.*
Martha: *Ein gebrochenes Herz?*
Maria entfernt sich. Jesus: *Martha, du hast Maria in Verlegenheit gebracht.*
Martha: *Und du hast sie verzaubert.*
Jesus: *Sie ist ein schönes Mädchen.*
Martha: *Eine Frau, Jesus. Und sie sehnt sich nach einem Ehemann.*

0:12:15 Szenenwechsel. Lazarus und Joseph
Joseph: *Armut, Schulden, Hunger. Die Römer, die bringen uns ihre Welt. Aber das bedeutet nichts als Armut, nur Armut!*
Lazarus: *Zumindest lassen sie uns beten. Der Tempel steht noch.*
Joseph: *Aber sie könnten eines Tages beschließen, ihn zu zerstören. Doch genug des Trübsinns. Schauen wir, ob mein Sohn zum Arbeiten gekommen ist.*

0:13:30 Gemeinsames Mahl: Joseph, Maria, Lazarus, Martha, Maria von Bethanien, Jesus
Jesus: *Für dieses Essen hätte ich euch noch viele Türen gerichtet, ein ganzes Haus gebaut. Das Leben als Zimmermann hat auch seine guten Seiten.*

Zeit	Inhalt/Dialogtexte
	Lazarus zu Jesus: *Ein junger Mann hat Maria die Ehe angeboten. Sie liebt dich, und das weißt du doch bestimmt. Warum behandelst du sie, als ob ihre Gefühle dir nichts bedeuten? ...* Jesus zu Maria: *Ich wünschte, du könntest verstehen ...*
0:18:20	Joseph liegt im Sterben Joseph zu Jesus: *Ich habe dich geliebt wie meinen eigenen Sohn! ...* Jesus am Leichnam seines Vater, nach oben schauend: *Vater, es ist so schwer, Jetzt wo ich komme, nimmst du ihn von mir. Wenn du willst, dass ich mich der Welt zeige, brauche ich ihn. Aber du lässt mich allein. Kannst du das von mir verlangen? Allein. Ich bin noch niemals ohne ihn gewesen. Du kannst ihn mir zurückgeben. Jetzt gleich kannst du es tun. Gib ihn mir zurück, bitte! Gleich! Gib ihn mir! Ich brauch ihn so. Ich kann diesen Weg nicht allein gehen. Lass ihn in meinen Armen*
0:20:50	*auferstehen! Lass es dein Wille sein, Vater! Ich kann dies nicht allein tun!* (verzweifelt) *Erwecke ihn!* (schreit) *Erwecke ihn!*

Zur Entstehung des Films/Filmzyklus'

In Quarzazate, östlich von Marrakesch, entstand ein kleines biblisches Filmdorf. Acht Folgen für den Bibelzyklus „Die Bibel" wurden hier gedreht. Das Projekt der Kirch-Gruppe begann 1994 mit „Die Schöpfung". Angestrebt war einerseits große Nähe zur biblischen Vorlage, andererseits sollte ein spannender Handlungsablauf erreicht werden. Ziel der Bibelverfilmung war eine möglichst lebendige und „authentische" inhaltliche Umsetzung. „Es geht nicht darum, die biblischen Geschichten prachtvoll und aufwändig zu verfilmen, man hat auch nicht die Absicht, einen wissenschaftlichen Dokumentarfilm zu drehen oder die in der Bibel erzählten Begebenheiten historisch zu rekonstruieren. Vielmehr erlaubt das Fernsehen mit seiner Fiktion eine Synthese: Auf dem Weg über ein angenehmes Unterhaltungsprogramm wird ein Akt der Erkenntnis möglich."[58]

Mit einem Budget von 20 Mill. Dollar inszenierte US-Regisseur Roger Young eine moderne Version des Evangeliums. Young hatte bereits „Die Bibel – Josef" gedreht. Für den Film bekam er 1995 den US-Fernsehpreis „Emmy". Seine Zielsetzung war „einen Jesus zu zeigen, mit dem sich das Volk identifizieren kann."

Was bewegte berühmte Schauspieler, bei diesem Projekt mitzumachen? Jacqueline Bisset („Maria") antwortet in Interviews[59]

58 Zit.n. T.P. Gangloff, Die größte Geschichte aller Zeiten, in: Für Arbeit und Besinnung. Zeitschrift für die Ev. Landeskirche Württemberg, Stuttgart 6/1994, S. 222.
59 In: Pressemappe „The Bible Jesus", hg. von der Kirch-Gruppe, Ismaning 1999, S. 10; Übersetzung durch den Autor.

- auf die Frage, ob die Geschichte Jesu heute noch aktuell ist: „Ja, die Geschichte geht auch nach zwei tausend Jahren weiter. Es ist eine erstaunliche Geschichte, die sich mir immer mehr offenbarte, je älter ich wurde…"
- auf die Frage, ob sie ein religiöser Mensch sei: „Nein, ich bin eher ein Mensch, der nach gewissen moralischen Prinzipien lebt. Ich glaube, dass viele der religiösen Gesetze, gleich welcher Religion, tatsächlich zutreffen. Diese Prinzipien sind ja seit Hunderten von Jahren sozusagen getestet worden."
- auf die Frage, was ihr an dieser Rolle der „Maria" reizt: „… eine sehr schöne und bewegende Rolle, denn Maria ist wirklich die Mutter der ganzen Welt – sie wird dazu, denn sie trägt das Leid der Welt. Sie ist ein sehr bewegender Charakter, weil sie so vielen Menschen so viel bedeutet."

Didaktisch-methodische Anregungen

▶ Interessant erscheint zunächst der *Anfang* des Films: Warum beginnt er nicht mit der Geburt Jesu? (Die Geburtsszene wird als Rückblende in der Erinnerung von Maria, Akt II; 0:49:13, angedeutet.) Die ersten Szenen zeigen stattdessen
  - die politische Situation im Land: die Vormachtstellung der Römer
  - die Auswirkungen auf das jüdische Volk – im sozialen Bereich: Armut, Schulden und Hunger – und im religiösen Bereich: Einschränkung der Religionsfreiheit, Angst vor Zerstörung des Tempels
  - das Warten auf Erlösung
  - den Menschen Jesus im Alltag: Er arbeitet als Zimmermann, er flirtet mit Maria von Bethanien
  - Marias Liebe zu Jesus
  - Josephs Tod und Jesu Verzweiflung.
Akt I greift keine biblischen Zitate auf.

▶ Der Befund steht im Zusammenhang mit dem *Jesus-Bild* des Films:
  - Der langhaarige Jesus wird dargestellt als lebensbejahender Typ, der Liebe und Hilfsbereitschaft zeigt.
  - Der Mensch Jesus steht im Vordergrund: *Joseph war mein Vater. … Ich war sein eigener Sohn.* (0:21:25 und 0:23:19).
  - Nach Josephs Tod erkennt Jesus: *Es ist Zeit, meinen Weg zu finden. Mein Leben gehört nicht mir.* (0:25:40)
  - Jesus beweist seine Göttlichkeit durch Wunder: z.B. die Frau am Brunnen: *Das ist Jesus von Nazareth, er hat Wasser in Wein verwandelt.* (1:01:14)
  - Jesus weiß bereits im Voraus, dass Gott alles gut ausgehen lassen wird.
  - Jesus meistert souverän den Leidensweg.

Dieses Jesus-Bild wird verstärkt durch Szenen, die hinzugedichtet oder verändert werden, z.B.
- Jesus zieht mit seinem Vater durch das Land, um Arbeit zu suchen
- Jesus flirtet mit der in ihn verliebten Maria von Bethanien
- Der 12-jährige Jesus betet mit Johannes im Tempel
- In der Wüste will eine hübsche Frau im roten Kleid Jesus überreden: *Verzichte auf deine Göttlichkeit!* (0:39:34)
- Der Rebell Barabbas ohrfeigt Jesus (1:08:35). Jesus: *Noch einmal! Schlag zu! … Ihr werdet frei sein, wenn ihr lernt zu lieben!*
- Die Leidensgeschichte Jesu (Auspeitschen 2:36:00 – 2:36:50; der Kreuzweg 2:39:40 – 2:39:40), seine Todesqualen und die grausame Kreuzigung (2:41:30) wird – gemessen an der Gesamtspiellänge des Films von 180 Minuten – kurz gezeigt.
- Am leeren Grab sagt Johannes: *Er ist auferstanden.* – Petrus: *Der Leichnam ist gestohlen!* – Johannes: *Er sagte: Nach drei Tagen werde ich auferstehen … Er lebt!* (2:47:10)
- Jesus erscheint Maria Magdalena: *Maria, du musst mich jetzt loslassen. Ich bin noch nicht zu meinem Vater aufgefahren.* (2:48:20)

Am Schluss der Handlung steht ein mehrfaches Glaubensbekenntnis: Andreas bekennt dem zweifelnden Thomas: *Er ist der Sohn Gottes!* (2:49:47). Thomas bekennt, als er Jesus vor sich stehen sieht: *Mein Herr und mein Gott!*

▶ Die Einbettung der Jesus-Handlung ist ebenfalls diskussionswürdig. Young verfällt dem Kitsch der früheren Hollywood-Schinken:[60]
- Die Frauen sind nonnenhaft verhüllt.
- Die Männer sind im biblischen Rembrandt-Look gezeichnet.
- Der Abendmahlssaal ist ausgestattet im Leonardo-da-Vinci-Design.
- Geigenromantik im Orchesterklang unterstreicht die Handlung.
- Volksmassen werden aufgeboten mit bis zu 1100 Statisten.

Der Abspann des Filmes möchte eine Pseudo-Aktualität aufzeigen (2:52:50):
Kinder laufen jubelnd dem Jesus-Darsteller entgegen und rufen ihn. Jesus: *Was wollt ihr?* Er nimmt ein Mädchen auf dem Arm. Jesus: *Vorsicht, zerquetscht mich nicht! Wisst ihr, was wir jetzt machen? Wir gehen auf die Mole und schauen uns die Fischer an …* Ein Farbiger: *Sie lieben dich, als wärst du ihr großer Bruder.*

---

60 Vgl. Manfred Müller, in: Der Spiegel, vom 18.12.1999.

Kritikerstimmen (zur Gesamtserie)

- „Kann man in den Zynismus geeichten, auslaufenden 90ern die Bibel verfilmen? Man kann, aber das Ergebnis dieses deutsch-italienisch-amerikanischen Unterfangens ernst zu nehmen, fällt schwer. Da kullern die Tränen dekorativ über sorgsam geschminkte Antlitze, da wird edel geseufzt, heimtückisch getuschelt, versonnen räsoniert und malerisch gestorben – aber alles wirkt gestelzt, gekünstelt, gewollt und gestellt. An diesem Kolossal-Schinken mit seiner Promi-Schwarte, dem es sichtlich nicht an Budget, wohl aber an Inspiration mangelte, konnte man sich prächtig den Magen verderben. Die ARD tat gut daran, das im Vorabendprogramm zu platzieren."[61]
- „Mit Kirchs Bibelverfilmungen ist es ein Kreuz: Gut besetzt (u.a. Gary Oldman), aber lahm wie eine Sonntagspredigt."[62]
- Als die beiden Jesus-Filme am 25. und 26.12.1999 im Vorabendprogramm der ARD liefen, erreichten sie 2,35 Mio. bzw. 2,73 Mio. Zuschauer, d.h. einen Marktanteil von 11,4 bzw. 12,1 Prozent.[63]

> **Das Buch des Lebens**
> (USA 1998)
> 63. Min.
> Ab 16 J., ab Klasse 10

Themen

- Moderne Jesusgestalt
- Das jüngste Gericht
- Berechnungen des Zeitpunktes (z.B. bei Religionsgemeinschaften bzw. bei „Sekten")
- Gottesverständnis: ein zürnender – ein liebender Gott
- Prophezeiungen durch Propheten.

Inhalt

New York, am Silvestertag des Jahres 1999: Die Bewohner warten auf das Jüngste Gericht. Denn Jesus, der moderne Messias im Mittelpunkt des Films, predigt ihnen das nah bevorstehende Ende der Welt. Einen Tag nur gibt er sich Zeit, um zu prüfen, ob der letzte Tag vor dem Jahr 2000 auch

61 W. P. Kistner, AZ, 28.12.1999.
62 TV-Spielfilm 8/01, S. 144.
63 Die Zahlenangaben sind den Videotexttafeln des entspr. Senders entnommen.

der letzte Tag der Menschheit sein soll. Jesus zieht durch die Stadt, um sich einen Eindruck vom Wert der Menschen zu machen. Gleichzeitig ist auch Satan unterwegs, um seine Seelensammlung zu vervollständigen. Jesus beginnt, an der Gerechtigkeit des Vaters und an seiner Mission zu zweifeln und opfert sich für die Geschöpfe der Erde.

Storyboard (Szenenausschnitte[64])

Zeit	Szene/Inhalt	Bibel
0:00:01	Vier der sieben Siegel vom Buch des Lebens sind bereits gebrochen. An dem letzten Tag des Jahres 1999 landet Jesus (Martin Donavan) mit Assistentin Magdalena (P.J. Harvey) in New York, um die restlichen drei zu öffnen und den Jüngsten Tag anbrechen zu lassen. Off-Stimme: *Vergib mir Jesus, denn ich habe gesündigt. Erbarme dich unser jetzt und in der Stunde unseres Todes.*	
0:00:56	Jesus erscheint als Geschäftsmann im blauen Anzug mit Krawatte. Das Buch des Lebens trägt er als Laptop unter dem Arm. Jesus wird am Airport von einem Mann angesprochen.	
0:01:25	Jesus und seine Assistentin steigen in ein Taxi. Jesus: *An diese Seite meines Jobs konnte ich mich einfach nicht gewöhnen, an die Macht und den Ruhm, an die Drohung der göttlichen Vergeltung. Aber ich habe durchgehalten. Ich habe immer für meinen Vater gearbeitet. Ich war der gute Sohn. ... Am Morgen des 31. Dezember 1999 kam ich wieder – endlich – zu richten die Lebenden und die Toten. Obwohl ich doch, wie vielleicht immer schon, meine Zweifel hatte.*	
0:03:06	Ankunft im Hotel. Er kauft sich eine Zeitung und liest die Überschrift: *Letzter Tag des Jahrhunderts. Gläubige erwarten betend das Ende.*	
0:03:55	An der Hotelrezeption. Jesus: *Wir haben ein Zimmer reserviert.* Portier: *Für wie viele Nächte?* Jesus: *Nur für eine.* Im Treppenhaus begegnen Jesus und seine Assistentin einer mysteriösen Gestalt, dem Satan. Jesus: *Ich fürchtete den Zorn meines Vaters. Seine Liebe war eine Last. Er wusste auch darum, um meine Ambivalenz. Aber wir teilten uns die Verantwortung, er und ich. Er hat mich zu einem Menschen gemacht wie auch zu einem Gott. Ich fühlte mich gesegnet.* Im Hotelzimmer angekommen: *... Dies ist die Stunde des Gerichts, Magdalena. Ich frag mich auch: Was wird nun? Ich liebe diese Stadt.*	

---

64 Die Dialogtexte sind vom Film abgehört.

Zeit	Szene/Inhalt	Bibel
0:06:35	Satan zieht durch die Bars. Gesprächsfetzen: – *Morgen ist alles zu Ende.* – *Sie haben es auch gesehen?* – *Was war denn das?* – *Das Ende der Realität, der Geschichte …*	
	Satan: *Gottes Geduld mit euch stupiden Menschen ist nun endlich vorbei. Darum freuet euch, ihr Himmel und die darin wohnen. Wehe denen, die auf Erden wohnen und auf dem Meer, denn der Teufel kommt auf die Erde hinab und hat großen Zorn, und du weißt, dass er wenig Zeit hat – Offenbarung 12, Vers 12.*	Offb 12, 12
	– *Nicht unbedingt meine Lieblingsstelle.*	
	Serviererin: *Viele Menschen gibt es, die glauben, dass die Welt heute Nacht untergeht.* Gast: *Glaubst du etwa auch daran?* Serviererin: *Da hat ein Prediger eine Radiosendung. Er redet die ganze Zeit immer nur darüber. Er sagt, dass die Planeten und die Sterne jetzt genau die richtige Konstellation haben und dass alle Prophezeiungen erfüllt sind. Er sagt auch, wenn Jesus auf die Erde zurückkehrt, dann schart er um sich 144 000 gute Seelen. Und die restlichen Menschen wird er vernichten.* Gast: *Wieso hörst du dir das an, so'n Blödsinn!* Serviererin: *Ich höre die Choräle eben gern.*	
0:09:45	Im Hotelzimmer. Jesus zu seiner Assistentin Magdalena: *Ich erinnere mich an die Sintflut. Sodom und Gomorrah. Das war vor deiner Zeit, Magdalena. Mein Vater ist ein sehr zorniger Gott. Ihm bedeutet das Gesetz alles. …*	
0:10:10	In der Bar. Eine Radiostimme: *Es wird grässlich! Das Ende der Welt, ein Blutbad, wie ihr es noch nie gesehen habt! Eine unvorstellbar gewaltige kosmische Katastrophe, aus der tatsächlich eine neue Welt erwachsen wird. Und diese neue Welt wird der neue Garten Eden sein. Wir müssen dafür, dass wir den Herrn missachtet haben, bestraft werden durch Hungersnöte und Seuchen, Krieg und Knechtschaft. Wir müssen einem Gericht unterzogen werden, das so streng mit uns verfährt, dass ein sauberer Bruch mit unserer schuldigen Vergangenheit vollzogen wird! Der Tag des Zorns ist gekommen dann, wenn Sonne, Mond und Sterne sich verdunkeln. Wenn sich die Himmel zusammenrotten und die Erde bebt. Dann ist der Tag gekommen, an dem die Ungläubigen gejagt und grausam vernichtet werden.*	
0:22:50	Jesus, am Laptop arbeitend, findet „The Book of Life": *Jedes einzelne war eine Pein gewesen im Laufe der Jahrhunderte. Krieg über die Menschen zu bringen, Tod, Hunger und Seuchen. Aber dieses, das fünfte Siegel war das, vor dem ich am meisten Angst hatte. Als ich das fünfte Siegel geöffnet hatte, sah ich die Seelen derer, die hingemordet worden waren um des Wortes Gottes Willen. Es war die dunkelste Stunde einer langen und dunklen Nacht …der kälteste Punkt der göttlichen Gefühllosigkeit. In was für ein verworrenes Märchen hatte ich mich da verstricken lassen? Wie konnte ich nur*	Offb 6, 9ff

unangebrachte Dankbarkeit für Ehrfurcht halten! Wie konnte ich diese Seelen nur in dem Glauben lassen, dass sie für ihre Opfer belohnt werden würden? Warum hatte man ihnen Trost verschafft? ... Warum hatte ich nicht stärker eingegriffen, sie eines Besseren belehrt? ... Ich zeigte mich der Lage gewachsen – und log.

0:27:55   In der Bar

Satan: *Wenn wir alle nur biologischer Ausrutscher sind, wie erklären sie dann die Liebe? Liebe ist ein Sammelbegriff für ausgesprochen konkrete naturbegebene Bedürfnisse.*

0:32:20   Assistentin Magdalena: *Ich weiß es noch, er war damals gerade auf dem Weg in den Tempel und hat gesehen, wie sie Steine nach mir geworfen haben. Er hat sie nach dem Grund gefragt und sie haben gesagt, was ich war.*   Joh 8, 1ff

---

0:42:28   In der Bar kommt es zur Auseinandersetzung zwischen Jesus und Satan.

Satan: *Das ist aber gegen die Vorschriften hier.*
Jesus: *Ich arbeite für den, der die Vorschriften erlässt.*
Satan: *Ich habe für ihn früher auch gearbeitet ...*
Jesus: *Du hast nicht gekündigt. Er hat dich gefeuert!*
Der Satan schenkt Jesus einen Schnaps ein.
Jesus zum Satan: *Ich mach es nicht, ich lehn es einfach ab!*
Satan: *Ich versteh nicht, was du meinst.*
Jesus: *Die Apokalypse.*
Satan: *Komm schon, reiß dich zusammen. Das geht nicht!*
Jesus: *Wieso nicht?*
Satan: *Weil es so prophezeit ist.*
Jesus: *Ach, hör doch auf mit den dummen Propheten! Ich hab von den Kerlen noch nie viel gehalten. – Was war die Grundidee? Die Welt verändern durch Liebe, Mitgefühl und Vergebung. – Ist doch völliger Quatsch, dies Gerede über göttliche Rache.*
Satan: *Ist das wirklich dein Ernst, was du da sagst?*
Jesus: *Ich soll richten über die Lebenden und die Toten. Ich hasse diese arrogante Ausschlusspolitik der Christen. Was denken diese Leute eigentlich, wer sie sind?*
Satan: *Mein Freund, aus deinem Mund Ketzereien? Revolution! ...*

0:43:00   Jesus: *Ich glaubte, keiner könne an der Wahrheit des Evangeliums zweifeln. Aber dass gerade die es so verfälschen, die es in meinem Namen zu verkünden behaupten, davon hatte ich keine Ahnung.*
Satan: *Lass dich nicht so runterziehen. Die Menschen bringen sich gerne selber gegenseitig um. So sind sie!*
Jesus: *Nein! ...*
Satan: *Wie viele Sigel sind noch nicht geöffnet?*
Jesus: *Zwei!*
Satan: *Und er brach das sechste Siegel. ... Naturkatastrophen. Profitabel! ... Wir können eine neue Religion gründen!*
Jesus: *Das dürfte wohl das letzte sein, was die Menschen brauchen!*
Satan (liest aus der Bibel): *Und die Könige auf Erden, die Großen,*   Offb 6, 12
die Obersten und die Reichen, die Gewaltigen, sie verstecken sich tief in den Klüften und Felsen des Gebirges ... Es klingt ziemlich

Zeit	Szene/Inhalt	Bibel
	dramatisch, aber ich schwöre dir, so wird es ablaufen. Und daraus können wir Kapital schlagen! Wem sollen sie denn glauben außer uns? Wir sind in der Lage, ihre klaffenden Wunden zu schließen, ihre hungernden Kinder ... Leiden einen tieferen Sinn zu verleihen! Der totale und sofortige, die Welt erfassende Glaube ist die Folge ... Sie streiten sich darüber, wessen Glaube intensiver und effektiver ist. Jesus geht, zum Satan: *Du langweilst mich!* Satan: *Wo ist das Buch des Lebens?*	Offb 6, 15
0:54:30	Jesus ist und bleibt ein Menschenfreund. Er läuft durch die Straßen: *Ich veränderte mich. Schnell. Vielleicht war ich den Menschen schon verfallen.*	
0:57:02	Jesus: *Und das neue Jahr kam, das neue Jahrtausend. In Gestalt eines schlichten Tages in einem langen Leben voller sich ähnelnder Tage. Aber jeder einzelne von ihnen war bis zum Rand gefüllt mit Möglichkeiten, mit der Möglichkeit von Verhängnis und Not und mit der Möglichkeit von Vollkommenheit. Es war gut, wieder unter ihnen zu sein, unter den Unschuldigen und den Schuldigen. Alle gleichermaßen hilflos und alle vollkommen verloren. Und so beängstigend es auch war, sich das einzugestehen, sie alle verdienten Vergebung. Was wird aus ihnen, fragte ich mich. In 100 Jahren alle aus Reagenzgläsern geboren? Oder entwickeln sie sich in einer Welt von Computern vielleicht zu entkörperlichten digitalen intelligenten Maschinen? Erinnern sie sich dann noch an mich? Erinnern sie sich noch an das, was ich gesagt habe? Spielt das dann noch eine Rolle? Vielleicht kommt auch ein anderer zu ihnen und erzählt ihnen so ziemlich das gleiche wie ich. Ob das irgendeiner merkt? Leben sie in 100 Jahren auf einem anderen Planeten? Existiert die Erde dann noch? Haben sie sich bis dahin gentechnisch so optimiert, dass alle Krankheiten ausgestorben sind? ... Werden sie das Rätsel des Universums entschlüsselt haben? Gott? Werden sie dann selbst Götter sein? Was werden sie essen? In was für Häusern werden sie leben? Wie werden ihre Städte aussehen? ...*	
1:00:00	*Wie schlau werden sie sein? Werden sie glücklicher sein, wenn sie schlauer sind? Werden sie alle dieselbe Sprache sprechen? ...* Jesus wirft sein „Powerbook" in den Hudson River. *Werden sie noch immer glauben, das Leben sei etwas Geheiligtes? Ist es von Bedeutung? Sind wir von Bedeutung?*	

Zur Intention des Regisseurs

Auf die Frage, ob sein Film eine Nacherzählung der Apokalypse sei, antwortet Hal Hartley[65]: „Ich hatte so viel Zeit damit verbracht, mich in diese Endzeitchristen einzufühlen, dass ich gerne die Gelegenheit ergriffen habe, ein Christusbild zu zeichnen, das mehr meiner eigenen Sicht des Neuen

---

65 Das ganze Interview steht im Internet:
www.arte-tv.com/spezial/2000vupar/dtext/dix_fils

Testaments entsprach. Um es einfach auszudrücken: Wer immer auch in diesem Buch beschrieben wird, er ist bestimmt nicht rachsüchtig. ... Nun ja, in gewisser Weise bemühen sich meine Arbeiten um Traditionalität, aber ich glaube, dass das Ansprechen der Tradition immer der eigenen Zeit und Kultur entsprechen sollte. Darum Polly/Magdalena. Ich glaube außerdem, dass es ein Fehler ist, wenn man sich zu exotische Stoffe aussucht, um sich auszudrücken. Montaigne hat einmal geschrieben: ‚Ein Mann kann nur sein, was er ist, und seine Phantasie entspricht immer nur seiner geistigen Reichweite.‘ Ich vertraue dem Material, das mir gegeben ist, und arbeite damit. Polly benutzt einige ziemlich stark katholisch angehauchte Vorstellungen von quälender Liebe und so weiter in ihren Songs... Martin Donovan ist der extremste vom Glauben abgefallene Katholik, den ich kenne. Tom Ryan und ich haben Monate darüber nachgedacht, ob wir HENRY FOOL als – buchstäblich – den Teufel darstellen sollten. Es war schön, klare Vorgaben für den Film zu haben: Silvester 1999, komisch, amerikanisch, und so weiter. Ich habe auf die Harmonie zwischen den verschiedenen Elementen geachtet: eine Figur Magdalena, eine Person, Polly Jean Harvey. Es schien mir die passende Richtung zu sein.“

Zum Charakter des Helden

Jesus *verweigert* das Ewige Gericht. Er erneuert dadurch seine Menschwerdung und opfert sich erneut für die Menschen (*Ich wurde süchtig nach Menschen*).

Jesus *kämpft* – gegen den kalten Materialismus (Zahlen, Computer),
            – gegen Macht und Gewalt,
            – gegen die falschen Propheten, die im Radiosender die Apokalypse ankündigen und den Menschen Angst einjagen.
            (*Ich konnte mich niemals an diesen Teil des Jobs gewöhnen: die Macht und die Herrlichkeit.*)

Jesus *wirft* sein „Powerbook“ weg.

Didaktisch-Methodische Anregungen

▶ Der Film eignet sich zur Auseinandersetzung mit folgenden Fragen:
 – Lässt sich der Entscheidungskampf beim endzeitlichen Weltgericht (Offb 16,16) berechnen?
 – Wer wird beim Weltgericht gerettet, wer wird vernichtet? (Angst und Panikstimmung, z.B. bei „Sekten“ wie „Uriella“ von „Fiat lux“)
 – Predigen Christen einen zornigen, strafenden oder einen liebenden, vergebenden Gott?
▶ Außerdem eröffnet er Chancen zur Diskussion der christlichen Rechtfertigungslehre:

- Alle Menschen – Schuldige und Unschuldige – sind hilflos und verloren.
- Alle Menschen bedürfen der Vergebung.
- Die Menschen sollen die Welt gestalten und verändern durch Liebe und Mitgefühl.
- Die Menschen sollen die Zukunft in Verantwortung vor der Heiligkeit des Lebens gestalten.

Kritikerstimmen

„Pop-Legende, im Stil postmoderner Comics als Agententhriller inszeniert. Hartley kleidet philosophische und religiöse Räsonnements, in denen eine Bilanz des Lebens im 20. Jahrhundert gezogen wird, in atemlos gefilmte und geschnittene Bildfolgen. Sein Christusbild speist sich aus der Bibel und aus Dostojewskis Vision des von seinen Nachfolgern aus Erden kalt abgeschobenen Erlösers. Ein Intellektueller und visueller Genuss von der ersten bis zur letzten Einstellung."[66]

„Ein bibelfester Agententhriller, der um die Offenbarung kreist, inszeniert mit verwackelter, verkanteter Handkamera und verwischten, rasend schnellen Bildern. Eine reizvolle Arbeit, die die biblischen Themen weiterdenkt und einen Satan vorstellt, der an der Vernichtung der Menschen ebenso wenig Interesse hat wie der immer zögerlicher werdende Jesus, der Gefahr läuft, sich mit seinem Vater zu überwerfen."[67]

Damals in Bethlehem
(USA 1998)
22 Min., ab Klasse 4

Themen

- Geburt Jesu
- Hirten auf dem Felde
- Drei Weisen
- Interpretation und Darstellung biblischer Texte
- Aussage der Weihnachtsgeschichte.

66 Fischer Film Almanach 1999, S. 65.
67 P. Hasenberg u.a., Religion im Film, Köln 1999, S. 85.

Inhalt

„Als der Aufruf kommt, sich registrieren zu lassen, ist Josef angesichts der beschwerlichen Reise sehr besorgt um seine schwangere Frau Maria. In Bethlehem angekommen, finden sie keine Unterkunft, doch ein mitleidiger Wirt bietet ihnen seinen Stall an, falls sie sich nicht an den Tieren stoßen würden… Der erschöpften Maria ist alles recht. Aber kaum hat sie sich hingesetzt, beginnen die Wehen. So erblickt ihr Sohn in einem Stall das Licht der Welt. In der Nähe auf dem Feld verkündet ein Engel den fassungslosen Schäfern, dass Jesus, der Retter, geboren sei. Auch die drei Weisen Balthasar, Melchior und Caspar hören von dem ‚neuen König‘ und wollen ihn kennen lernen. Herodes, dem man ansieht, dass er nichts Gutes im Schilde führt, bittet sie, ihm dann davon zu berichten. Doch als die Weisen bei der jungen Familie sind, warnt sie ein Traum davor, wieder zu Herodes zu gehen, und so schlagen sie einen anderen Heimweg ein.“[68]

Storyboard[69] (Textauszüge)

Szene/Inhalt

Der Film beginnt mit der Reise der drei Weisen.[70]

Szenenwechsel. Es folgt die Bekanntmachung durch die römischen Soldaten.
Kommandierender: *Halt die Leiter fest, Soldat! Der Kerl fällt noch runter!*
Der Hammer fällt dem unten stehenden Soldaten auf den Kopf.
Erzähler: *In jenen Tagen erließ Kaiser Augustus den Befehl, alle Bewohner des Reiches in Steuerlisten einzutragen. Da ging jeder in seine Stadt, um sich eintragen zu lassen.*
Volksmenge: *Schon wieder eine Volkszählung! Das bedeutet doch nur neue Steuern. Anders gesagt: Köpfe zählen, um Geld zu zählen!*
Soldat: *Weiter! Wir haben nicht den ganzen Tag Zeit!*

Szenenwechsel. Das Haus von Maria und Joseph
Maria: *Na, warum stöhnst du, Joseph?*
Joseph: *Die Reise, die wir antreten müssen, wird sicher anstrengend für dich. Ich überlege, wie ich dir das ersparen kann.*
Maria: *Lass nur, Joseph! Solange ich nur an deiner Seite bin, geht es mir gut.*
Joseph: *Wirklich?*
Maria: *Ich muss mit dem Packen fertig werden.*
Sie entfernt sich.
Joseph: *150 Kilometer! Das ist eine sehr lange Reise. So ein Sattel würde Maria die Reise sicher erleichtern.* Er fertigt einen Sattel an.
Maria (ruft): *Es ist schon spät.*
Joseph: *Ja, ist gut, ich komme gleich. Ich bin gerade fertig.*

---

68 Nach Matthias-Film, Stuttgart.
69 Aufgrund der Kürze des Films ist auf Zeitangaben verzichtet worden.
70 Der Text der Dialoge ist vom Videoband abgehört.

Am nächsten Morgen in der Früh (Hahnenschrei)
Joseph am Esel: *Ruhig, Grauer, ganz ruhig! Wir haben eine lange Reise vor uns. Wir verlassen uns auf dich, hörst du?* (zu Maria): *Gibt her, Liebstes, was machst du da? Du sollst doch nichts Schweres tragen.* Joseph hilft Maria auf den Esel.
Maria: *Mach's gut, kleines Haus. Wir sind bald wieder zurück.*
Erzähler: *So zog auch Joseph von der Stadt Nazareth in Galiläa nach Judäa in die Stadt David, die Bethlehem heißt. Denn er war aus dem Hause und Geschlecht Davids.*

Szenenwechsel. Ankunft in Bethlehem; Herbergssuche; Geburt im Stall
Szenenwechsel. Hirten auf dem Felde bei der Nachtwache
Erzähler (zitiert Lk 2,8-14).
Hirtenjunge (begeistert): *Vater, wir gehen nach Bethlehem!*

Anspruch des Films

„Der Animationsfilm versucht eine Einheit aufzuzeigen von den Menschen und ihren Umgebungen: Wüste, Sand, Palmen u.a."

Didaktisch-methodische Anregungen

Ich finde diesen Film für den Unterricht nicht unproblematisch. Allzu deutlich sind seine Schwächen:

▶ Der Film zeichnet schwarz-weiß; er zeigt *zwei gegensätzliche Welten* auf:
  – die friedlich-gute Welt bei den Juden, im Hause Josephs, im Stall, bei den Hirten
  – die brutal aggressive und böse Welt bei den Römern und bei König Herodes.
Die römischen Soldaten werden als naive Leute einerseits lächerlich, andererseits brutal dargestellt; die Juden dagegen sind hilfsbereit und freundlich.
Das Gesicht von König Herodes und die Gesichter der Soldaten wirken hart, erschreckend und furchterregend; die Gesichter der Juden sind liebevoll weich gezeichnet.

▶ Dem Film liegt eine *fundamentalistische* Bibelauslegung zu Grunde: Der biblische Text von der Geburt Jesu wird als historischer Bericht und nicht als Glaubensaussage verstanden.

▶ Der Film hinterlässt durch simple Animationen und durch die Musikauswahl schon bei jüngeren Zuschauern einen *kitschigen* Eindruck; damit wird er auch seinem eigenen Anspruch nicht gerecht.

Es ist also vor einem Einsatz im Unterricht zu überlegen,
  – welchen Eindruck von der Geburt Jesu der Film bei Kindern hinterlässt und

– mit welchem Ziel er also betrachtet und besprochen werden kann bzw. soll.

Möglich wäre m.E. seine Behandlung
– als kritische Herausforderung
– im kritischen Vergleich zu „Die Geburt Christi" (1998) (s.u.).

Die Geburt Christi.
Trickfilm (Russland 1998)
12 Min., ab Klasse 4

Inhalt und Schwerpunkt

Der kurze Film stellt heraus, dass mit der Geburt Jesu ein Friedensreich beginnt. – Original-Ton: *Und die frohe Botschaft war für alle Lebewesen gedacht: Ehre sei Gott in der Höhe und Friede auf Erden! Vertragt euch! Der Starke soll den Schwachen helfen!* Die Feindschaft zwischen den Tieren ist beendet, z.B. der Engel legt das Häschen auf den Rücken des Löwen. – Original-Ton: *Der Engel eilte auch zu den Fischern am Meer und brachte ihnen die Nachricht: Jesus ist geboren. Lasst die Fische frei!* Auch zwischen den Menschen gibt es keinen Streit mehr: Als der Engel den Hirten die Geburt des Erlösers verkündet, beenden diese sofort ihren Streit beim Würfelspiel und machen sich zum Stall auf. – Original-Ton: *Ja, so war es. Ein großes wunderbares Fest für alle Erdenbewohner, weil die Geburt Christi auch das Licht der Hoffnung und der Liebe ist.* Der Film verwendet klassische Musik (Johann Sebastian Bach, Adagio aus dem Konzert Nr. 1 für Harfe und Orchester und Andante aus dem Brandenburgischen Konzert Nr. 4; Ludwig van Beethoven, Allegretto aus der Sinfonie Nr. 7).

Didaktisch-methodische Anregungen

Im Vergleich zu dem zuvor vorgestellten Film „Damals in Bethlehem" lässt sich herausarbeiten,
▶ wie viel ambitionierter der russische Kurzfilm ist
▶ wie unterschiedlich filmische Interpretationen derselben Vorlage ausfallen können
▶ dass das Geschehen um Jesus vielen Betrachtungsweisen offen steht.

Themen

- Passionsgeschichte nach Matthäus: Leiden, Sterben und Auferstehung
  Christi
- Der soziale Aspekt der Botschaft Jesu
- Dogmatischer Glaube – freier Glaube
- „Religion als eine Möglichkeit, in der der Mensch nach Erlösung sucht."
  (Pasolini)

Inhalt und Schwerpunkt

In Anlehnung an das Matthäus-Evangelium entwirft Pasolini ein Jesusbild,
das vor allem den sozialen Aspekt der Botschaft Jesu betont. Ihm geht es
um eine Re-Mythisierung als Wiedergewinnung der Perspektive des Volkes.

Storyboard

Um diesen Film, der sich meist an die Szenenfolge des Matthäus-Evangeli-
ums hält, so vorzustellen, dass Lehrer und Gruppenleiter damit arbeiten
können, bedarf es einer Variation des gewohnten Storyboards: Es kommt
vor allem darauf an, die wichtigsten Perikopen des Evangeliums im Film
wiederzufinden; gelegentlich weise ich darüber hinaus auf Gestaltungs-
merkmale der Pasolini-Version hin.

Zeit	Szene	Gestaltung/Interpretation
0:00:00	Mt 1, 18-31: – schwanger vom Heiligen Geist – Engelbotschaft an Joseph	Josephs Misstrauen wird beinahe pantomimisch dargestellt. Musik (!): Missa Luba und Schlusschor der Matthäus-Passion von Bach („Wir setzen uns mit Tränen nieder")
0:05:10	Mt 1, 24: Geburt Jesu	Musik (!): Matthäus-Passion d.h.: Einheit von Krippe und Kreuz
0:08:50	Mt 2, 1-12: Die Magier	Musik (!): „Sometimes I feel like a motherless child" (Spiritual)
0:12:15	Mt 2, 12-15: Flucht nach Ägypten	
0:19:15	Mt 2, 19-23: Rückkehr	
0:20:40	Mt 3, 1-12: Bußpredigt Johannes des Täufers	Musik (!): „Sometimes I feel like a motherless child" (Spiritual)

Zeit	Szene	Gestaltung/Interpretation
0:24:10	Mt 3, 13-17: Taufe Jesu	
0:26:10	Mt 4, 1-11: Versuchung Jesu	
0:29:30	Mt 4, 12-22: Beginn des Wirkens Jüngerberufungen	sichtbare Kontraste: Arbeit und Mühe einerseits, andererseits der Ruf zur Hoffnung und zum Mitmachen
0:33:07	Mt 9, 35-38: Predigt von der Großen Ernte	Unterdrückung der Wunder
1:18:00	Mt 21,1-11: Einzug in Jerusalem	
1:19:40	Mt 21,12-17: Tempelreinigung	
1:36:30	Mt 26, 3-5: Todesbeschluss im Hohen Rat	
1:37:25	Mt 26, 6-13: Die Salbung in Bethanien	
1:40:00	Mt 26, 14-16: Der Verrat des Judas	
1:40:40	Mt 26, 20-29: Das letzte Abendmahl	Jesus lächelt, wirkt gelöst
1:43:20	Mt 26, 30-35: Ankündigung der Verleugnung	
1:43:45	Mt 26, 36-44: Jesus im Garten Getsemane	
1:47:48	Mt 47-53.55.56: Gefangennahme	
1:50:05	Mt 26, 57.58.61-66: Verhör	
1:51:55	Mt 26, 69-73: Verleugnung durch Petrus	
1:54:30	Mt 27, 3-8: Das Ende des Judas	
1:56:40	Mt 27, 11-26: Verhör vor Pilatus	
1:58:02	Mt 27, 27-31: Verspottung	
2:00:35	Mt 27, 32-38: Kreuzigung	
2:03:38	Mt 27, 45.46: Verlassensschrei und Tod	
2:05:20	Mt 57-61: Jesu Grablegung	
2:08:40	Mt 28, 1.2.5-8: Die Auferstehung	
2:09:10	Mt 28, 16-20: Der Missionsbefehl	

Zur Person des Regisseurs

1922 in Bologna als Sohn des Berufsoffiziers Carlo Pasolini und der Lehrerin Susanna Pasolini geboren, verlebte Pasolini eine unruhige Kindheit und Jugend in verschiedenen norditalienischen Garnisonsstädten; er besuchte das Gymnasium, studierte dann Romanische Philologie und Kunstgeschichte.

Er wurde Lehrer und verfasste Gedichte (ab 1949); schrieb 1950 mit anderen Autoren sein erstes Drehbuch, beschäftigte sich mit sozialistischen Schriftstellern; trat für ein Jahr der Kommunistischen Partei Italiens bei. Sein Roman „Ragazzi di vita" brachte ihm eine Anklage wegen Verbreitung unzüchtiger Schriften ein; 1959 wurde er wegen Verletzung des religiösen

Gefühls und Beleidigung des Papstes angeklagt; sein dritter Film „La Ricotta" wurde wegen Blasphemie verboten.

Pasolini erhielt vier Monate Gefängnis mit Bewährung. Ebenso wurde sein Film „Teorema" auf Betreiben des Vatikans verboten. Die nächste Anklage (1972) lautete auf Verleumdung des Kapuzinerordens und der italienischen Staatsreligion, endete aber mit einem Freispruch. Am 1. November 1975 wurde Pasolini in Ostia ermordet.

Zur Entstehung des Films

▶ Pasolinis Film unterscheidet sich von monumentalen amerikanischen Jesusfilmen durch seine *karge, stilisierte Form*. Über die Wahl seines Hauptdarstellers, eines spanischen Studenten, sagte Pasolini: „Ich wollte keinen Christus mit kränklichen Gesichtszügen und einem süßen Blick wie auf den Bildern der Renaissance. Ich wollte einen Christus, wie ihn auch das Mittelalter kannte, einen, der Kraft und Entscheidungswillen ausdrückt, ein Gesicht jedenfalls, das zu den trockenen und steinigen Orten passt, an denen er predigen wird."

▶ Pasolini äußerte sich über sein Filmvorhaben u.a. so: „Meine Idee ist folgende: Das Evangelium nach Matthäus Punkt für Punkt verfolgen, ohne daraus ein Drehbuch oder eine Umarbeitung zu machen. Es *getreu in Bilder umsetzen*, indem man ohne Auslassung oder Hinzufügung der Erzählung folgt. Auch die Dialoge sollten streng die vom Apostel Matthäus sein, sogar ohne einen Satz der Erklärung oder Überleitung: Denn kein eingefügtes Bild könnte auf gleicher poetischer Höhe mit dem Text sein."[71]

▶ Wenn Pasolini sagte, alle seine Werke seien „im Grunde religiöse Werke"[72], meinte er nicht die von der Kirche dogmatisierte und deshalb erstarrte bürgerliche Religion (mit der er in seinem Leben immer wieder in Konflikt kam), sondern die Dimension, in der der *Mensch nach Erlösung sucht*. Deshalb zeigt Pasolini den *Menschen* Jesus, der einen „unstillbaren Hunger nach Wissen" verspürt.

▶ Das Matthäus-Evangelium kommt Pasolinis Einstellung dadurch entgegen, dass es deutlich an *sozialen Bezügen interessiert* ist und *Jesu Botschaft zeitlos aktuell* präsentiert. Hingegen sei das Evangelium des Markus „zu roh", das des Johannes „zu mystisch" und das des Lukas „sentimental und bürgerlich"[73]

71 Pasolini, in: E. Siciliano, Pasolini, Frankfurt 1985, S. 346.
72 Zit.n. R. Mörchen, Marxisten und Christen ein Ärgernis. Der Regisseur Pier Paolo Pasolini und die Religion, in: Luth. Monatshefte 1987 (26. Jahrg.), S. 393.
73 M. Rusconi, 4 Registri al megnetofono, in: Sipario, Okt. 1964; zit.n. N. Green, Pier Paolo Pasolini, 72. Übersetzung von R. Zwick, in: Ders., Evangelienrezeption im Jesusfilm, Würzburg 1997, S.91.

▶ Pasolini betont, dass er an einer Rekonstruktion der Matthäus-Geschich-
te nie interessiert war: „Ich hätte im günstigsten Fall eine positivistische
oder marxistische Rekonstruktion zustande gebracht und dabei höchstens ein Leben erzählen können, wie es einer der fünf- oder sechstau-
send Heiligen geführt hat, die zu dieser Zeit in Palästina gepredigt
haben. Ich wollte das nicht machen, weil ich nicht an Entweihungen
interessiert bin: Das ist eine Haltung, die ich hasse, sie ist kleinbürger-
lich. Ich wollte die Dinge soweit als möglich erneut heiligen, ich wollte
sie remythisieren.“[74]

▶ Pasolini nennt seine Zielsetzung. Er möchte „allen ein Leben vorführen,
das ein – wenn auch unerreichbares – *Vorbild* für alle ist.“[75] Pasolini
bekennt: „Ich glaube, dass Christus göttlich ist. Das heißt, … dass die
Menschlichkeit in ihm eine so hohe und ideale Form angenommen hat,
dass sie über die gewöhnlichen Begriffe von Menschlichkeit hinaus-
geht.“[76]

▶ Pasolini will den *Kontrast* zwischen der Armut des einfachen Volkes, der
Hochmut der Reichen und der Barmherzigkeit Jesu herausarbeiten.
Deshalb zieht sich Jesus im Film mehr und mehr zurück, die Hauptrolle
übernimmt das einfache Volk, das in Jesus den Erlöser sieht.

▶ Pasolini selbst empfindet seinen Film als widersprüchlich:
„Es ist ein außerordentlich widersprüchlicher Film, von Grund auf zwei-
deutig und aus den Fugen geraten – besonders die Figur des Christus:
Manchmal ist er ebenso peinlich wie rätselhaft. Es gibt einige schreckli-
che Momente, für die ich mich schäme, die fast gegenreformatorisches
Barock sind, abstoßend: die *Wunder*. Das Wunder der Brote und der
Fische und Christus auf dem Wasser gehend: das ist ekelhafter Pietismus.
Der Sprung von dieser Art Heiligen-Bilder-Szenen zu der leidenschaft-
lichen Gewalt und Politik seiner Predigten ist so groß, dass die Christus-
Figur des Films im Publikum ein großes Gefühl des Unbehagens ver-
breitet. Die Katholiken kommen aus dem Film mit dem Gefühl, dass ich
Christus schlecht gemacht habe. Er ist in Wirklichkeit nicht schlecht, er
ist nur voller Widersprüche. Während die Widersprüche des Gehalts, der
Bedeutung, der Leidenschaft, des Glaubens, der Religion sind, sind die
Widersprüche in meinem Film, eher existenzieller Art und deshalb beun-
ruhigender …“[77]

74 Pasolini, in: O. Stack, Pasolini on Pasolini, London 1969, S. 83.
75 Pasolini, in: E. Siciliano, a.a.O., S. 346.
76 Pasolini, in: E. Siciliano, a.a.O., S. 346.
77 Pasolini, in: O. Stack, Pasolini on Pasolini, London 1969, S. 87ff. Zit.n. W.
Schütte, Kommentierte Filmografie, in: Pier Paolo Pasolini, Hanser Reihe Film
12, München/Wien 1977, S. 123.

▶ Pasolini zeichnet das Bild eines strengen, kämpferischen Christus, der Nächstenliebe und soziales Engagement predigt und praktiziert.

Pasolini empfindet Leben als Passion, als „verzweifeltes Sein in der Welt". Als seine Homosexualität bekannt wird, wird er von der Gesellschaft geächtet. Die „Andersartigkeit" verbrüdert ihn mit den Ausgestoßenen der Gesellschaft, mit den Armen, den Prostituierten. Pasolini wird dem Jesus von Nazareth verwandt.[78]

Didaktisch-methodische Anregungen

Bei der Besprechung können u.a. folgende Gesichtspunkte herausgearbeitet werden:

▶ Pasolini folgt weitgehend dem Text des Matthäusevangeliums. Welche Szenen werden im Film ausgelassen?[79] (z.B. einige Wundertaten, das Wunder am Knecht des Hauptmanns, die Stillung des Sturms u.a.) Welche Intention verfolgt Pasolini durch diese *Streichungen*?

▶ Welches *Christusbild* vermittelt der Film? – Einen unduldsamen Christus „ohne Wenn und Aber", ohne Entweder-Oder, einen Christus der Bedingungslosigkeit? Jesu ganzes Wirken steht von Anbeginn unter dem Zeichen des Todes am Kreuz!
  – Wie vermittelt Pasolini seine Interpretation, dass Christi Auferstehung für alle Menschen gilt?
  – Durch welche Stilmittel stellt Pasolini ausgeprägte soziale Bezüge her und betont das Liebesgebot Jesu?

▶ Ein *Marxist* dreht einen Jesus-Film: Worin besteht seine Intention, sein Interesse?

▶ Unter welchen Gesichtspunkte beurteilen die verschiedenen *Rezensionen* den Film?[80]

▶ Was unterscheidet Pasolinis Film von den *Hollywood*-Jesus-Filmen, z.B. „Die größte Geschichte aller Zeiten"?

78 Dies gibt L. Rinser zu bedenken.
79 R. Zwick hat eingehend aufgezeigt, wie Pasolini Textperikopen auslässt, kürzt, erweitert oder das Handlungsgefüge neu zusammenstellt. Zwick kommt zu dem Schluss, dass der Film eigentlich heißen müsste: „Pasolinis Evangeliums – nach Matthäus", in: Evangelienrezeption im Jesusfilm. Ein Beitrag zur internationalen Wirkungsgeschichte des Neuen Testaments (Studien zur Theologie und Praxis der Seelsorge), Würzburg 1997, S. 181.
80 Vgl. div. Gesamtdarstellungen der Kritiken, z.B.:
  – Dannowski, H. W.: Mythos und Remythisierung im Film, in: W. Roth/B. Thienhaus (Hg.), Film und Theologie. Diskussionen. Kontroversen. Analysen (epd Texte 20), Frankfurt 1989, S. 36f.

**Es wäre gut, dass ein Mensch
würde umbracht für das Volk**
(Deutschland 1991)
125 Min., ab Klasse 10

Inhalt

Der Film wurde im Dom zu Speyer gedreht; die Passion Jesu wird zur Musik der Johannespassion von Bach als Tragödie nach antikem Vorbild dargestellt; im Zentrum der Handlung steht die Auseinandersetzung zwischen Jesus und Pilatus.

Storyboard

Zeit	Text: Joh. Seb. Bach Vgl. Joh 18.19	Film-Handlung
0:00:00	*...und ich habe nichts im Ver-* *borgenen gesagt – was fragst du* *mich ... frag sie alle, worüber ich* *gesprochen habe ... zu ihnen gere-* *det habe ... siehe ... sie alle wissen,* *was ich zu ihnen gesagt habe*	
0:01:30 Chor	*Herr unser Herrscher, dessen Ruhm* *in allen Landen herrlich ist, zeig* *uns deine Passion, dass du der* *wahre Gottessohn zu aller Zeit* *auch in der größten Niedrigkeit*	Schauspieler auf dem Weg zum Dom. Sie laufen durch die Innenstadt von Speyer und ziehen in den Dom ein. Der Jesus-Dar- steller nimmt Maß am Kreuz; probiert in der Garderobe eine Perücke und vergleicht sich mit dem Christus-Bild des Turiner Grabtuches. Darsteller: *Das bin ich nicht,* *das ist nur einer!* (Spielt seine Rolle dann ohne Maske und Perücke.)
		Frauen in der Ankleide: *Er war ein Handwer-* *ker, er war ein Zimmermann.* Pilatus begutachtet die Folterinstrumente, schaut aber nicht auf die geschundenen Körper der gegeißelten Opfer.

– Ponzi, M.: Pier Paolo Pasolini, Rainer Werner Fasbinder (Leben und Filme der beiden Regisseure), Hamburg 1996 (Europäische Verlagsanstalt)
– Zwick, R.: Evangelienrezeption im Jesusfilm. Ein Beitrag zur internationalen Wirkungsgeschichte des Neuen Testaments (Studien zur Theologie und Praxis der Seelsorge), Würzburg 1997, S. 162-184.

Zeit	Text: Joh. Seb. Bach Vgl. Joh 18.19	Film-Handlung
0:12:45 Rezitativ	*Jesus ging mit seinen Jüngern über den Bach Kidron, da war ein Garten, darein ging Jesus und seine Jünger. Judas aber, der ihn verriet, wusste den Ort auch, denn Jesus versammelte sich oft daselbst mit seinen Jüngern. Da nun Judas zu sich hatte genommen die Schar, und der Hohepriester und Pharisäer Diener, kommt er dahin mit Fackeln, Lampen und mit Waffen.*	Jesus streicht über Markus Wange. Jesus: *Lass ihn schlafen: Markus hat genug für uns gemacht. Er wird für uns alle Zeugnis geben. Warum habt ihr so Angst, euch wird nichts geschehen.* (zu den Soldaten): *Wen sucht ihr?* Der Evangelist tritt auf als meditierender Mönch.
0:13:35 Chor	*Jesus von Nazareth*	Der Pöbel mit weißer Maske und mit Speeren. Jesus: *Ich bin bei euch.*
Rezitativ	*Jesus spricht zu ihnen: Ich bin's. Judas aber, der ihn verriet, stund' auch bei ihnen. Als nun Jesus zu ihnen sprach: Ich bin's!, wichen sie zurücke und fielen zu Boden. Da fragete er sie abermals: Wen suchet ihr? Sie aber...*	Judas flüchtet. Die Jünger Jesu lachen über die Reaktion der Soldaten.
0:14:40 Chor	*Jesus von Nazareth*	Der Pöbel mit weißer Maske und mit Speeren.
0:14:52 Rezitativ	*Jesus antwortete und sprach: Ich hab's euch gesagt, dass ich's sei, suchet ihr denn mich, s o lasset diese gehen!*	
0:15:30 Choral	*O große Lieb ohn' alle Maße, die dich gebracht auf diese Marterstraße! Ich lebte mit der Welt im Lust und Freuden und du musst leiden!*	Frauen bilden schützend einen Kreis um Jesus.
0:16:46 Rezitativ	*Auf dass das Wort erfüllet würde, welches er sagte: Ich habe der Keine verloren, die du mir gegeben hast.* Da hatte Simon Petrus ein Schwert und zog es aus.	Jesus: *Simon bleib stehen!* Jesus hält ihn fest. Simon versucht zu entkommen. Jesus: *Keine Gewalt. Simon, wer das Schwert nimmt, lass ... Steck dein Schwert in die Scheide!* Jesus, unsicher: *Soll ich den Kelch nicht trinken?* Simon: *Nein!* Jesus: *Den mir mein Vater gegeben hat.* Simon: *Nicht diesen Kelch, den Kelch des Todes nicht.*

Zeit	Text: Joh. Seb. Bach Vgl. Joh 18.19	Film-Handlung
0:18:12 Choral	*Dein Will' gescheh', Herr Gott, zugleich auf Erden wie im Himmelreich; gib uns Geduld in Leidenszeit, gehorsam sein in Lieb' und Leid, wehr' und steur' allem Fleisch und Blut, das wider deinen Willen tut.*	Jesus und Petrus stehen sich unbeweglich gegenüber.
0:19:13 Rezitativ	*Die Schar aber und der Oberhauptmann, und die Diener der Juden nahmen Jesum und bunden ihn und führeten ihn auf's erste zu Hannas, der war Caiphas Schwäher, welcher des Jahres Hoherpriester war. Es war aber Caiphas, der den Juden riet, es wäre gut, dass ein Mensch würde umbracht für das Volk.*	Petrus ergreift Jesus, umarmt ihn. Als die Soldaten anrücken, flieht Petrus.
0:20:02 Aria	*Von den Stricken meiner Sünden mich entbinden, wird mein Heil gebunden. Mich von allen Lasterbeulen völlig zu heilen, lässt er sich verwunden.*	Jesus wird abgeführt. Pilatus: *Bringt mir den Nazarener. Ich will ihn sehen noch heute Abend!*
0:24:50 Rezitativ	*Derselbige Jünger war dem Hohenpriester bekannt, und ging mit Jesus hinein in des Hohenpriesters Palast. Petrus stund draußen vor der Tür.*	
0:25:06 Aria	*Ich folge dir gleichfalls mit freudigen Schritten, und lasse dich nicht, mein Leben, mein Licht. Befördere den Lauf und höre nicht auf, selbst an mir zu ziehen, zu schieben, zu bitten.*	Die Tische werden vorbereitet für ein Fest, das Pilatus mit seiner Frau und seinen Freunden feiert. Pilatus schenkt seiner Frau Wein ein, Jesus erhält ein Glas Wasser.
0:28:50 Rezitativ	*Derselbige Jünger war dem Hohenpriester bekannt, und ging mit Jesu hinein in des Hohenpriesters Palast. Petrus aber stund draußen vor der Tür. Da ging der andere Jünger, der dem Hohenpriester bekannt war, hinaus, und redete mit der Türhüterin und führete Petrum hinein. Da sprach die Magd, die Türhüterin, zu Petro: Bist du nicht dieses Menschen Jünger? Er sprach: Ich bin's nicht! Es stunden aber die Knechte und Diener.*	Eine Magd schlürft Suppe. Petrus zu ihr: *Ich bin's nicht*

Zeit	Text: Joh. Seb. Bach Vgl. Joh 18.19	Film-Handlung
0:32:50 Choral	*Wer hat dich so geschlagen, mein Heil, und dich mit Plagen so übel zu gericht't? Du bist ja nicht ein Sünder, wie wir und unsre Kinder, von Missetaten weißt du nicht.*	
0:34:50 Rezitativ	*Und Hannas sandte ihn gebunden zu dem Hohenpriester Kaiphas. Simon Petrus stund, und wärmte sich, da sprachen sie zu ihm*	
0:35:16 Chor	*Bist du nicht...*	heftige Kameraschwenks; Die Darstellung des Volkes in den Chören als Träger der Handlung
0:35:38 Rezitativ	*Er leugnete aber und sprach: Ich bin's nicht!*	
0:37:17 Aria	*Ach mein Sinn, wo willst du endlich hin.*	
0:40:16 Choral	*Petrus, der nicht denkt zurück, seinen Gott verneinet, der doch auf ein ernsten Blick, bitterlich weinet.*	
Es folgt	...	Teil 2 ...

Zur Gestalt des Films

Die *Musik:* Johann Sebastian Bach (1685-1750) hat drei Passionen geschrieben, Die Johannespassion (1724), die Matthäuspassion (1729), die Markuspassion (1731). Sie waren für die Karfreitagsvespern der Leipziger Thomaskirche bestimmt.

In der *Johannespassion* tritt der Evangelist als „objektiver" Berichterstatter heraus. In den vielen Chören wird die dramatische Haltung deutlich, dagegen sind Ariosi und Arien sparsam zur Kontemplation eingesetzt. Die Arien werden durch Soloinstrumente und Choreinwürfe charakterisiert. Bach geht es in seiner Johannespassion um den Kampf zwischen Gut und Böse. Der Mensch muss sich bewähren, bleibt aber auf Erlösung angewiesen. Obwohl es sich um Passion handelt, ist der Auferstehungsgedanke bereits präsent: Gottes Gericht erfolgt schon in der Kreuzigung. Jeder Einzelne kann sich frei für oder gegen die Gnadentat Gottes entscheiden. Das Symbol des Kreuzes wird in der Johannespassion durch die übergeordnete Rahmenform mit symmetrischer kreuzförmiger Mitte deutlich: „In meines Herzens Grunde, dein Nam und Kreuz allein funkelt allzeit und Stunde, drauf kann ich fröhlich sein."

Drehbuch/Regie

Hugo Niebeling (Idee, Buch, Regie, Choreographie)[81] sagt über seinen Film:

▶ „Ich will junge Menschen erreichen, die außerhalb der Kirche stehen. Ich habe meinen Film ohne jeden kirchlichen Einfluss gemacht. Dafür bin ich auch dem Bischof von Speyer und dem Domkapitel besonders dankbar. Sie haben mich im leer geräumten Dom wirken lassen, ohne das Ergebnis zu kennen."

▶ „Ein Verkündigungscharakter, der dem Film innewohnen soll, muss sich weit nach außen richten. Dies will ich mit besonderem Nachdruck sagen, weil bisher meist von formalen Problemen die Rede war. Nicht zuletzt deshalb habe ich das Klischee des Jesus-Bildes zerbrochen. Sollte sich erweisen, dass seine Darstellung zu Herzen geht, wie auch die des Pilatus und des Petrus, so wäre das für uns alle sicher der schönste Lohn."

Didaktisch-methodische Anregungen

▶ Viel versprechend und spannend ist zunächst eine Untersuchung des *Jesus-Bildes*; denn Jesus entspricht *äußerlich* wenig der überlieferten Vorstellung. Christoph Quest zeigt dem Zuschauer seine ganz persönliche Sicht von Jesus und spielt als etwas älterer Schauspieler die Rolle ohne Maske und langhaarige Perücke:
  - Er verzichtet auf das traditionelle Bild eines langhaarigen schönen Jünglings.
  - Er verkörpert einen Mann ohne jeden Zug einer heldenhaften Verklärung.
  - Er ist ein ganz normaler Alltagsmensch, ein Mann im besten Alter mit Glatze und Bartstoppeln.
  - Er ist ein Mann, der sanft, aber auch bestimmt sein kann.
  - Er geht den ihm vorgezeichneten Weg ohne inneren Zweifel.
  - Er pendelt zwischen persönlicher Interpretation und darzustellender Person: Quest identifiziert sich nicht mit der Jesus-Rolle und geht in dieser Rolle nicht auf.

▶ Ferner ist ergiebig – und seltener (!) im Kontext der Jesus-Filme – eine Untersuchung des *Pilatus-Bildes*. Klaus Barner spielt die Rolle des Pilatus
  - als Beamtentypus und Schreibtischtäter; er zeigt einen
  - kalten Menschen, der unfähig ist, sich in andere einzufühlen, geschweige denn Mitleid zu empfinden.

---

81 Präsentationsmappe zum Film vom Filmverlag der Autoren, S. 1ff.

▶ Die dritte Hauptperson, der *Evangelist*, verdient ebenfalls eine nähere Betrachtung: Warum stellt Ernst Haeflinger den Johannes
 – als Mönch in einer Kutte dar?
 – und später beim gegeißelten Jesus mit einer Maske?

▶ Die Schüler*innen* sollten herausfinden, das – bei aller Dominanz der drei Hauptpersonen – letztlich das Volk, die „normalen" Menschen, die eigentlichen Träger der Handlung sind. Hier ist die Rolle des Chors zu besprechen: Der Chor erscheint in zwei Identitäten, als Gemeinde – maskenlos – und als Pöbel, der das „kreuzige" schreit – mit Maske! Was wird hier ausgedrückt?[82]

▶ Möglich sind auch Vergleiche mit den beiden Vorlagen; dabei wäre herauszufinden, dass
 – Niebeling Szenen aus anderen Evangelien übernimmt. Er fügt die Szene der Vertreibung der Händler und Wechsler im Tempel hinzu. Sie gehört nicht zur Bach'schen Passion. Bach beginnt mit der Gefangennahme Jesu (vgl. Joh 18, 1ff). In der synoptischen Tradition wird die Vertreibung der Händler durch Jesus nur in Mt 21,10-17 und Lk 19, 45 u. 46 überliefert.
 – Niebeling frei erfundene Szenen einfügt, z.B. ein Fest, das Pilatus mit seinen Freunden feiert.

▶ Schließlich bietet der Film reiche Möglichkeiten zur Beobachtung filmischer Techniken:
 – „Für die optische Übersetzung der Arien habe ich stumme Spielszenen und für die Volkschöre choreographische Tanz- und Massenszenen eingesetzt. Die Tänzer tragen Masken wie der Chor der Antike." (Niebeling) Welche Wirkung erzielt das?
 – Farbdramaturgie und Lichtregie bringen den Raumwechsel gut zur Geltung. Welche Effekte sind beabsichtigt, werden erzielt?

Kritikerstimmen

▨ „Dank Christoph Quests intensiver Darstellung gewinnt die Figur Jesu eine eindringliche Aktualität und bewegende Momente, auch wenn die Darstellung im Verlauf der Handlung dann doch den traditionellen Bild-Erwartungen entspricht."[83]

---

82 Vgl. Niebelings Interview-Aussage: „Um die antijüdische Tendenz des Johannes-Evangeliums, die zeitbedingte politische Hintergründe hat, zumindest zu schwächen, wird aus der ‚gläubigen Gemeinde', die die Choräle singt, unversehens der Pöbel, der ‚kreuzige' schreit, und umgekehrt."
83 Peter Hasenberg, in: film-dienst, 44. Jg., Nr. 24 vom 26.11.1991 (gekürzt).

„Gründgens-Schüler Hugo Niebeling verschweißt Elemente aus Ballett, Schauspiel, Musical zu einem Kunstwerk mit brüchigen Nähten und zeigt dabei deutlich die Grenzen des Films auf: Seine Kamera springt im Kontrast zu Bachs klarer Musik in wirren Bildern. Damit wird jede Empfindung plattgebügelt."[84]

Ergänzender Hinweis

Für Schülerinnen der Sek. Stufe II, die besonders an Musik und an der spanischen Sprache interessiert sind, bietet sich ein Vergleich mit einer Neuinszenierung an:

Aus der Reihe „Passion 2000" (Deutschland 2000, Internationale Bachakademie Stuttgart, Uraufführungen im Rahmen des Europäischen Musikfestes Stuttgart 2000): Osvaldo Golijov, La Passión Según San Marcos, 90 Min. (TV: SWR und ZDF/3 Sat als Live-Übertragung 5.9.2000)

Golijov, geboren 1960 in La Plata, Argentinien, verwendet für seine Passion u.a. Texte aus Mk 14 u. 15, die Klagelieder aus Jeremia. Chor, Solisten und zwei Ensembles (Posaunen, Gitarren, Percussions-Instrumente, Berimbau, Akkordeon u.a.) tragen die Passion szenisch in Tanz und Gesang vor.

Der Vergleich kann zeigen, dass Jesus bei Bach durch einen Bass mit einem „Heiligenschein" aus Streichern und der Evangelist ein Tenor ist. Golijov lässt die Stimme von Jesus vom Chor darstellen, „weil für mich Jesus das Volk repräsentiert, das in einem kollektiven Geist zusammengefasst ist."[85]

Die Jesus-Rolle wird einmal von einer Frau oder von einem Mann übernommen, um so die zwei Naturen darzustellen: Jesus, manchmal mehr ein geängstigter Mensch und manchmal mehr Gott.

Golijov bekennt: Jesus „sah und fühlte und vermittelte etwas Göttliches, daran habe ich keinen Zweifel. … wenn du einfach alles durchlebt hast, was du erlebt hast, und jeden Morgen aufwachst und dann Musik machst – das zeugt von einem ganz großartigen Glauben. Die Passion handelt genau davon. Sie handelt von irrationalem Glauben."[86]

Sehr beeindruckend sind die Capoeira-Tänze, eine Kampfsportart aus Brasilien, die die Sklaven aus Afrika mitbrachten.

---

84 Vgl. Roland Schmidt, AZ vom 8.11.1991.
85 Der Komponist in einem Interview mit David Harrington, in: Eisert, C. (Hg.): Passion 2000. Europäisches Musikfest Stuttgart 2000. Programmbuch zu den Uraufführungen (Schriftenreihe – Band 11: Internationale Bachakademie Stuttgart). Kassel u.a. 2000, S. 195 (darin sind u.a. enthalten Interviews mit den Komponisten, Biographische Angaben, Libretto).
86 A.a.O., S. 197

Themen

– Moderne Jesusgestalt
– Wunderheilungen, z.B. Heilung eines blinden Jungen
– Religiöser Fanatismus
– Vermarktung des Glaubens, z.B. durch kitschige Heiligenbilder u.a.
– Heuchelei und Aufrichtigkeit.

Inhalt

Der leicht versponnene Fotograf Louis Aubinard, der hingebungsvoll kitschige Heiligenbildchen arrangiert und ablichtet, hat Schwierigkeiten, einen geeigneten Jesus-Darsteller zu finden. Als er einem erkrankten Freund einen Gefallen erweisen will und sich gänzlich ahnungslos als Synchron-Sprecher eines Pornofilm wiederfindet, verliebt er sich in seine „Partnerin" Sybil. Sie erzählt ihm von ihrer einstigen Liebe zu einem Pianisten, der unmittelbar vor ihrer ersten gemeinsamen Liebesnacht ins Gefängnis musste. Da sie unerwartet einem Geiger zu verfallen drohte, wurde der Pianist zum gewalttätigen „Rächer". Nun steht seine Haftentlassung an, und Louis müsse ihr helfen, diese Situation zu meistern.

Missverständnisse und Zufälle mischen diese Ausgangssituation neu: Louis verliert Sybil und gerät auf der Suche nach einem geeigneten Jesus-Darsteller an den skurrilen Pianisten und Ex-Häftling. Als langhaariger und leidenschaftlich-leidender Jesus-Darsteller macht dieser Karriere. Die Bilderbibel mit seinen Aufnahmen findet reißenden Absatz. Er wähnt sich als leibhaftiger Wundertäter und hält sich bald selbst für den Gottessohn. Der Versuch, wie Jesus über das Wasser gehen zu können, endet tödlich.

Storyboard

Will man den Film nicht in seiner vollen Länge vorführen, so empfiehlt es sich, nur die drei folgenden kurzen Szenen von je ca. 2 Min. zu zeigen:[87]

---

87 Die Dialogtexte sind vom Film abgehört.

Zeit	Szene/Inhalt
0:39:30–0:41:30	Im Atelier des Fotografen

Der Fotograf Louis Aubinard entdeckt einen geeigneten Jesus-Darsteller: Er sieht durch das Fenster einen Mann draußen im Regen stehen, dessen Gesicht seinen Heiligenbildchen ähnelt. Sogleich stürzt er hinaus.

Aubinard: *Nun kommen Sie schon. Kommen Sie! Kommen Sie rein! ...*

Sie stellen die Kreuzigungsszene nach.

„Jesus" am Kreuz: *Hunger! Hunger!*

Aubinard: *Ich weiß, dass Sie hungrig sind.* (Setzt ihm die Dornenkrone auf.)

„Jesus": *Durst! O bitte!*

Aubinard: *Ich weiß! Haben Sie nur Geduld! Es tut mir so schrecklich leid! – Gut so.*(liest aus der Bibel): *Und Jesus schrie laut. Mit lauter Stimme.*

„Jesus": *Mein Gott, ich bin ja so hungrig!*

„Jesus" (begutachtet das Foto): *Er ist nicht übel, nicht?*

Aubinard: *Es ist wirklich sehr gut!*

Zeit	Szene/Inhalt
0:55:00–0:57:30	Im Park

Frauen, schwarz gekleidet, führen einen blinden Jungen im Wagen durch den Park.

Sie begegnen „Jesus", zeigen sich überrascht und vergleichen ihn mit dem „Heiligenbild".

Frauen: *Er ist es wirklich!* (knien vor ihm nieder und beten ihn an.) *Bitte! Helfen Sie uns!*

„Jesus": *Bitte, lassen sie das! Hören Sie auf, mich herumzuschubsen!*

Frauen (zeigen auf den Jungen): *Sehen Sie sich das an! Berühren Sie ihn!* Die Frauen zerren an seinem Arm.

„Jesus": *Lassen Sie meine Hand los!* Dann, resigniert: *Ja, schon gut! Ich bin einverstanden!* (legt die linke Hand auf den Kopf des Kindes und erhebt seine Rechte)

Ein Golfspieler trifft versehentlich den Kopf des Kindes.

Der Junge setzt seine Brille ab, betrachtet staunend seine Umgebung, strahlt, erhebt sich und steigt aus dem Wagen aus.

Die Frauen umarmen sich, stürzen auf Jesus und rufen: *Ein Wunder!*

„Jesus": *Lassen Sie mich in Ruhe!*

„Jesus" flieht, zwei Frauen wollen ihn verfolgen.

„Jesus": *Auf Wiedersehen!*

Szenenwechsel. „Jesus" und ein „Oberkirchenrat"

„Jesus": *Ich sagte 500 Frank pro Stunde ... Ich habe Wunder vollbracht für ihr Geschäft! Wenn Sie das nicht honorieren, dann gehe ich woanders hin!*

Der Beamte: *350!*

„Jesus": *Nein!*

Der Beamte: *400!*

„Jesus": *Fahrtkosten aber extra!*

Der Beamte: *Sie kommen doch zu Fuß!*

„Jesus": *Dieser Spaziergang ist seinen Preis wert!*

Zeit	Szene/Inhalt
0:57:35–0:59:15	Abendmahlsszene Louis Aubinard hat die Abendmahlsszene nachgestellt. Louis: *Es ist der Abend vor dem Passahfest.* Die Schauspieler zeigen sich desinteressiert, reden durcheinander und tauschen Neuigkeiten aus. Louis: *Und er hat sie um sich versammelt zum letzten Abendmahl. Seine zwölf Apostel. Alle beschäftigt nur eine Frage ...* Die „Jünger" reden weiter durcheinander. „Jesus" (schlägt erbost die Hand auf den Tisch): *Nun haltet die Klappe! Ich muss um mehr Respekt bitten!* Als es ruhiger wird, sagt „Jesus" mit feierlicher Stimme: *Einige unter uns nehmen ihre Arbeit sehr ernst.* Louis unternimmt einen zweiten Anlauf, die „Jünger" einzustimmen: *War Jesus nur ein Wunderheiler oder war er Gottes Sohn? Sie standen kurz davor, es herauszufinden.* „Jesus" schaut ungeduldig auf seine Armbanduhr. Das irritiert Louis. „Jesus" (nimmt die Uhr ab): *Ich bitte um Entschuldigung!* Louis unternimmt einen dritten Anlauf, die „Jünger" einzustimmen und liest aus der Bibel vor: *Und als sie endlich miteinander aßen, sagte Jesus: Wahrlich, ich verkündige euch: Einer von euch wird mich verraten.* Das Foto kann gemacht werden.

Zur Entstehung des Films

Der in Polen geborene, in Australien aufgewachsene Regisseur und Dreh-buchautor Ben Levin hat sich von Marcel Aymés Erzählung „Rue Saint Sul-pice" zu einer abgrundtief schwarzen Komödie inspirieren lassen. Aymé attakiert in seinen Erzählungen spitzfindig den Ausverkauf menschlicher, sozialer und religiöser Werte: Das Pariser Viertel um die Kirche Saint Ger-main des Prés war zu jener Zeit voller Geschäfte, die einen so eifrigen Devo-tionalienhandel betrieben, dass man sich die angepriesenen Rosenkränze, Heiligenbilder und Kruzifixe nur noch als „von der Stange" hergestellt erklären konnte.

Didaktisch-methodische Anregungen

Die Satire bietet neben vergnüglich-bedenklicher (?) Unterhaltung ver-schiedene Stellen zum „Einhaken"; so könnte diskutiert werden
▶ ob der Film blasphemisch ist
▶ was von der Komik einer Szene zu halten ist, in der sich der Schauspieler-Jesus vor Hunger und Durst am Kreuz windet, während der Fotograf diesen Leidensdruck forciert, um ein „echtes" Heiligenbild zu erhalten
▶ ob Wunder durch Zufälle wie den fehl geleiteten Golfball restlos erklär-bar sind

97

▶ das Ende des Films: „Jesus" ertrinkt, als er übers Wasser zu wandeln versucht
▶ wie der Film zu beurteilen ist, etwa als „phantastische Komödie", „Heidenspaß" oder dumm-dreiste „Albernheit" (vgl. auch die unterschiedlichen Rezensionen).

Kritikerstimmen

„Der Gefallen … taumelt von Slapstick über Wortwitz zur reinen Schadenfreude und wieder zurück. Manchmal sind die Gags gar zu vorhersehbar, so als Goldblum einen blinden Jungen heilen will, der im entscheidenden Moment von einem Golfball getroffen wird. … Aber Der Gefallen … ist vor allem ein träumerischer Film, einer, der eine Geschichte erzählt und sie glaubhaft macht, ein Film, in den die alltäglichen Aberwitzigkeiten einbrechen, die sich die Protagonisten nicht erklären können, ein Film, der eben nicht wahr, sondern nur im Kino sein kann. Ein Film, den eigentlich nur Woody Allen wagen könnte."[88]

„Die Film ist nichts als reine Albernheit. Und Humor ist gefährlich relativ: Bei des einen Lieblingswitz krümmt der andere sich fassungslos im Stuhl. Trotzdem: hat man sich einmal damit arrangiert, dass Autor und Regisseur Ben Lewin mit diesem Werk nichts anderes will, als möglichst inhomogene Bestandteile auf möglichst absurde Art aufeinander loszulassen, so kann man auf einige sehr unterhaltsame Momente rechnen. … Die liebevolle Machart des Films und zahlreiche Seitenhiebe auf hohes Kulturgut und menschliche Eigenarten ergäben einen humoristischen Hoch-Genuss, ginge dem Ganzen nicht in der zweiten Hälfte die Luft aus."[89]

„Der Zufall ist ein Perfektionist, und nichts an der äußeren Harmlosigkeit seines Reichs in dem Film ‚Der Gefallen, die Uhr und der sehr große Fisch' verrät den Bewohnern, dass sie nicht durch eigene Entscheidung geradlinig voranrücken, sondern im Zickzack umhergeschoben werden. …

Seine Kunstwelt, die manchmal wie des Zufalls Labortisch für sarkastische Versuchsanordnungen wirkt, bricht Regisseur Ben Lewin zwar durch allzu harmlose Bildchen immer wieder auf. Aber oft bugsiert diese dann haarsträubend komische Komödie ihre Figuren auch wieder mit perfider Feinmechanik um ein paar Sekunden oder Zentimeter an dem vorbei, wonach sie eifrig suchen: einander.

Ähnlichkeiten mit dem wirklichen Leben wären dabei natürlich rein zufällig - also nach den Regeln dieses Films ziemlich präzise."[90]

---

88 to. Heilung durch Golfball, in: FAZ, 30. April1992.
89 S. Mahrenholz, Bob Hoskins sucht Jesus, in: Der Tagesspiegel, vom 30. April 1992 (gekürzt).
90 tkl, Das Uhrwerk des Zufalls, in: Stuttgarter Zeitung, vom 30.April 1992 (gekürzt).

„Skurrile Humoreske um einen Fotografen und ein Jesus-Modell, das seine Arbeit bald zu ernst nimmt. ... Lewin verfilmte Marcel Aymés groteske Erzählung ‚Rue Saint-Sulpice' und schuf eine fantastische Komödie, gemixt aus britischem Humor und französischer Unbeschwertheit. Sehenswert."[91]

Gegrüßet seist du, Maria
(Maria und Joseph)
(Frankreich/Schweiz/England 1983)
70 Min. (107 Min.), ab Klasse 10

Themen

– Mythos
– Jungfrauengeburt
– Wunder
– Transzendenz
– Glaube und Naturwissenschaft.

Inhalt

Nach Motiven des Neuen Testaments wird die Botschaft von der Menschwerdung Jesu mit Lebenszusammenhängen der modernen Welt konfrontiert.

Die Verkäuferin Maria (Myriem Roussel), Tochter eines Tankstellenpächters, liebt ihren Freund Joseph (Thierry Rode), der Taxifahrer von Beruf ist. Sie lehnt aber jegliche körperlich-sexuellen Kontakte ab. Ein Fremder eröffnet ihr, dass sie schwanger sei. Die Voraussage bestätigt sich: Sie bekommt ein Kind, obwohl sie noch Jungfrau ist. Ihr Freund Joseph reagiert misstrauisch und befürchtet, dass sie ihn mit einem anderen Mann betrogen haben könnte. Es dauert eine Weile, bis er sein Misstrauen überwindet und zu seiner neuen Rolle und Aufgabe steht. Das Kind, ein Junge, wird geboren. Es stellt sich heraus, dass dieser Junge etwas Besonderes ist.

Kollageartig in diese Handlung verwoben ist eine kürzere Parallelhandlung: Ein Dozent diskutiert mit Studenten Fragen der Entstehung des Lebens. Von einer Studentin wird er in eine intime Beziehung verwickelt, wobei sie ihm eine Szene macht, als er wieder zurückkehrt zu seiner Familie nach Prag.

91 HörZu 36/1999, S. 58.

Zum Anliegen des Films/des Regisseurs

Die Jungfrauengeburt bedeutet für den Drehbuchautor und Regisseur Godard nach eigener Aussage einen Weg, um Aussagen über das Geheimnis der Frau, der Liebe, des Lebens zu transportieren und ein Zeichen oder ein Bild für ein Geheimnis des Transzendenten. Diesem Transzendenten können sich die Menschen stets nur bruchstückhaft nähern. Für Godard ist die Bibel kein geschlossenes Buch, keine göttliche Offenbarung mit heiligen Figuren. Er will vielmehr zeigen, dass

– die biblischen Texte fragmentarisch sind
– unser Verständnis der biblischen Texte und von Religion allgemein immer fragmentarischen Charakter haben muss
– der Mensch selbst ein Mythos ist, der unerklärbar bleibt.

Die Aussage/Botschaft des Films liegt nicht in der Darstellung der biblischen Jungfrauengeburt, der biblischen, so genannten „Heiligen Familie", sondern in

– der Darstellung von Maria und Joseph als Alltagsmenschen
– der inneren Wandlung des Joseph hin zu einer reifen, behutsamen, achtungsvollen Liebe zu Maria
– der Darstellung des Geheimnisses der Liebe und des Geheimnisses des – Transzendenten; vgl. 1 Joh 4,16: „Gott ist die Liebe; und wer in der Liebe bleibt, der bleibt in Gott"
– der Verdeutlichung des wahren Wunders, nämlich der Leben hervorbringenden Liebe
– der Spiritualisierung der Liebe: der Einheit von Körper und Geist
– der Darstellung der Jungfrauengeburt als Bild für eine höhere Wirklichkeit, die die menschlich-männliche Vorstellungswelt bei weitem übersteigt
– der kritischen Sichtung religiösen Brauchtums rund um die „Heilige Familie".

Didaktisch-methodische Anregungen

Für die Besprechung im Unterricht bzw. in der Gemeindearbeit bieten sich folgende Beobachtungen bzw. Fragestellungen an:

▶ Godard übernimmt *wörtliche Zitate* aus dem NT und stellt dadurch eine Analogie zur Bibel her, z.B. *„Es begab sich aber zu jener Zeit"*. Welche Wirkung hat das? Welche Absicht mag dahinter stecken?

▶ Wo sind inhaltliche Parallelen zu *biblischen Motiven* zu finden und was ist ihre Absicht (Vergegenwärtigung? Parodie? Überbietung?)? Als Beispiel kann die „Verkündigungsszene" an der Tankstelle herangezogen werden; die „Verheißung" – „Maria, du wirst ein Kind bekommen" –, die Zweifel des Verlobten, die Suche nach tieferem Sinn, einem „höheren Wesen", das „Gegrüßet seist du, Maria" des Gabriel sind leicht als Bibelzitate zu erkennen; daran brechen sich Marias Verzweiflung – „Ich werde ins Wasser gehen" – sowie die handgreifliche Art, mit der Gabriel versucht, Joseph Liebe und Vertrauen „einzubläuen".

Am Schluss des Filmes können Jesus-Anspielungen aufgespürt und bewertet werden: So gibt der Junge seinen Spielgefährten neue Namen: Aus Fabian wird Petrus, aus Matthias wird Jakobus (Jünger-Berufung), und der Aufforderung seiner Eltern, in das elterliche Auto zu steigen, kommt er nicht nach (vgl. Lk 2, 43ff).

▶ Zum Motiv der *Jungfrauengeburt*: Welche Bedeutung haben Körper und Geist im Film (besonders für Maria)? Hierzu können folgende Beobachtungen herangezogen werden:
– Im Vorfilm: Das junge Mädchen wird einerseits als Bild der Reinheit, Vollkommenheit, andererseits in ihrer Unzufriedenheit, Spannung, Aggression (Tanz) gezeigt.
– Die Jungfrauengeburt wird im Film niemals ernsthaft in Zweifel gezogen. Der Arzt bestätigt kurz die Schwangerschaft und die Jungfrauengeburt. Diese hat keine Funktion, sie wird nicht funktional im Film eingesetzt (kein Wozu?), sie ist einfach da ohne große Erklärungen, ohne Sinn und Zweck.
– Ist der Glaube an die Jungfrauengeburt für Christen entscheidend?
– Warum wehrt sich die katholische Kirche gegen alles Körperliche an Maria? Die Hauptangriffe auf den Film lauteten u.a.: Pornographie, sexuelle Darstellungen, Blasphemie.
– Was ruft bei Maria den „Ekel" hervor?
– Das „Fleisch für sich allein" (ohne Seele) oder das Fleisch überhaupt. Maria ringt um die eigene Körperlichkeit und sehnt sich nach einem Körper, der vom Geist dominiert wird.

▶ Zur Bedeutung des *fragmentarischen Charakters* des Films: Warum erzählt der Film keine in sich geschlossene Geschichte, warum hat er kein Ende, keine Lösung?
Die Schüler*innen* könne den Zusammenhang von Inhalt und Form entdecken: Auch die Religion, auch der Mensch sind unabgeschlossen, ohne Ende, ohne Lösung …
Der Mensch bleibt ein Rätsel trotz aller Theorien (z.B. Evolution). Das Transzendente ist nicht definierbar, es bleibt immer ein Rätsel, Fragment. Der Mensch kann sich Gott nur bruchstückhaft nähern.
In diesem Zusammenhang können angesprochen werden
– *ethische Grundfragen*, etwa die Problematik naturwissenschaftlicher Bemühungen, das Rätsel Mensch zu entschlüsseln und objektiv, d.h. quantitativ, zu analysieren (z.B. Gen-Forschung)

– die *anthropologische Frage* nach dem Wesen des Menschen: Worin unterscheidet sich der Mensch vom Tier? Ansätze eines christlichen Menschenbildes lassen sich u.a. finden in 1 Kor 13, 1ff.

▶ Welche Bedeutung hat die Musik? Beachtung verdienen Bachs „d-moll Toccata" zum Eingangsgespräch zwischen Maria und Joseph Bachs Schlusschoral aus der Matthäus-Passion beim Schminken Marias, bis ihr Mund knallrot und glänzend ist das Singen eines Bach-Chorals beim Duschen.

Reaktionen/Kritikerstimmen

Kirchennahe Gruppen versuchten ein Verbot in Versailles zu erwirken, Traditionalistengruppen sprengten in Frankreich Kinoaufführungen. In mehreren Ländern kam es zu Demonstrationen, Strafanzeigen und Verboten.

Teile der *katholischen Kirche* protestierten gegen den Film: Der Ständige Rat der Deutschen Bischofskonferenz gab eine missbilligende Erklärung ab.

Der Kardinal-Staatssekretär Agostino Casaroli wies auf Geheiß des Papstes Johannes Paul II. in einem Telegramm an den Generalvikar der Diözese Rom, Kardinal Ugo Poletti, darauf hin, dass der Film „tief die religiösen Gefühle der Gläubigen sowie die Achtung vor dem Heiligen und der Person der Jungfrau Maria" verletze und eine „Schändung der Gottesmutter" darstelle. Der Papst teile „die Missbilligung des Films durch die Gläubigen Roms."[92] Kardinal Carlo Martini: Der Film zeige „keinen Sinn für die Zartheit Gottes".[93]

Auf *protestantischer* Seite dagegen wurde der Film durch die Internationale Evangelische Filmjury mit dem Otto-Dibelius-Filmpreis ausgezeichnet.

„Die Botschaft des Films ist vor allem in einer Einstellungsänderung von Joseph zu erkennen; in einer kurzen Sequenz verdichtet sie sich in wenigen Handbewegungen: Während Maria ihrem inzwischen Verlobten fast nackt gegenübersteht, bewegt sich Josephs Hand auf ihren Körper zu, zunächst forsch-besitzergreifend, dann zurückhaltender, schließlich in respektvoller Nähe verharrend und sich zurück-ziehend. Die Hand zurückziehen – das ist Liebe für Godard.

Der Film liefert das Porträt einer Liebe, die nicht in gegenseitiges Benutzen einmündet (wie die Sündenfallgeschichte des Paares Dozent/Studentin), die das Staunen nicht verlernt hat."[94]

92 Zit.n. Filmstreit: Jean-Luc Godards „Maria und Joseph", in: Herder Korrespondenz 6/1985, S. 256.
93 Il Sabato, 4.5.1985.

„Die Bibel und Godard verbindet im Grunde ein nicht unähnliches Interesse an der Erzählung der Jungfrauengeburt: Beide sind nicht an ihr im Sinne eines spektakulären Wunders, eines die Naturgesetze sprengenden direkten Eingriffs Gottes in die Weltabläufe interessiert: Für die Bibel ist sie ein Mittel zur Grundlegung des Menschwerdungsgedankens und des Christus-Glaubens, für Godard ein Weg, um Aussagen über das Geheimnis der Frau, der Liebe, des Lebens zu transportieren."[95]

Die *weltliche Presse*: Es gehe um „das Pathos einer Liebe, die sich nicht erschöpft im ‚wechselseitigen Gebrauch der Geschlechtsorgane'…, die den romantisch-poetischen, den metaphysischen Grundton der christlich geprägten Liebessymbolik und -metaphorik europäischer Kultur wieder aufgreift und akzentuiert und das Wagnis einer Spiritualisierung der Körperlichkeit eingeht."[96]

„Es ist klar, dass ein solcher Film der Kirche, die ihn ihrer klaren Orientierung an der biblischen Botschaft gegenüberstellt, nicht genügen kann. … Wie ein Seismograph erfasst Godard die religiöse Situation der Gegenwart: die Allgegenwart des Christlichen, aber eben häufig als Fragment, als Zufall, mehr als Frage und Anstoß denn als deutlichen Impuls. Das Gespräch über die Gestaltungsprinzipien biblischer Geschichte im Film wird weitergehen. An einem Punkt aber hat Godard auf jeden Fall recht: Der Mythos, die biblische Erzählung will nicht in ihrer Geschichtlichkeit, sondern in ihrer gegenwärtigen Bedeutung eingeholt werden."[97]

Die größte Geschichte aller Zeiten (USA 1963)
196 Min.
FSK ab 6 J., ab Klasse 5

Themen

– Neues Testament
– Bibel- und Historienfilm
– Frömmigkeitsstile.

94 K. Nientiedt, Filmstreit, in: Herder Korrespondenz 6/1985, S. 257.
95 K. Nientiedt, a.a.O., S. 258.
96 Wolfram Schütte, Frankfurter Rundschau, 13. 4. 1985.
97 H. W. Dannowski, in: W. Roth/B. Thienhaus (Hg.), Film und Theologie. Diskussionen. Kontroversen. Analyse, (epd-Texte 20), Frankfurt 1989, S. 63f.

Inhalt

In freien Ausweitungen und Kürzungen wird die Lebensgeschichte Jesu erzählt; geprägt durch ein spezifisch amerikanisches Frömmigkeitsgefühl zielt der Film auf Schauwirkung und möchte Eindruck, Würde und Feierlichkeit beim Zuschauer erwecken. Dazu dienen auch die gewählten Drehplätze für die Außenszenen: Landschaften im Staate Utah, insbesondere die Canons des Colorado River.

Storyboard (aus dem Anfangsteil)[98]

Zeit	Szene/Inhalt	Bibel
00:00	Titelvorspann	
03:12	Johannesprolog: Im Anfang war das Wort, und das Wort war bei Gott, und Gott war das Wort.	
	Max von Sydow als „Christus Pantokrator"	Joh 1, 1
04:18	Das Kind Jesus im Stall	Lk 2, 7
04:56	Ankunft der Weisen vor Herodes	Mt 2, 1-6.8
	Herodes: *Ihr habt also überall nach einem Kind gefragt?*	
	Das haben wir, mein König. Wir sind von weit hergekommen, um es zu finden.	
	Wer hat euch denn von diesem Kind berichtet, das als König geboren werden soll?	
	Wir haben gesehen, wie sein Stern aufging. Der Stern hat uns geleitet.	
	Ihr seid einem Stern gefolgt? ... vom fernen Osten bis zum Mittelpunkt der Welt?	
	Von wem weißt du von dem Kind? ...	
	Die Propheten sprechen von einem Messias.	
	Wo soll dieser Messias geboren werden?	
	Der Prophet Hosea sagte in Ägypten.	Hos 12, 10
	Der große Jesaja sprach von Nazareth.	Jes 31, 1ff
	Das war vor 700 Jahren.	
	Mein König, wenn ich bemerken dürfte: Der Prophet Micha sagte in Bethlehem.	Mi 5, 2
	Ich erinnere mich: Und du Bethlehem, die kleinste unter den Städten in Juda, aus dir soll mir hervorgehen, der Herrscher in Israel werden soll ...	Mi 5, 2
	Und wenn ihr das Kind gefunden habt ... Was gibt euch die Gewissheit, dass es der Messias ist?	
	Die Unfehlbarkeit der Sterne.	
	Dann habt ihr also diese Gewissheit? Nur durch den Stern?	
	Gibt es einen größeren Fürsprecher für ein Kind als einen Stern?	
08:30	Die Weisen folgen dem Stern	Mt 2, 9

98 Die Dialogtexte sind vom Film abgehört.

Zeit	Szene/Inhalt	Bibel
09:30	Huldigung der Weisen Maria: *Wer seid ihr?* *Wir kommen aus einem fernen Land, um dein Kind zu sehen. Wie soll sein Name sein?* Maria: *Jesus. Jesus wird sein Name sein.* *Ich bringe Gold dar zur Herrlichkeit unseres Königs.* *Ich bringe Weihrauch zur Anbetung Gottes.* *Und ich Myrrhe. Sie möge ihn bewahren bis in alle Ewigkeit.* (Hundegebell) *Die Reiter des Königs! Lasst uns schnell weiterziehen!*	Mt 2, 11
11:50	Ermahnung zur Flucht Die Gestalt eines Mannes zu Joseph: *Nimm das Kind und flieh!*	Lk 2, 8, 16
24:10	Bußpredigt von Johannes *Tut Buße! Kommt her! Hört die Stimme eines Rufers in der Wüste*	Mt 9, 13
26:25	Taufe Jesu *Taufe mich, Johannes!* *Wie ist dein Name?* *Jesus* *Wo bist du geboren?* *In Bethlehem.* *Ich sollte von dir getauft werden und du kommst zu mir?* *Warum fragst du mich das?* *In den Schriften steht: Und du Bethlehem in Ephrata, aus dir soll hervorgehen, der Herrscher in Israel werden soll. Dein Ursprung reicht weit zurück in die Tage der Urzeit.*	Lk 3, 4–6
29:00	Versuchung Jesu Jesus erklimmt einen steilen Felsen. Ein alter Mann in einer Felshöhle lacht: *Das war ein beschwerlicher Weg, komm doch herein, wenn du magst.*	Mt 4, 2–9

Im weiteren Verlauf: Der Film im Vergleich zu den Evangelientexten

Die Passionsszenen nehmen im Film einen größeren Raum ein („filmisches Passionsspiel"). Außerdem gibt es eine Reihe bewusster Veränderungen, z.B.

– Der Teufel tritt auf als ein grauer, dunkler „Eremit", als alter Mann in einer Felshöhle, der Jesus zunächst freundlich einlädt. (0:29:00)
– Von den Jüngern stellt sich zuerst Judas Jesus vor. Dann folgen Andreas, Petrus und Johannes. Dadurch erwählt Jesus Judas als ersten seiner Jünger, dann erst die anderen. (0:37:25)
– Das Volk jubelt beim Einzug in Jerusalem Jesus zu: „Sohn Davids", „Messias", „König". (2:00:00)
– Einzelne Personen erhalten besonderes Gewicht. So bleibt der Gelähmte auch nach seiner Heilung im Blick; die Gestalt des Lazarus wird ausgeschmückt.

Zur Intention des Regisseurs/des Films

Der amerikanische Regisseur George Stevens hat mehr als vier Jahre an seinem Christus-Film gearbeitet. Nach eigener Aussage
▶ versuchte er, sich von den damaligen gängigen Kolossalfilmen zu lösen, die die Bibel als wörtliche Drehbuchvorlage ansahen
▶ geht es ihm nicht primär um eine reine Biografie bzw. Verfilmung biblischer Texte, sondern er will das Göttliche, das Transzendente aufspüren.

Stevens verwendet viele Texte aus den prophetischen Weissagungen, um die Messianität Jesu zu belegen.

Stevens verwendet traditionell verklärte Bildklischees: Er stellt einen unpolitischen Jesus dar und legt dem Drehbuch eine eigens hergestellte „Hexapla" zugrunde, in der jedes Wort, das Jesus laut Bibel gesprochen hat, in sechs verschiedenen englischen Übersetzungen in parallelen Spalten aufgeführt ist. Da er sich mehr für den erhöhten Christus der Verkündigung als für den historischen Jesus interessiert, versucht er durch ausdrückliche „Herrenworte" sowie auch durch geeignete Filmtechnik (Lichteffekte: hell – dunkel) den Herrlichkeitsanspruch Christi zu verdeutlichen.

Darin bleibt er freilich dem geprägten Hollywood-Stil und dem sentimental-religiösen Geschmack der Amerikaner verhaftet, z.B. die schneeweiße Eselin beim Einzug in Jerusalem oder die Abendmahlsszene als Kopie von Leonardo da Vinci

Didaktisch-methodische Anregungen

Dem Konzept des Films, ein überzeugendes Bild des kerygmatischen Christus zu zeigen, entspricht am ehesten die unterrichtliche Auseinandersetzung mit der Abbildbarkeit von Glaubensinhalten – am Beispiel Jesus. Als Diskussionsgrundlage eignet sich ein Interview-Auszug des Jesus-Darstellers Max von Sydow[99]:

„Der Film an sich und das ganze Thema, um das er sich dreht, sind sehr speziell. Wenn ich ehrlich sein soll, dann ist es eigentlich unmöglich, Jesus zu spielen. Das hat für mich zwei Gründe: Die meisten, die als Zuschauer sich den Film ansehen, kennen das NT und wissen alles genau, was passiert, denn sie haben die Evangelien gelesen. Damit ist die eigentlich dramatische Spannung im Film bereits verschwunden. Alle wissen, wie das Filmende aussehen wird.

---

95 Hans-Joachim Schilde sprach mit Max von Sydow, in: Sie spielten Jesus. Eine Rolle hinterläßt Spuren, WDR vom 26.12.1991.

Und zweitens: Viele, die den Film sehen, sind überzeugte Christen. Sie sind religiös engagiert und glauben so, genau zu wissen, wie Jesus in Wirklichkeit aussieht. … Sie haben … keinen kühlen, intellektuellen Abstand mehr zum Film, sondern sind gefühlsmäßig stark an der Person Jesu interessiert.

Ja, sie wissen sogar, wie Jesus gespielt werden sollte. Von daher ist es mir als Schauspieler einfach unmöglich, all diese Erwartungen beim Publikum zufrieden zu stellen. Und genau hier machte für mich der Regisseur George Stevens einen grundlegenden Fehler: Er wollte gerne die einzige gültige, letzte Fassung eines Jesus-Films schaffen. Er sah die Herstellung des Filmes wie seine persönliche Wallfahrt zu Gott an.

Heute ist mir eines klar: Will man Jesus darstellen, dann kann man das nur, indem man die eigene Sicht seiner Person wiedergibt. Legt man nicht eine eigene Meinung über Jesus in die Rolle, dann bleibt sie leer. Man kann nicht einfach sowohl Protestanten, Katholiken, Christen und Juden gleichzeitig für Jesus gewinnen."

Jesus – Das Genesis-Projekt
(USA 1979)
123 Min., ab 6 J., ab Klasse 4

Themen

– Unterscheidung: historischer Jesus – kerygmatischer Christus
– Versuch, eine Biografie Jesu im Film festzuhalten
– das Lukas-Evangelium in der synoptischen Tradition
– Bibelverständnis: Verbalinspiration
– Inhalte der historisch-kritischen Methode
– Darstellung Jesu: Kitsch – Kunst
– Interpretation von Jesu Auferstehung.

Inhalt

Der Film beinhaltet eine bunt bebilderte Schilderung des Lebens Jesu nach dem Lukas-Evangelium. Es ist eine aufwendige, fundamentalistische Bibelinterpretation, die versucht, durch detailgetreue Wiedergabe der historischen Umstände eine authentische Darstellung zu erreichen.
Bei dem Genesis-Projekt handelt es sich um den Versuch der Verfilmung der ganzen Bibel in mehr als 300 Teilen (Dauer jeweils ca. 20 Min.).

Nicht alle Szenen sind dramatisiert; oft liest ein Sprecher den Bibeltext nach der Einheitsübersetzung zu den Bildern.

Storyboard

Zeit	Szene/Inhalt	Bibel
0:00:00	Erzähler: *Denn Gott hat die Welt so sehr geliebt, dass er seinen einzigen Sohn hingab, damit jeder, der an ihm glaubt, nicht zugrunde geht, sondern das ewige Leben hat.* *Denn Gott hat seinen Sohn nicht in die Welt gesandt, damit der die Welt richtet, sondern damit die Welt durch ihn gerettet wird.*	Joh 3,16-17
0:00:20	Schafherde an einer Weide Stimme: *Ich hab mich entschlossen, allem von Grund auf nachzugehen, um es für dich, verehrter Theophilus, der Reihe nach aufzuschreiben. So kannst du dich von der Zuverlässigkeit der Lehre überzeugen.* Frauen am Brunnen, die Wäsche waschen. (Schwenk) Frauen tragen Wassergefäße. Erzähler: *Zur Zeit des römischen Kaisers Caesar Augustus und des Herodes, König von Judäa, wurde der Engel Gabriel von Gott in eine Stadt namens Nazareth zu einer Jungfrau gesandt. Der Name der Jungfrau war Maria.* Maria geht in das Haus und stellt den schweren Wassertrog ab. Eine weiße Erscheinung (in Überblende): *Fürchte dich nicht, Maria! Denn du hast bei Gott Gnade gefunden. Du wirst ein Kind empfangen, einen Sohn. Dem sollst du den Namen Jesus geben.* Maria: *Ich bin eine Jungfrau. Wie soll das geschehen?* Der Engel: *Der heilige Geist wird über dich kommen. Deshalb wird auch das Kind „heilig" genannt werden. Und der Sohn Gottes, seine Herrschaft wird kein Ende haben.*	Lk 1, 3 u.4 Lk 1, 5 Lk 1, 30 Lk 1, 34
0:01:30	Maria eilt in eine Stadt in Judäa, um ihre Verwandte Elisabeth zu besuchen, die auch auf wunderbare Weise mit einem Sohn schwanger ist.	Lk 1, 39

Zur Intention des Regisseurs/des Films

Regisseur Heyman „wollte die Botschaft von Jesus wirklichkeitsnah darstellen, um ihre Wirkung zu unterstreichen, und er wollte dem historischen Rahmen Palästinas im ersten Jahrhundert treu bleiben. Nach gründlichen Überlegungen beschloss er, dass der Text des Lukasevangeliums ein gutes, vollständiges und zuverlässiges Drehbuch sei. Lukas hatte seiner Meinung nach viele Vorzüge: Er nahm es genau mit den Einzelheiten; er war historisch zuverlässig, hatte viel soziale und kulturelle Einsicht und, was am wichtigsten war, er gab einen ausgezeichneten Bericht über den Dienst und die Botschaft Jesu..."[100]

---

100 Campus für Christus (Hg.), Der Mann, der in kein Schema paßt, Stuttgart ²1982, S. 8.

Auf die Frage, welche Absichten, welche Ziele die Produzenten verfolgten, antwortet Richard Hänssler, Inhaber des deutschen Verleihs: „Sie wollten ein Mehrfaches erreichen. Zunächst einmal für Leute, die nicht mehr die Bibel lesen, die Bibel darstellen, aber in einer verhältnismäßig objektiven Art, ohne jede Ausschmückung. Sie wollten aber auch Material in die Hand geben für Bibelgruppen und den pädagogischen Bereich, um Dinge plastisch zu zeigen, die vom Text her von vielen Menschen heute so nicht mehr verstanden werden. …

Die Frage der Gestalt Jesu muss natürlich immer wieder von Fall zu Fall neu besprochen werden. Ich kenne unter den vielen Jesus-Filmen der vergangenen Jahrzehnte keine Person, die für meine Begriffe optimal ist. ich würde auch meinen, dass Jesus nie so darzustellen ist, wie er sich uns in der Bibel zeigt. …

Ich glaube, dass dieser Film nur der Anfang sein kann für einen Prozess, der daraufhin einsetzen muss, nämlich einen Prozess, der sich auch schon bei vielen Jugendveranstaltungen so ausgewirkt hat, dass junge Leute nach dem Film nach Hause gehen, vielleicht nach langer Zeit wieder ihre Bibel zur Hand nehmen und nachschlagen, wie das eigentlich geschehen ist, was eigentlich der Hintergrund und der Kontext der biblischen Szene ist. … Der Film ist kein Ergebnis der historisch-kritischen Methode. Ich würde sogar provozierender Weise sagen, der Film geht davon aus, dass die historisch-kritische Forschung ihrem Ende entgegengeht. …

Es geht mit bei diesen Filmen nicht darum, was meine Phantasie mir sagen möchte, sondern es geht mir darum, was Gott mir zu sagen hat. … Die biblische Botschaft muss ja in meinem Leben eine Veränderung vollbringen."[101]

Der Film wurde an den Originalplätzen in Israel an über 300 verschiedenen Orten mit über 5000 Statisten gedreht.

Der Hänssler-Verlag gibt Informationen zum Genesis-Projekt; ein wichtiges Stichwort ist die *Visualisierung*: „Wir gehen davon aus, dass heute manche Schüler zwar Buchstaben an Buchstaben reihen können, dennoch aber häufig nicht in der Lage sind, den Sinn eines vorfindlichen Textes zu verstehen, einzuordnen und umzusetzen. Die Unfähigkeit zum Lesen oder Erzählen suchen wir durch eine visuelle Hilfestellung zu begegnen analog dem mittelalterlichen *Begriff biblia pauperum* oder besser ausgedrückt mit der Bezeichnung für typologisch angelegte biblische Bilderzyklen biblia picta …

Weiter sind die Bibelfilme als ein Versuch zu werten, das gesellschaftliche, historische und kulturelle Umfeld der Bibel bildlich darzustellen und damit verständlicher zu machen …

101 Die Botschaft: Authentizität versus Interpretation. Interview zum „Genesis-Projekt" mit Richard Hänssler, in: mP 2/81, S. 10ff.

Der biblische Film kann auch als visuelle Bibeltext-Lesung eingesetzt werden. Er erweist sich damit als Hilfe zur Umsetzung biblischer Prinzipien in den Alltag. Man kann ihn als einen Versuch ansehen, das von Adolf Schlatter betonte hermeneutische Prinzip des *Was steht da?* auf die Möglichkeiten des Mediums Film zu übertragen. Von daher gesehen können die Filme durchaus eine Brücke zum Glauben sein."

Zur Gestalt des Films

Die skizzierten Absichten und Ziele des Filmprojekts haben zu einem zwiespältig zu bewertenden Ergebnis geführt:

▶ Die biblischen Texte werden völlig unkritisch als historische Berichte, als Drehbuchvorlage verwendet.

▶ Der Film betont geradezu aufdringlich die Einzigartigkeit Jesu:
  - *Seine Persönlichkeit war anziehend: Menschenmengen drängten sich zusammen, um ihn sprechen zu hören und Augenzeugen seiner vielen Wunder zu sein ...*
  - *Seine Botschaft war gewaltig: Hunderte und Tausende folgten ihm nach ...*
  - *Seine Botschaft war einzigartig ...*

▶ Der Film trägt missionarische Absichten. Diese Intention wird vor allem im Nachspann des Filmes deutlich.
  - *Jesus Christus ist Gottes Weg aus der Sünde des Menschen. Allein durch ihn kann der Mensch wieder eine persönliche Beziehung zu Gott finden.*
  - *Jesus Christus im Mittelpunkt des Lebens*
  - *Sie können jetzt Ihr Leben bewusst Jesus Christus anvertrauen ...*
  - *Praktische Hinweise für ein Leben mit Christus: ... Ihre Beziehung zu Christus vertieft sich, wenn Sie ihm in den Einzelheiten Ihres Lebens immer mehr vertrauen lernen ...*[102]

Der Film wurde wiederholt z.B. in den neuen Bundesländern, in Polen u.a. zur Evangelisation eingesetzt. Auf der Expo 2000 in Hannover gab es kostenlose Videomitschnitte. Und evangelikal-charismatische Gruppen werben mit Bildmaterial und Filmausschnitten dieses Films im Internet für den Glauben an Jesus.

---

102 Zitate aus dem Film und aus dem Begleitbuch „Der Mann, der in kein Schema passt".

110

Didaktisch-methodische Hinweise

H. Hanisch gibt Hinweise für den Einsatz des Filmes in Schulklassen (Hauptschule) und präsentiert Ergebnisse einer empirischen Untersuchung von Schülerreaktionen auf den Genesis-Film[103]. Seine Anregungen lassen sich teilweise auf die Sekundarstufe II übertragen und auch die dort zu erwartenden Schülerreaktionen sind vergleichbar.

▶ Ich empfehle, gerade diesen Film nicht komplett zu zeigen, sondern sich von vornherein auf ein oder zwei Szenen zu beschränken, z.B. auf die exemplarische Behandlung der *Kreuzigungsszene*, im Genesis-Film: Lukas XIV, in der Bibel: Lk 23, 1-49. Wird diese Szene nicht im Vergleich zu anderen Filmen besprochen, sollten folgende Fragestellungen bearbeitet werden:
  – Welche *Personen* kommen in dem Film vor? Wie wichtig sind sie? Lassen sich Gruppierungen/Parteien erkennen?
  – Welche *Handlungen* (Verben suchen!) sind für die Personen und Gruppen typisch?
  – Welche Aspekte haben besonders *gut gefallen*? (Bei der angeführten Umfrage wurden gelobt: die realistische Darstellung, die filmische Gestaltung, die Erzeugung von Spannung und Mitleid, die sympathische Jesus-Figur)
  – Welche Aspekte haben *weniger gefallen*? (Bei der angeführten Umfrage wurden kritisiert: die Darstellung von Ungerechtigkeit und Brutalität.)

▶ Dem Film sollte eine *Einführung in das Lukas-Evangelium* folgen; auf folgende Gesichtspunkte muss es – im Kontrast zum Film – ankommen:
  – Lukas, ein unbekannter, gebildeter hellenistischer Heidenchrist, schreibt um 90 n. Chr. für Griechisch sprechende Heidenchristen außerhalb Palästinas.
  – Nach Lukas wird Jesus von der römischen Obrigkeit nicht aus politischen Gründen zum Tode verurteilt. Pilatus und Herodes sind von der Unschuld Jesu überzeugt. Die jüdischen Führer, die Vertreter des Synedriums, setzen Pilatus unter Druck, Jesus zum Tode zu verurteilen.
  – Lukas betont Jesu bedingungslose Zuwendung zu den Menschen: Jesus ist der Anwalt der Armen.
  – Lukas versteht Jesu Tod als Erfüllung der Schrift und als notwendigen Bestandteil des göttlichen Heilsplanes.

---

103 Vgl. H. Hanisch, Hauptschüler begegnen der Passion Jesu im Film. Eine empirische Untersuchung über Reaktionen von Hauptschülern auf den Genesis-Film „Die Kreuzigung Jesu" nach dem Lukasevangelium, Neuhausen – Stuttgart 1984.

„Soll man mehr über den Mut oder die Naivität staunen, mit dem diese Jesusgeschichte, die im Wesentlichen der Niederschrift des Evangelisten Lukas folgt, verfilmt worden ist? Zwar war man bemüht, Land und Leute, Typen und Text möglichst getreu wiederzugeben, doch das Ergebnis entspricht nur entfernt dem, was das Lukas-Evangelium überliefert hat. ... Der Eifer der Filmemacher, möglichst Vieles wortgetreu unterzubringen, auch Schwieriges in Bilder zu fassen, führt zu Oberflächlichkeit und Peinlichkeiten. Engelserscheinungen und Totenerweckungen in dieser Form abzubilden, ist völlig indiskutabel. Die Person Jesu wird liebenswürdig dargestellt, aber sie ist nirgends kraftvoll herausragend, überzeugend ... Bei Kindern besteht die Gefahr, dass sich falsche Vorstellungen einprägen."[104]

> **Jesus Christ Superstar**
> (USA 1972)
> Nach dem Musical von
> Andrew Lloyd Webber
> 107 Min.
> Ab Klasse 7

Themen

- Moderne Jesusgestalt
- Religiöser Fanatismus
- Antisemitismus: Judasgestalt
- Vermarktung des Glaubens: religiöses Musical als Geschäft
- Kitsch – Kunst
- Heuchelei und Aufrichtigkeit
- Geschichte Jesu ohne Auferstehung?

Inhalt

Eine Gruppe junger Leute spielt in der Negev-Wüste, in den Ruinen antiker Bauten, Stationen der Passion Jesu nach. Dieser nach der gleichnamigen Rock-Oper gedrehte Film entmythologisiert Jesu Passion und betont den Menschen Jesus.

104 film-dienst 24616.

Storyboard[105]

Zeit	Szene	Inhalt	Bibel
0:00:00	Ouvertüre, Vorstellung der Personen	Die Kamera schwenkt über die judäische Wüste und die Tempelkulisse. In der Ferne ist eine Staubfahne zu erkennen, die sich rasch nähert: Ankunft eines ausgedienten Autobusses in der Negev-Wüste. Eine Gruppe Hippies steigt aus, sie schlüpfen in ihre Rollen und bauen eine Tempelkulisse auf.	
0:05:10	*Teil 1* Heaven On Their Minds	Das Spiel beginnt. Judas sitzt auf einem Berg. Ihm ist unwohl. Als einziger im Jüngerkreis behält er einen kühlen Kopf und erkennt, dass sie alle ins Verderben rennen. Er schreit ungehört seine Warnung hinaus: Jesus, du beginnst nun selbst daran zu glauben, was die andern von dir sagen und verrätst so unsere Sache. *My mind is clearer now – at last all too well* *I can see where we all soon will be ...* *Listen Jesus do you care for your race?* *Don't you see we must keep in our place?* *We are occupied – have you forgotten* *how put down we are?* *I am frightened by the crowd* *For we are getting much too loud* *And they'll crush us if we go too far –* *if we go too far.*	
0:09:40	What's The Buzz:	Apostles: *Was soll der Lärm? Was ist los?* Es ist Abend. Die Jesusschar hat sich in eine Höhle zurückgezogen. Es herrscht eine aufgeregte Stimmung. Die Jünger wollen wissen, wo's lang geht, wann sie endlich nach Jerusalem aufbrechen. Jesus wirkt unsicher, er fühlt sich unverstanden und ihm scheint die ganze Sache über den Kopf zu wachsen. Maria Magdalena erkennt, wie Jesus zumute ist. Sie tröstet ihn, streichelt und kühlt sein Gesicht...	
0:12:30	Strange Thing Mystifying:	Judas schaut von ferne zu und macht Jesus Vorwürfe. Energisch fährt ihn Jesus an: *Ausgerechnet du willst sie kritisieren. Wenn du ohne Sünde bist, dann wirf den ersten Stein (Joh 8,7). Lass sie! Sie hält wenigstens zu mir! Keiner von Euch kümmert sich darum, wie's mir zumute ist.*	Joh 8, 7
0:14:20	Then We Are Decided:	Nächtliche Beratung der beiden obersten Priester Hannas und Kaiphas. Für Kaiphas wird Jesus langsam gefährlich. Er ruft zur Tat, während der Hohe Rat nur palavert. Hannas widerspricht: *Das ist doch nur einer von diesen religiösen Spinnern aus Galiäa.*	

105 Die Dialogtexte sind vom Film abgehört.

Zeit	Szene	Inhalt	Bibel
		Kaiphas: *Aber sie nennen ihn König!* Damit wird die Sache politisch und gefährlich wegen der römischen Besatzungsmacht. Sie beschließen, die Sache Jesu vor den Hohen Rat zu bringen.	
0:17:15	Everything's allright:	Maria Magdalena (beruhigt Jesus, salbt sein Haupt, seine Füße): *Sleep and I shall soothe you, calm you and anoint you. Myrrh for your hot forehead oh then you'll feel Everything's alright yes everything's fine And it's cool and the ointment's sweet For the fire in your head and feet Close your eyes your eyes And relax think of nothing tonight.*	
0:20.55	*Teil 2* Einzug in Jerusalem This Jesus Must	Die Versammlung des Hohen Rates. Pharisäer und Priester (beraten über Jesus; von ganz unten kommt er auf sie zu als „Jesus Christ, Superstar"): *Verwirrende Umsturzideen, die wir nicht aufkommen lassen dürfen. Er ist gefährlich. Um unsrer und um des Volkes willen: Dieser Jesus muss sterben!*	
0:24:45	Hosanna	Palmwedel schwingend zieht die Jesusschar in Jerusalem ein. Der Hohe Rat kann die Jesusbewegung nicht mehr zum Schweigen bringen. Selbst Felsen und Steine würden jetzt singen: Das Lied vom Anbruch des Königreiches Gottes. *Singt es für euch alle!*	Joh 12, 12-19; Mk 11,1-11; Mt 21, 1-10; Lk 19, 28-38
0:27:32	Simon Zelotas	Die Begeisterung schwappt über. Jesus wird für die Menge zum Idol. Simon, der Eiferer, der Einpeitscher, glaubt seine Stunde gekommen, Jesus zum politischen Führer gegen die Römer auszurufen. Simon: *Das müssen über Fünfzigtausend sein! Und jeder würde alles für dich tun! Wir werden unser Land zurückgewinnen und Ruhm und Ehre für immer und ewig! Amen!*	
0:32:10	Poor Jerusalem	Jesus weist das Ansinnen zurück. Keiner hat verstanden, worum es ihm geht. Keiner weiß, was wirklich Macht ist. Jesus: *Meine Kraft ist in den Schwachen mächtig.* Die Messiasfrage und das Zurückweisen des politischen Messiasanspruchs klingen an.	Mk 8, 27-33; Mt 23, 37
0:33:50	Pilate's Dream	Pilatus, der römische Statthalter, erzählt von seinem Traum: Ein gejagter Galiläer wird verurteilt, später jubeln Tausende diesem Mann zu und geben Pilatus die Schuld an seinem Tod. Pilatus: *Ich träumte, einem Galiläer zu begegnen.*	

Zeit	Szene	Inhalt	Bibel
0:35:30	The Temple	Jesus befindet sich allein in der Wüste. Er ist am Ende. Die letzten drei Jahre lasten auf ihm wie dreißig. Er ist dem Elend und der Not nicht mehr gewachsen. Aus allen Ritzen und Spalten quellen die Krüppel, Lahmen und Leprakranke hervor und erdrücken ihn fast. Jesus (schreit sie an): *Lasst mich allein!*	
0:41:02	Maria Magdalena	*I don't know how to love him* *What to do how to move him* *I've been changed yes really changed*	
0:45:50	*Teil 3* Der Verrat des Judas Dammed For All Time	Verdammt für alle Zeit, gejagt, gehetzt und innerlich zerrissen, – symbolisiert durch die Panzer, die ihn verfolgen –, landet Judas bei den Priestern. Unter vielen Entschuldigungen und mit schlechtem Gewissen, aber in der Überzeugung, dass dies der letzte Ausweg ist, Jesus zu retten, bekundet er Kaiphas und Hannas gegenüber seine Bereitschaft, Jesus zu verraten.	
0:50:15	Blood Money	Das Blutgeld will Judas zunächst nicht annehmen. Aber der Hinweis, dass er es den Armen geben könne, ändert seine Meinung. Judas: *Am Donnerstag Abend könnt ihr ihn finden, wo ihr ihn haben wollt: weit weg von der Menge – im Garten Gethsemane.*	Lk 22, 3-6; Mt 26, 14-16; Mk 14, 10-11
0:51:06	The Last Supper (im Garten Gethsemane)	Im Garten Gethsemane, nicht im Saal, sind die Jünger und Jesus zur Feier des Passahmahls zusammengekommen. Alle Schwierigkeiten der letzten Zeit versinken in einer weinseligen Stimmung. Das Leben ist schön. Die Jünger träumen davon, wie sie später als Apostel die Evangelien schreiben und dadurch berühmt und unsterblich werden. Beim Brechen des Brotes stört Jesus ihre Stimmung. Er fühlt das Ende nahe: Jesus: *Der Wein könnte mein Blut sein, das Brot mein Körper. Ihr werdet mich alle verlassen, keiner sich an mich erinnern, schon zehn Minuten nach meinem Tod. Einer wird mich verleugnen, ein anderer mich verraten!* Jesus gerät mit Judas in einen heftigen Streit. Judas versucht seine Tat zu rechtfertigen, aber Jesus schickt ihn weg. Judas: *Unsere Idole sind gestorben!*	Lk 22, 7-22; Mt 26, 17-35; Mk 14, 12-31
0:57:30	I Only Want To Say	Die Jünger verstehen nicht, was geschehen ist. Sie schlafen ein. Jesus: *Will niemand mit mir wachen?* In seinem Gebet bekennt Jesus, wie ausgebrannt er nach drei Jahren ist. Er möchte von Gott wissen, warum er sterben soll. Sein Aufbegehren endet in Zustimmung: *Wenn es noch einen Ausweg gibt ...*	Mt 26, 36-46; Mk 14, 32-42; Lk 22, 39-45

Zeit	Szene	Inhalt	Bibel
		Doch verlass mich nicht! Nimm mich, jetzt, bevor ich mit es anders überlege!	
1:03:30	The Arrest	Die Häscher sind da. Von Judas durch einen Kuss verraten, wird Jesus von den Soldaten gefangen genommen. Die Jünger wachen langsam auf, wollen mit dem Schwert dreinschlagen und werden von Jesus zurechtgewiesen. Auf dem Weg zum Hohen Rat wird Jesus von Passanten verspottet.	
1:08:15	Peters Denial	Petrus und Maria Magdalena waren Jesus gefolgt. Bei einem Brunnen wird Petrus erkannt und verleugnet Jesus dreimal, wie Jesus es vorausgesagt hatte.	Mt 26, 47-75; Mk 14, 43-72; Lk 22, 47-71
1:09:50	*Teil 4* Verhöre und Kreuz Pilat	Jesus wird zu Pilatus gebracht, der sich sehr erstaunt zeigt. Pilatus: *Dieser soll also der König der Juden sein, so klein, so unbedeutend? Nicht mein Fall! Bringt ihn zu Herodes!*	Lk 23, 1-5; Mt 27, 11-14; Mk 15, 1-5; Joh 18, 28-38
1:12:50	King Herod's Song	Herodes, König von Galiläa und Playboy, umgeben von schönen Frauen, verspottet Jesus. Herodes: *Beweis doch, dass du göttlich bist! Mach mein Wasser zu Wein! Oder besser: Geh' hier über meinen Swimmingpool. Du Wunderchrist bist doch nur eine Witzfigur. Verschwind' aus meinem Leben!*	Lk 23, 6-12
1:16:15	Could We Start Again, Please	Die Jünger sind allein. Sie wurden von den Ereignissen überrollt. Petrus: *Mach einen Punkt jetzt, Jesus. Glaubst du nicht, dass das etwas zu weit geht! Lass uns doch nochmals von vorn beginnen.*	
1:19:00	Judas' Death	Judas hat Jesus gesehen. Voller Gewissensbisse geht er zu den Priestern. Sie wollen ihn nicht verstehen: *Du hast dich doch rechtzeitig abgesetzt und einen guten Lohn bekommen! Was willst du mehr?* Voller Verzweiflung wendet sich Judas an Jesus: *Ich weiß, du kannst mich hören, Jesus. Ich tat doch nur, was du selber wolltest. Und jetzt hab ich mich mit unschuldigem Blut befleckt.* Das Motiv der Maria Magdalena klingt an: *Ich weiß nicht mehr, wie ich ihn lieben soll? Liebt er mich noch? Liegt ihm noch was an mir?* In geistiger Umnachtung rennt Judas hinaus in die Wüste. Judas: *Mein Gott, warum hast du gerade mich für dieses Verbrechen ausgesucht?* Mit den Worten: *Du hast mich ermordet* erhängt sich Judas an einem Baum.	Mt 27, 3-5; Apg 1, 16-20
1:24:15	Trial Before Pilate	Das Tribunal gegen Jesus beginnt. Pilatus muss handeln. Er fühlt sich von dem „Kreuzige ihn!" der Menge in die Ecke getrieben.	Joh 19, 17-37; Mt 27, 31-56; Mk 15, 20-41; Lk 23, 33-49

Zeit	Szene	Inhalt	Bibel
		Pilatus: *Ich finde keine Schuld an ihm, doch um euch Blutsauger glücklich zu machen, will ich ihn auspeitschen lassen!* Jesus bricht nach den 39 Peitschenhieben zusammen. Pilatus hilft ihm auf, will ihn retten. Jesus: *Alles ist festgelegt, du hast keine Macht, etwas daran zu ändern!* Pilatus (wütend): *Stirb, wenn du willst, du unschuldige Marionette, ich wasche meine Hände in Unschuld!*	
1:30:54	Superstar	Jesus wird „verklärt", vom Himmel gleitet Judas herab: *Everytime I look at you I don't understand* *Why you let the things you did get so out of hand* *You'd have managed better if you'd had it planned...*	
1:34:40	The Cruzifixion	Jesus wird zur Schädelstätte Golgatha gebracht und ans Kreuz genagelt	Joh 19, 17-37; Mt 27, 31-56; Mk 15, 20-41 Lk 23, 33-49
1:37:40	John Nineteen Forty One	Eine Musikmeditation zu Joh 19, 41. Die Schauspieler verlassen den Spielort und besteigen ihren Bus. Das Kreuz bleibt als Silhouette vor der untergehenden Sonne zurück.	Joh 19, 41.

Zur Intention und Wirkung des Musicals/Films

In dem Musical – beeinflusst durch die „Jesus-People-Bewegung" – weicht der historische Jesus dem Jesus des Glaubens. Die tiefen Sehnsüchte der damaligen (und teilweise heutigen) jüngeren Generation nach verbindlichen Antworten auf die Frage nach dem Sinn des Lebens, nach Freiheit und Glück werden in diesem Film aufgegriffen.

Weder dem Musical noch dem Film geht es um ein Nachspielen der Evangelienberichte im modernen Gewand, vielmehr soll die Botschaft Jesu in die heutige Zeit transponiert werden. Dabei ist Jesus ausschließlich als Mensch gesehen. Der Regisseur Norman Jewison sagt über seinen Film: „Es ist kein religiöses Dokument."

Im Gegensatz hierzu sieht Radio Vaticano in dem Film „den schreibenden Gott" am Werke und wertet den Film „als eines der respektabelsten und ernsthaftesten Produkte der Jesus-Revolution ..., reich an geistigen Werten", und als Möglichkeit, zu einer „persönlicheren Begegnung mit Jesus" anzuregen.

Die Rockoper und der Film erregten Kritik, in katholischen und vor allem in evangelikalen Kreisen; man spricht von „Gotteslästerung" und „Teufelswerk". Der Streit um Aufführung des Rock-Oratoriums in der evangelischen Neuhauser Christuskirche war beispielsweise so heftig, dass der Dekan den verantwortlichen Kantor bat, das Konzert für Sonntag, den 17. März 1974, abzusetzen. Der Kirchenvorstand der Gemeinde hielt dagegen an der bereits erteilten Genehmigung fest.

Didaktisch-methodische Anregungen[106]

▶ Interessant und aufschlussreich ist eine gemeinsam zu erarbeitende Interpretation, die vom Wortlaut der Texte (Englisch und Deutsch) ausgeht: dabei können sich die Schüler*innen*
  – inhaltlich Überblick über das Werk verschaffen
  – den Zusammenhang von Text, Musik (Beat) und Inszenierung (Effekte, Tricks, Kameraführung) erfassen und kritisch beurteilen
  – überlegen, was Bibel und Beat sich zu sagen haben.
Bei der Besprechung kann u.a. kritisch erarbeitet werden:
  – Die Rock-Oper stellt die biblische Botschaft, bewusst, verzerrt dar – wodurch und warum?
  – Jesus wird zwar als Superstar gefeiert, doch er stirbt als verzweifelter Mensch in Einsamkeit – was wird damit ausgesagt?
  – Warum fehlt ausgerechnet die Auferstehung?
  – Der Judas wird zum Gegenhelden stilisiert. Ein nicht unwichtiger Nebenaspekt: Judas wird in der Verfilmung von einem Farbigen (Carl Anderson) gespielt. Welche Konsequenzen kann das haben?
  – Maria Magdalena (die erst zwanzigjährige Hawaiianerin Yvonne Elliman) salbt Jesus nicht, sondern kühlt sein Gesicht. Sie ist um sein leibliches und seelisches Wohl besorgt – eine angemessene Übertragung?
  – Herodes wird als Playboy karikiert – was ist daran richtig/bedenklich?
  – Wie überzeugend sind die Gegenwartsbezüge, z.B. die Übertragung der Händlerszene im Tempel auf einen modernen orientalischen Bazar oder die Ausstattung der Wachen des Pilatus mit Militärhosen, Fallschirmjägerhelmen und Maschinenpistolen?

▶ Für die Diskussion bieten sich außerdem die kontroversen Kritiken an. Eine Leitfrage sollte sein, ob es dem Musical/Film überhaupt darum geht, eine biblisch-theologische Aussage zu machen, oder ob hier lediglich die „Jesus-Mode" der Sechzigerjahre in den USA Gewinn bringend vermarktet werden soll. Bedenklich scheint in diesem Zusammenhang die Aussage des Texters von „Superstar" Jesus, er selbst könne sich nicht als gläubigen Christen bezeichnen.

---

106 Vgl. auch H. Stober, Mitteilungen Nr. 3/1972, S. 29f, Informationen der evangel. Landeskirche in Baden, Karlsruhe.

▶ Es bietet sich auch ein Vergleich der älteren Filmfassung mit der aktuellen Bühnenfassung an „Jesus Christ Superstar" (England 2000, R: Gale Edwards, Nick More; B: Andrew Lloyd Webber, 107 Min.).

Die Regisseurin Gale Edwards: „Das Stück war vor 30 Jahren modern und soll auch heute wieder modern sein. Es ist kein Museumsstück … Die Idee war, es so zeitgemäß wie möglich zu machen."

Edwards entstaubt die Vorlage aus der Flower-Power-Hippie-Zeit und setzt sie in eine zeitgemäße Bildsprache um. Keine Blumenkinder treten auf, sondern die Jünger Jesu werden als Punks, Outlaws, Soldaten, Rocker oder Techno-Jünger dargestellt. Der Tempel wird nicht mehr nur von Geldwechslern heimgesucht, sondern er ist Spielhölle und Go-Go-Bar. Die Kreuzigung wird im Stil einer Reality-TV-Show inszeniert.

Kritikerstimmen (zur ersten Version)

▫ „Auch massivster Profitgeist, der dem geschäftsfördernden Spektakel ungebührlichen Raum gewährt, kann jedoch nicht verhindern, dass auf diesen Wegen, wenn auch ungewollt, religiöse und ethische Werte mittransportiert werden – und ‚Jesus Christ Superstar' bildet dabei keine Ausnahme… Hart neben überzeugenden Szenen blüht dann auch der Kitsch, wie er aus Hollywoodrevuen bekannt ist. Schlimmer als diese sind ein paar geschmackliche Ausrutscher – etwa die gequälte Erotik in den Szenen mit Maria Magdalena oder die gewagte, aber nicht genügend integrierte Parodie auf König Herodes."[107]

▫ „Technisch und fotografisch brillante, aber geschmackunsichere Verfilmung der Rock-Oper von Webber und Rice. Eine Gruppe junger Leute spielt in Ruinen antiker Bauten in der Wüste Negev das Leben und Leiden Jesu. Nicht auf Bibeltreue bedachte Version eines Passionsspiels, das allerdings die Gottheit Christi leugnet und dementsprechend die Auferstehung unbeachtet lässt. Nicht als katechetischer Lehrfilm zu verstehen. Für Beat-Freunde. – Ab 16." (Gutachten der Kommission)

▫ „Besonders wertvoll" (Filmbewertungsstelle Wiesbaden)

▫ „… In der Oper ‚Jesus Christus Superstar' wird – nach Aussagen des Verfassers – Jesus dargestellt, gesehen mit den Augen eines Judas. Nach der Heiligen Schrift aber waren die Augen eines Judas die eines Verräters, der ein Teufel war …

107 Wilhelm Mogge, Pressereferent des kath. Erzbistums Köln, in: epd-Dokumentation 45/74 vom 7.10.1974: Hollywoods Geschäft mit Jesus und dem Teufel, S. 36ff.

Unser Herr Jesus, der Sohn Gottes, der gekommen war, den Willen Seines Vaters zu erfüllen im Gehorsam gegen Seine Gebote, wird gezeigt als einer, der ein Trinkgelage duldet – und diese Deutung wagt man dem heiligen Abendmahl zu geben. Jesus, in der Oper uns mit den Augen eines Judas vorgeführt, konnte hier nicht anders als blasphemisch gezeigt werden, auch darin, dass nach dem Abendmahl, als Jesus in Wirklichkeit sagt: ‚Solches tut zu Meinem Gedächtnis‘, Ihm Äußerungen unterlegt werden wie: ‚Ich muss wohl verrückt sein, dass ich daran denke, dass man sich an mich erinnert ... Zehn Minuten nach meinem Tod wird mein Name nichts mehr bedeuten!‘ ... Wer kann solch satanischen Angriff auf unseren Herrn und Erlöser und Sein Werk ertragen? Keiner, der Jesus liebt. ... Ihm verdanken wir, dass wir Erlöste sind von Satan und Sünde. Wie können wir darum eine solche Oper überhaupt ansehen und sogar bejahen, ja unseren Beifall geben? Wem applaudiert man dann in Wahrheit? Einem Judas, einem Verräter und Teufel... Jesus lebt heute!“[108]

Internet

Details, „live performance“ und Video von *Jesus Christ Superstar: A Resurrection:* http://www.daemonrecords.com/beta/jcs/jcs.html

Jesus von Montreal
(Kanada 1989)
119 Min.
Ab 12 J., ab Klasse 6

Themen

- Moderne Jesusgestalt
- Apokryphen
- Passionsspiele
- Pfarrer/Priester
- Religionskritik
- Kirchenkritik
- Sakramente

---

108 Jesus – Heute gelästert. Auszug aus einem Flugblatt. Verlag Ev. Marien-schwesternschaft, Darmstadt- Eberstadt, in: epd-Dokumenation 45/74 vom 7. Okt. 1974, S. 56f.

Inhalt

Autor und Regisseur Arcand (geb. 1941) versucht, die Leidensgeschichte Jesu in die heutige Zeit des Schauspiels, der Werbung und der Medien zu übertragen.

„Daniel Coulombe, ein junger, talentierter Schauspieler, erhält von einem katholischen Priester in Montreal die Chance, das jährlich in dessen Pfarrei stattfindende Passionsspiel zu modernisieren. Gemeinsam mit vier beruflich frustrierten Schauspielern stürzt sich Daniel voller Enthusiasmus in das schwierige Unternehmen. Auf der Basis aktueller geschichtlicher, archäologischer und kunstgeschichtlicher Forschungen entwickelt er eine völlig neue, ‚andere‘ Inszenierung, nach deren Premiere er schlagartig zum neuen Theaterhelden des breiten Publikums wie auch der kulturellen Schickeria avanciert. Sein Auftraggeber allerdings teilt diese Begeisterung ganz und gar nicht. Er untersagt im Namen der Kirchenoberen weitere Aufführungen und setzt diese Entscheidung sogar mit Polizeigewalt durch. Im Verlauf eines durch den Polizeieinsatz provozierten Handgemenges während der Kreuzigungsszene wird Daniel schwer verletzt. Obwohl er sich im Krankenhaus scheinbar erholt, bricht er kurz darauf zusammen und stirbt. Sein Körper wird zur Organspende freigegeben.“[109]

Storyboard[110]

Zeit	Szene/Inhalt	Bibel
0:01	Prolog: Die Frage nach der Auferstehung In einer Theaterinszenierung von Dostojewskis „Die Brüder Karamasoff" wird in der Schlussszene die Frage nach dem Sinn eines Lebens ohne Gott aufgeworfen: *Man muss die Idee Gottes im menschlichen Geist zerstören! – Soll nur ein jeder wissen, dass er sterblich ist, ohne die Hoffnung einer Auferstehung! Sich in den Tod schicken mit stolzer Furchtlosigkeit ... Der Mensch wird dann aufhören zu murren gegen dieses kurze Leben, ja, und er wird seine Brüder lieben mit interesseloser Zuneigung.* (Der Verzweifelte erhängt sich.)	
0:06	Szene: Die Berufung Während der Probe zu einem Kirchenkonzert (Pergolesis „Stabat Mater") trifft der Schauspieler Daniel Coulombe in der Kirche Pater Leclerc, der ihn beauftragt, das von ihm verfasste, jetzt etwas „angestaubte" Passionsspiel zu modernisieren.	
0:07	Daniel sieht sich die alte, pathetische Aufführung des Spiels in einer Video-Aufzeichnung an, bevor er geeignete Schauspielerinnen und Schauspieler für die Neubearbeitung sucht. Auf der Videoaufzeichnung erkennt Daniel eine ehemalige Mitstudentin.	

109 ZDF, 7. Jahrg., Nov. 1991, S. 51.
110 Die Dialogtexte sind vom Film abgehört.

Zeit	Szene/Inhalt	Bibel
0:08	Szene „Berufungen" Daniel gewinnt die Schauspielerin *Constance*, die in einer Armen- küche der Kirche arbeitet, für seine Inszenierung. Daniel: *Ich* *komme, dich zu holen.* Daniel kann bei ihr wohnen.	
0:09	Szene: Pornostudio Daniel geht in ein Filmstudio, wo arbeitslose Schauspielerinnen und Schauspieler sich ihr Geld durch Synchronisieren von Porno- filmen verdienen müssen. Er holt Martin aus diesem Milieu heraus und bietet ihm eine Rolle in seinem Jesusstück an.	vgl. Mt 9, 9-13
0:11	Szene: Gespräch mit einem Mitglied der theologischen Fakultät, die vom Erzbistum finanziert wird. Daniel lässt sich von einem Bibelwissenschaftler über die neuesten Erkenntnisse der histo- risch-kritischen Jesusforschung informieren. Der Theologe: *Wir sind hier nicht in Deutschland oder Holland. Wir* *haben nicht die Freiheit, zu sagen, was wir wollen...* (Zu Daniel): *Sie sind Schauspieler. Sie können sagen, was Sie* *wollen ...* Während er die historischen Fakten in der Uni-Bibliothek studiert, bekennt sich eine Bibliotheksangestellte ihm gegenüber zu Jesus: *Er ist es, der Sie finden wird!*	
0:14	Szene: In der Wohnung von Constance Daniel trifft Pater Leclerc in der Wohnung von Constance in einer peinlichen Situation: Der Geistliche hat ein Verhältnis mit Con- stance. Leclerc: *Ich bin wohl kein guter Priester.*	
0:18	Szene: Tonstudio Daniel, Martin und Constance besuchen ein Tonstudio, wo der arbeitslose René einen Film über Beginn und Zukunft des Univer- sums synchronisiert. René: *Unsere Erde hat ohne die Menschheit* *begonnen und wird ohne sie enden.* Daniel will René für das Passionsspiel gewinnen. René reagiert abwartend.	
0:22	Szene: Werbeaufnahmen Die Schauspielerin Mireille hält sich mit Werbeaufnahmen über Wasser. Sie nimmt gerade einen Werbespot »Die unerträgliche Leichtigkeit des Seins – Esprit No. 6« auf. Der Produzent Jerge: *Dein größtes Talent, mein Liebling, ist dein Hintern. ... Willst du* *tatsächlich die Heilige Jungfrau spielen?* Mireille kündigt und nimmt Daniels Angebot an.	
0:25	Szene: Abendessen Daniel erzählt beim Abendessen von seinen Jesus-Studien, als René kommt und seine Mitarbeit unter der Bedingung anbietet, dass der Monolog Hamlets in das Passionsspiel eingearbeitet wird. Mireille kommt zur Gruppe dazu. In den Worten von René findet der Zuschauer eine wichtige Vor- ausdeutung auf den Schluss des Films: *Wenn man eine Tragödie* *spielt, passiert oft ein Unglück!*	Mt 11,19; 21,31

Zeit	Szene/Inhalt	Bibel
0:28	Szene: Beginn der Proben Die Schauspielerinnen und Schauspieler haben Schwierigkeiten, sich in ihre Rolle hineinzufinden. *Wir wollen euch eine Geschichte erzählen. Die größte Geschichte der Welt.* Daniel gelingt es, ihnen Selbstvertrauen zu vermitteln. Alle spielen mehrere Rollen. *Das Wenige, das wir von Jesus wissen, überlieferten seine Jünger. Ihre Aussagen wurden gesammelt, hundert Jahre nach seinem Tod. Es ist bekannt, dass Bewunderer lügen, sie beschönigen ...*	
0:30	Szene: Premiere des neuen Passionsspiels Das neue Passionsspiel hat Premiere auf dem »Mont Royal« über der nächtlich erleuchteten Skyline von Montreal. *1. Station: Verhör vor Pilatus* Pilatus: *Dieser Mann ist unschuldig. ... Ich kann nicht sämtliche Schwärmer des Mittleren Ostens hinrichten lassen. Da würde die Hälfte der Bevölkerung draufgehen.* Jüdischer Priester: *Dieser Mann gefährdet die öffentliche Ordnung.*	Mt 27
0:35	*2. Station: Verkündigung und Taten Jesu* Ein Polizist leuchtet mit einer Stablampe dem Publikum den Weg zu nächsten Station. Mireille und Constance sprechen einen historischen Kommentar über die jüdische Herkunft Jesu: Jesus ist einer unter anderen „Magiern" („Seewandel"; Heilungen und Totenerweckung). *Der Orient war voll von Propheten, Scharlatanen und Magiern ... – Seine Wunder waren wahrscheinlich populärer als seine Botschaft.*	Mt 5-7; 16 Mt 14
0:40	Szene: Reaktionen der Zuschauer Eine von der Szene ergriffene schwarze Zuschauerin: Jesus, mein schöner Jesus, ich gehöre dir. Ich bin dein. Der Polizist: *Stören Sie die Vorstellung nicht!* Worte der Bergpredigt lösen während der Austeilung des Abendmahlbrotes bei den Zuschauern tiefe Betroffenheit aus: *Da, wo euer Schatz ist, ist auch euer Herz ... Wenn ihr die liebt, die euch lieben, welches Verdienst habt ihr ...?* *3. Station: Geißelung und Kreuzigung* – Maria Magdalena (Mireille): *Ich hab' ihn gesehen, ich schwöre es, glaubt mir ...* – Begegnung mit dem auferstandenen Jesus (Emmaus-Motiv). – Kommentar über die Kraft der Hoffnung der ersten Christen: *Wenn man aufhört, nur an sich selbst zu denken, und sich fragt, wie man anderen Menschen helfen kann, wird das Leben vollkommen einfach.* – Bekenntnis: *Jesus lebt, wir sind ihm begegnet.* – „Fazit": Ihr sollt einander lieben! Sucht das Heil nur in euch selbst. Mireille, Constance, Martin und René segnen das Publikum.	Mt 16 Mt 27 Lk 24,13ff

Zeit	Szene/Inhalt	Bibel
0:54	Szene: Applaus des Publikums Begeisterte Aufnahme des Passionsspiels durch Publikum und die Kultur-Schickeria Montreals. Die Schauspielerinnen und Schauspieler werden zu Fernsehinterviews eingeladen.	
0:56	Szene: Protest von Pater Leclerc Pater Leclerc protestiert gegen die historisch-kritische Ausrichtung des Stücks und die These, Jesus sei ein unehelicher Sohn. „Aus den Evangelien kann man alles herauslesen!" Er wird den Kirchenvorstand unterrichten, man solle das Stück absetzen.	
0:58	Die fünf Schauspieler feiern ihren Erfolg und genießen ihn über der Skyline von Montreal.	
1:01	Die Kulturredaktion des Fernsehens feiert Daniel und sein Stück: *Die Aufführung ist ein absolutes Muss, ein Ereignis!*	
1:02	Szene: Werbestudio Daniel begleitet Mireille zu Probeaufnahmen für einen Bierwerbespot. Jerge behandelt die Fotomodelle sexistisch. Daniel stellt sich vor Mireille: *Du bist zu schade! –* wirft protestierend Tische, Scheinwerfer und Fernsehkameras um; er schlägt die Produzentin (Motiv: Tempelaustreibung).	Mt 21,12ff
1:11	Szene: Erneute Aufführung des Passionsspiels Nach der Kreuzabnahme während der zweiten Aufführung wird Daniel wegen *Beleidigung, tätlichen Angriff, Körperverletzung und Sachbeschädigung* festgenommen und abgeführt. Das Publikum: *Das sind Sachen, die einen nachdenklich machen. – Ich hätte gerne noch das Ende gesehen.* Daniel wird vor Gericht gestellt; verzichtet auf einen Rechtsanwalt und will sich schuldig bekennen.	
1:15	Szene: Gespräch mit der Gerichtspsychologin Daniel: *Mich hat wütend gemacht, wie die Schauspieler dort behandelt werden, vor allem die weiblichen.* Die Psychologin bescheinigt dem Gericht Daniels „geistige Gesundheit". Daniel wird bis zur Verhandlung auf freien Fuß gesetzt.	
1:17	Szene: Im Nobelrestaurant in einem Hochhaus Der ehemalige Anwalt Cardinal zu Daniel: *Ist es Ihnen unangenehm, hier zu sein?* Daniel: *Warum?* Cardinal: *Ich meine nur, wir essen Hummer, während andere da unten Hot Dogs essen oder sogar hungern.* Daniel: *Vielleicht, wenn ich jeden Tag hier essen würde.* Cardinal: *Es ist nicht besonders schwer* (scl. berühmt zu werden). *In den Medien gibt es mehr Sendezeit als Leute, die was zu sagen haben... Jesus Christus ist absolut Mode ... Ich versuche Ihnen nur klar zu machen, dass Ihnen mit Ihrem Talent die Stadt gehören könnte ... Wenn Sie nur wollen.* (Motiv: Versuchung Jesu)	Mt 11, 19 Lk 4

Zeit	Szene/Inhalt	Bibel
1:20	**Szene: Pater Leclerc mit Schauspielern** In Abwesenheit von Daniel überredet Pater Leclerc die Übrigen, das alte Stück wieder aufzuführen. Als Daniel heimlich erscheint, karikieren die Vier das alte Passionsspiel zum Ärger Leclercs.	
1:25	**Szene: In der Kirche** Streitgespräch Daniels mit Pater Leclerc in der Kirche über die Konzeption des neuen Passionsspiels. Leclerc: *Das Elend der gesamten Welt findet sich in dieser Kirche ein. Diese armen Kreaturen, sie wollen nicht informiert werden über die Entdeckungen der Archäologie im Nahen Osten. Die wollen hören, dass der Sohn Gottes sie liebt. Das ist alles. ... Hören Sie, es gibt Leute, die haben für eine kostspielige Analyse kein Geld. Die sitzen sonntags hier, um zu hören, gehet hin in Frieden, eure Sünden sind euch vergeben. Das hilft ihnen. Ein wenig nur, aber es hilft ...* Constance: *Lass uns noch einen Abend spielen!* Leclerc lehnt ab, gibt ein erschütterndes Zeugnis seines Priesterverständnisses und seiner Existenzkrise. Darauf Constance: *Du warst nicht zu alt, um mit mir zu schlafen!*	
1:30	**Szene: Abendessen** Die Schauspielertruppe erzwingt eine weitere Aufführung.	
1:33	**Szene: Kreuzigungsszene** Während der Kreuzigungsszene wird das Spiel von einem Ordnungshüter und von Polizisten „aus Sicherheitsgründen" unter dem Protest der Zuschauer unterbrochen. (*Jeder kennt ja das Ende: Er stirbt am Kreuz, dann kommt die Auferstehung, sehen Sie, es ist nichts Geheimnisvolles daran, ich find das Stück sowieso nicht gut ...*) Es kommt zu einem Tumult, in dessen Verlauf das Kreuz mit Daniel umgeworfen und Daniel am Kopf schwer verletzt wird. *Das Leben ist schwer zu ertragen ... Es fehlt uns an Glück, weshalb? Die großen Ereignisse, selbst das Theater, alles geschieht nur aus Mangel an Glück. Die Quellen des Lebens sind verschüttet ...* *Mein ... Vater hat uns verlassen ...* Mireille: *Wir sind bei dir ... Du bist nicht allein.*	Vgl. Mt 27,46
1:35	**Szene: Einweisung ins Krankenhaus** Daniel wird mit dem Notarztwagen ins St. Markus-Krankenhaus gebracht, wo er wegen Formalitäten (Versicherung) und Überlastung nicht ärztlich versorgt wird. Da es ihm scheinbar besser geht, möchte er nach Hause gebracht werden.	
1:40	**Szene: In der U-Bahn** Auf dem U-Bahnhof verkündet er Passanten im Delirium Worte aus der Markus-Apokalypse – *Das göttliche Gericht wird kommen* –, bis er qualvoll zusammenbricht.	Mk 13
1:43	**Szene: Notaufnahme des jüdischen Krankenhauses** Daniel erhält sofort engagierte Intensivbehandlung. Der Arzt kann Constance und Mireille jedoch nur noch den Tod Daniels mitteilen; er war eine halbe Stunde zu spät eingeliefert worden.	

Zeit	Szene/Inhalt	Bibel
1:45	Constance gibt ihr Einverständnis zur Organentnahme. Arzt: *Blutgruppe 0, das ist ein Gottesgeschenk.*	
1:46	Es bricht ein Gewitter auf dem Berg über Montreal auf.	Mt 27,45ff
1:47	Szene: Im Krankenhaus Daniel liegt in der Haltung des Gekreuzigten, als ihm die Organe entnommen werden. Die Organe werden per Flugzeug zu den Empfängern gebracht.	
1:48	Szene: In der jüdischen Krankenhauskapelle Mireille und Constance nehmen am schlichten Holzsarg Abschied von Daniel.	
1:50	Die Dankbarkeit der Organempfänger Der Karrieremanager Cardinal will eine kommerzielle Daniel-Coulombe-Theatergruppe gründen: *Es geht hier darum, für ihn ein Zeichen zu setzen, in Form einer Theatergruppe.* Martin soll das Amt des Präsidenten übernehmen.	Vgl Mt 16,18
1:51	Zwei Frauen singen im U-Bahnhof in der letzten Metro-Station Daniels zu seinem Gedächtnis Pergolesis »Stabat Mater«.	

Zur Intention des Regisseurs/Films

Autor und Regisseur Denys Arcand versucht eine Synthese zwischen dem traditionellen historisierenden Passionsspiel und dem modernen realistischen Spiel im Geist des „Evangeliums von unten". Er stellt die Jesus-Geschichte auf zwei deutlich voneinander getrennten, parallel laufenden Ebenen dar:
– als Inszenierung der Markuspassion
– und als individuelle Geschichte des Jesus-Darstellers Daniel.
Über das Anliegen seines Films sagt er: „Ich wollte einen Film machen, der die verschiedenen Stilelemente nebeneinander stellt, einen Film, in dem alles enthalten ist, von der schrillsten Komödie bis hin zur absurdesten Tragödie, mit Dingen aus dem täglichen Leben um uns herum – explosiv, banal und widersprüchlich."[111]

Zum Jesus-Bild des Regisseurs/des Films

In einem Fernsehinterview sagt Arcand zum Film[112]: „Wenn man sich dem Neuen Testament zuwendet, es genau studiert, der Darstellung des Lebens Jesu auf der Spur ist, so wird man Folgendes herausfinden: Das ist doch der

111 ZDF, a.a.O., S. 52.
112 Hans-Joachim Schilde sprach mit Arcand, in: Sie spielten Jesus. Eine Rolle hinterläßt Spuren. WDR vom 26.12.1991.

genaue Gegensatz zur Geschichte der katholischen Kirche. Hier taucht für mich ein ungeheurer Widerspruch im Vergleich des Evangeliums zur katholischen Kirche auf. Da sind deren Paläste, ihre politischen Verzweigungen, einfach alles, was man sich so vorstellen kann. Da sind die Geldgeschäfte, die Finanzskandale und dann haben sie die Botschaft dieses Propheten, der über keine Mittel verfügte, der keine weltliche Macht hatte, der keine Verbindung zu den politischen Zentren besaß, ja, der eben deshalb sterben musste, weil er über gar keine Verbindung verfügte, eben dieser Abgrund zwischen den Propheten und der katholischen Kirche und ihrer Geschichte ist für mich so fundamental, dass ich darüber schreiben wollte…

Das Wenige, das wir von Jesus wissen, zeigt uns eine sehr komplexe Persönlichkeit. Er war auf alle Fälle kein sanfter Hippie, der mit erhobenem Arm allen Menschen Frieden wünschte… Dann hätten ihn die Römer nie getötet. Im Gegenteil. Er droht den Leuten.

Er konnte ärgerlich werden, eben, weil er Dinge verändern wollte. Darum gebrauchte er sogar Gewalt gegen gewisse Leute. Darum bereitete er den Mächtigen Kopfschmerzen. Da liegt der Grund, warum sie ihn los werden wollten und ihn schließlich töteten. Sicherlich ist die Botschaft die Botschaft der Liebe, aber eben auch eine Botschaft, die zur Veränderung aufrief, und deshalb wirkt Jesus auf mich aggressiv. Sonst hätte er nicht so viele Feinde gehabt.

Was mich an Jesus, an seiner Person so anzieht, ist, dass er ohne Kompromisse lebte. Er lebte ein Leben der absoluten Reinheit. Die Tragödie an unserer Welt ist, dass einer, der so lebt, sterben muss."

Aus einem Interview, das Denys Arcand am Rande des Film-Festivals von Cannes 1989 Franz Ulrich gegeben hat[113]: „Die Spannung zwischen der Zeit, da ich als Dreizehn-, Vierzehnjähriger ein Heiliger werden wollte, und meinem heutigen Leben als Cineast in einer kosmopolitischen Großstadt hat diesen Film ausgelöst.

Von allen weisen Worten, die im Verlauf der Geschichte gesagt und geschrieben worden sind, von Sokrates, Plato über Buddha bis Mohammed usw., sind die Worte Jesu für mich die wichtigsten, obwohl sie nicht sehr zahlreich sind. Wenn man die authentischen, von ihm selbst gesprochenen Worte … in den vier Evangelien zusammennimmt, ergeben sich etwa 25 Sätze. Das ist umfangmäßig nicht gerade viel, aber sie sind für mich die bedeutendsten der Menschheitsgeschichte. Heißt das nun gläubig oder nicht gläubig sein? Ich weiß es nicht. Diese Worte sind für mich jedenfalls wesentlich und werden mich bis zu meinem Tod begleiten. Nicht weil sie ‚göttlich' sind – ich verstehe zwar sehr gut, dass man sie dafür halten kann. Mich als praktizierenden Katholiken zu bezeichnen, möchte ich aber doch lieber nicht.

113 Franz Ulrich, in: zoom Nr. 16/1989.

Für mich ist wichtig, dass ich in meinen Filmen von mir selbst spreche, von meinen Problemen, von meinem Verhältnis zur Religion, von meinen Konflikten. Der Anwalt im Film ... offeriert Daniel einen Exklusivvertrag und verspricht ihm, dass ihm mit seinem Talent die ganze Stadt zu Füßen liegen werde. Dieses Abenteuer erlebe ich ... Wenn man dieser Filmwelt angehört, ist man von Haien und reichen Händlern umgeben. Mit dieser Welt schlage ich mich herum. Und davon handelt die Parabel meines Films."

Filmpreise – Bewertungen

In Cannes erhielt der Film 1989 einen Spezialpreis für den originellsten Film.[114] 1990 wurde der Film vom kanadischen Filmverband für den Oskar nominiert. FBW: Besonders wertvoll

Didaktisch-methodische Anregungen

▶ Bei der Besprechung des Films lassen sich vier Ebenen unterscheiden, auf denen der Film spielt:
  – Die *Lebensebene*
    Ein junger talentierter Schauspieler erhält den Auftrag, ein traditionelles Passionsspiel zu modernisieren, das Jahr um Jahr aufgeführt wurde und immer weniger Zuschauer anlockt...
  – Die *Passionsspielebene*
    Innerhalb dieser Ebene lassen sich zwei weitere Ebenen unterscheiden, nämlich ein versachlichender, distanzierender *Kommentar* – Der Tod Jesu sei „nichts Besonderes" gewesen – sowie die emotionalen *Publikumsreaktionen*, die Betroffenheit zeigen: z.B. verwechselt eine Frau das Spiel mit der Wirklichkeit und mischt sich handgreiflich ein.
  – Die Ebene des *Rollenwechsels*
    Die Schauspieler wechseln mehrmals ihre Rollen. Sie übernehmen verschiedene Rollen und zusätzlich noch die des kommentierenden Sprechers.
  – Die *Symbolebene*
    Gezielte Motivwahl weist über das Dargestellte hinaus; z.B. das Lebensopfer, der Sühnetod; die Organspende als mögliche Auferweckung.

---

114 Vgl. K. Nientiedt, Der „wilde Mann" Jesus. Denys Arcands „Jesus von Montreal", in: Herder Korrespondenz 3/1990, S. 135-13. Dieser Film wurde am 20.11.1991 im ZDF ausgestrahlt.

▶ Das Gespräch kann sich
  – generell auf die Hauptpersonen oder
  – speziell auf die Korrelation Jesus – Daniel konzentrieren.
Im ersten Fall wird man zu fragen haben:
  – inwieweit Identifikationen mit den Personen der Handlung möglich
    sind
  – auf welche biblischen Gestalten auch auf der Lebensebene angespielt
    wird (Daniel als Jesus, Martin als Petrus, René als Johannes, Constan-
    ce als Maria, Mireille als Maria aus Magdala).
Im zweiten Fall sind zu berücksichtigen und zu bedenken
  – Daniel als Darsteller der Rolle Jesu
  – Daniel als Interpret der Rolle der Passionsgeschichte
  – Daniel in seiner realen Existenz:
Es sollte herausgearbeitet werden, dass der dritte Aspekt zunehmend an
Bedeutung gewinnt: Daniel wächst in eine *Imitatio Jesu* hinein und
erlebt Jesu Passion nach. Er wandelt sich vom bloßen Darsteller des
historischen Jesus zu einer Jesus-Transfiguration.

Es lassen sich leicht die Parallelen der Lebenswege von Daniel und
Jesus aufzeigen:
  – Von Daniels Familie, seiner Herkunft ist wenig bekannt
  – Daniel hat sich aus allen familiären Bindungen gelöst
  – Daniel führt mit bescheidensten Mitteln ein Wanderleben
  – Daniel begegnet seine Mitmenschen sanftmütig, offen, vorurteilsfrei,
    kann aber auch sehr entschieden reagieren (Fernseh-Studio)
  – Daniel verteidigt sich nicht gegen die Vorwürfe der Richter
  – Daniel liegt auf dem Operationstisch in Kreuzeshaltung.

▶ Es lohnt sich ein Gespräch über zentrale Themen der Christologie wie
  – Jesu Mahlgemeinschaft mit seinen Jüngern,
  – das Emmaus-Motiv,
  – Jesu Nähe zu den Frauen
  – die Tempelaustreibung.
Das Jesus-Bild des Regisseurs sollte aufgedeckt und kommentiert werden:
Arcand
  – reduziert Jesus auf sein Menschsein
  – bezeichnet Jesus als einen unehelich geborenen jüdischen Propheten
    wie andere auch
  – betont die Wirkung der Wunder gegenüber der Predigt Jesu: „Seine
    Wunder waren wahrscheinlich populärer als sein Botschaft"
  – transformiert das von ihm entworfene Jesus-Bild und Jesu Botschaft
    zur Kirchenkritik, besonders an der Katholischen Kirche
  – greift die religionskritischen Ansätze von L. Feuerbach (Religion als
    Illusion und Entzweiung des Menschen) und K. Marx (Religion als

Opium des Volkes) auf. Dennoch benutzt auch Arcand ein Klischee-Bild von Jesus: Warum ist sein Jesus nicht glatzköpfig oder Brillenträger?

▶ Man kann auch die im Film angeführten Bibelzitate und -anspielungen suchen und erörtern, etwa
  – die „Berufungsszene": Wie Simon und Andreas folgen die ersten beiden Schauspieler spontan, ohne Zögern dem Ruf Daniels (vgl. Mk 1, 17ff).
  – die Bergpredigt, z.B. auf Mt 6, 25-34 („Von der Sorge"), Mt 5, 39f („Verbot der Vergeltung"), Mk 10, 23 und Mt 6, 21 (Reichtum und Reich Gottes), Mt 5, 44f („Von der Feindesliebe"), Mt 7, 1 („Vom Richten"); bei den freien Umdeutungen biblischer Verse überwiegen deutlich soziale Anweisungen Jesu, z.B. Lk 14, 15-24 („Gleichnis vom Festmahl": Aufforderung Jesu, Arme, Krüppel, Blinde und Lahme zu Tisch zu laden).
  – einzelne biblische Motive, z.B. Mk 15, 34: das Verlassenheitsmotiv wird in Daniels Endzeit-Predigt in der U-Bahn angedeutet
  – der vier Stationen der Passionsszene: Jesus vor Pilatus; Taten und Worte Jesu; Golgatha; „Auferstehung". (Arcand „berichtigt das biblische Zeugnis: – Nicht: am dritten Tage auferstanden von den Toten", sondern: „Er war schon lange tot; fünf, zehn Jahre oder mehr. Seine Jünger hatten sich zerstreut, enttäuscht, verbittert und ohne Hoffnung.")

▶ Die dem Film zugrunde liegende Theologie ist eine „Eine Theologie von unten" (vgl. R. Bultmann, H. Braun, D. Sölle), eine „Theologie der Hoffnung" (vgl. J. Moltmann) und entspricht dem, was etwa W. Marxen über „Die Sache Jesu" publiziert.

Kritikerstimmen

„Die Vielfalt des Films schlägt sich auch in seinen unterschiedlichen Stilelementen und atmosphärischen Stimmungen nieder: Feiner Humor steht neben beißender Satire, existenzielle Betroffenheit neben emotionaler Direktheit. Ganz abgesehen vom künstlerischen Format der Auseinandersetzungen mit diesem Thema – *Jesus von Montreal* ist eindeutig der unterhaltendste aller bisherigen Jesus-Filme."[115]

„Das ist wabernder Sakralkitsch voller verschmockter Bibel- und Wirklichkeitsparallelen, präsentiert mit leichter Hand, was den prätentiösen christlich-humanitären Augenaufschlag des Ganzen kaschieren soll. Jesus als schauriges Kunstgewerbe, nein danke."[116]

115 Karl-Eugen Hagmann, in: film-dienst, 43. Jg., Nr. 2, 23.1.1990 (leicht gekürzt).
116 Wolf Donner, in: tip, zit.n. L.R. Just (Hg.), Filmjahrbuch 1991 (Heyne 153), München 1991, S. 218.

Keine Zeit für Wunder
(Italien/Frankreich 1982)
Komödie/Satire
105 Min., ab Klasse 8

Themen

- Moderne Jesusgestalt
- Orden
- Vermarktung des Glaubens
- Heuchelei und Aufrichtigkeit.

Der italienische Regisseur Comencini (geb. 1916), Moralist und Zeitkritiker, drehte die Komödie 1982: In Rom engagiert ein Orden den sanftmütigen lockenköpfigen Giovanni (Beppe Grillo) für eine riesige Werbekampagne in Sachen Glauben.

Der Spät-Hippie hat das Gesicht eines Heiligen und hat als „Jesus" großen Erfolg bei seiner Italien-Tournee. Sein großzügig bemessenes Honorar verteilt er an die Armen und Bedürftigen: an Drogenabhängige und Prostituierte.

Diese Mildtätigkeit jedoch führt zum Konflikt mit den Auftraggebern; ihnen kommt sie gefährlich und verdächtig vor. Nur der kleine Ivan (Daniele Mansi) erkennt, wer Giovanni wirklich ist.

Wichtige Szenen in Auswahl[117]

▶ Giovanni ist wie Jesus *kinderlieb*: Ein Priester will Kinder von der Straße aus dem Ordenshaus werfen. Giovanni weist ihn zu recht: *Einen Moment! Sie können hier spielen, weil es hier viel ungefährlicher ist! Los Kinder, im Garten.* Giovanni spielt mit den Kindern im Garten.

▶ Giovanni nennt die Dinge beim Namen, *entlarvt.* Bei der Besprechung der neuen Aufgabe fasst Giovanni zusammen:
Giovanni: *Es ist mir recht. Alles, was Sie entscheiden, ist in Ordnung. Sie wollen das Leben Jesu in Fortsetzungsheften an den Kiosken verkaufen und brauchen für die Werbung mein Gesicht so wie ein Waschmittel, oder?*
Priester: *Wir verkaufen keine Waschmittel, sondern religiöse Werke. … Gerade weil wir keine Waschmittel verkaufen, brauchen wir Informationen über Ihre Moral.*
Giovanni: *Meine Moral ist einwandfrei! Ich weiß nicht, wie das bei Ihnen ist.*

---

117 Die Dialogtexte sind vom Film abgehört.

▶ Jesus *steht zwischen* den Wünschen der Menschen, der Heuchelei der Kirche und seinem eigenen Wahrheitsanspruch.

Bei den Probeaufnahmen wird Giovanni sorgfältig geschminkt und verkleidet, damit er „echt" aussieht.

Bei der Pressevorstellung rufen Reporter: *Hier Jesus!*

Eine Ordensschwester, gerührt: *Heute Nacht habe ich geträumt, dass er auf dem Wasser geht!*

Priester: *Wir wollen mit der traditionellen Ikonographie brechen. Wir haben lange gesucht und die modernen Strategien der Marktforschung angewandt. Und schließlich haben wir diesen braven jungen Mann gefunden mit einem Gesicht, das Güte ausstrahlt und Vertrauen …*

Reporterin: *Wie viel Geld glauben Sie mit diesem Unternehmen zu verdienen?*

Priester: *Der Verdienst, der sich dabei erzielen lässt, kann sicherlich nicht kalkuliert werden, aber dabei handelt es sich um einen enormen Reichtum – um die Verbreitung der Botschaft des Evangeliums …*

Reporter an Giovanni: *Wie ist man auf sie gekommen?*

Priester (übergeht Giovanni, der antworten will): *Ich würde sagen, dass uns die göttliche Vorsehung dabei zur Hand gehen wollte.*

Giovanni betrachtet sich skeptisch auf den großen Plakaten in der Stadt, im Bus u.a. Als Passanten ihn sehen, bleiben sie verwundert stehen. Einer läuft ihm nach: *Hören Sie! Jesus, könnten Sie mir ein Autogramm geben?*

Giovanni: *Und auch eins von Petrus, der mich dazu ermächtigt hat!*

Didaktisch-methodische Anregungen

Vermutlich macht es den Schüler*innen* zunächst einfach Spaß, diesen Film anzuschauen. Ich empfehle, ihn nicht zu sehr intellektuell zu verpflücken. Zum Einhaken eignen sich die oben herausgestellten Szenen. Da darf und soll es ernst werden um die Frage nach der Wahrheit und ihren Merkmalen (Liebe, der Blick hinter die Fassade, Misstrauen gegenüber der bloßen Pose). Am Ende könnte die provokante Frage stehen: Ist diese Besetzung der Jesus-Rolle in der Tat *eine göttliche* Fügung?

Kritikerstimmen

„Es durfte gelacht werden in diesem Film, aber – das Lachen blieb einem gelegentlich doch im Halse stecken." (Stuttgarter Nachrichten)

König der Könige (USA 1960)
169 Min.
Ab 6 J., ab Klasse 5

Themen

- Neues Testament
- Ein Schau- und Erbauungsfilm?
- Die Gestalt Jesu
- Gewaltlose Freiheitskämpfer
- Aufstandbewegungen.

Inhalt

Der amerikanische Film versucht, das Leben Jesu in einem dreistündigen Schau- und Erbauungsfilms darzustellen. Er ist ein Remake von „König der Könige" im Zuge der biblischen Monumentalwelle der 50er- und frühen 60er-Jahre.

Zur Intention des Regisseurs/des Films

Nicholas Ray sieht die Bibel als dokumentarisches Buch, verzichtet aber darauf, Jesus als heldenhaften Wundermann darzustellen. Er deutet die Wunder Jesu nur indirekt an. Ray geht es weniger um die Göttlichkeit Jesu, er bemüht sich, dem Zuschauer Jesus als sympathischen Menschen näher zu bringen. Jesus als gewaltloser Freiheitskämpfer steht im scharfen Gegensatz zu dem Berufsrebellen und militanten Nationalistenführer Barrabas.

Ray weicht öfters von der biblischen Vorlage ab, erfindet neue Szenen und Anekdoten hinzu, z.B. den Besuch Jesu im Gefängnis bei Johannes.

Kritikerstimmen

„Trotz mancher Bedenken, die man dem neuen Film gegenüber haben kann, halte ich für sicher, dass viele Christen und Nichtchristen durch ihn aufs Neue über Jesu Lehre und Leben informiert und davon ergriffen werden."[118]

Der Film als „eine konventionell-pompöse Mischung aus antikem Western und Oberammergauer Tränendrücker."[119]

118 Hermann F. Gerber, in: Evangelischer Filmbeobachter, 14. Jg., 13.1.1962 (stark gekürzt).
119 Theodor Kotulla, in: Filmkritik, 2/1962.

■ „Ein Schau- und Erbauungsfilm: Jesus als gewaltloser Freiheitskämpfer; ein um Schaueffekte bemühtes Spektakel.“[120]

■ „Die Heimat des Films ‚König der Könige‘ ist die Scheckbuch-Gesellschaft. Er steht im absoluten Gegensatz zur Forderung Christi: ‚Nimm dein Kreuz auf dich und folge mir nach.‘“[121]

Methodisch-didaktische Anregungen

▶ Zum einen ist wiederum am Jesus-Bild zu arbeiten: Jesus wird dargestellt nicht als heldenhafter Wundermann, nicht in seiner Göttlichkeit, sondern als gewaltloser Freiheitskämpfer, als sympathischer Mensch: mit blauen Augen, in seiner Jugendlichkeit.

▶ Das Anliegen des Regisseurs wird da offenbar, wo er gegenüber der biblischen Vorlage Änderungen vornimmt. Es ist zu fragen, worum es ihm geht, wenn er
  – Barabbas als Berufsrebellen und militanten Nationalistenführer vorstellt, der in der Wüste die Legionen überfällt
  – Jesus zu Johannes ins Gefängnis kommen lässt
  – den Einzug Jesu in Jerusalem zu einem Massensturm auf die römische Festung umfunktioniert
  – Judas als Sympathisanten der Aufstandsbewegung darstellt, der Jesus durch Todesgefahr zwingen will, die Engelsmächte zum Sieg der Juden herabzurufen.

Das Leben des Brian
(Großbritannien 1979)
94 Min., ab 16 J., ab Klasse 10
(nicht früher, da die Satire nicht erfasst wird)

Themen

– Moderne Jesusgestalt
– Der historische Jesus
– Kritik an Hollywoods Jesus-Film-Industrie
– Vorwurf der Blasphemie: Grenzen der künstlerischen Freiheit.

120 Dieser Film wurde mehrfach im Fernsehen ausgestrahlt: in 3sat am 20. Dez. 1992, im Kabelkanal am Karfreitag, 9. April 1993.
121 Moira Walsh, Religion des Kreuzes oder des Geldscheins, in: Orientierung 26/1962, S. 93.

Inhalt

Monty Python, eine sechsköpfige englische Komikergruppe, stellt die Passionsgeschichte Jesu in beißender Ironie als Parodie zu den pathetischen Jesusfilmen dar, wobei der Film zwischen Blasphemie, Geschmacklosigkeit und typisch englischem schärfsten Witz pendelt. Die Hauptperson, Brian, ist Jesu Nachbar und Anti-Held. Zur selben Zeit wie Jesus im Nachbarstall geboren, wird Brian 33 Jahre später wie Jesus am Kreuz enden. Ungebildete Bauern und religiöse Fanatiker sehen in ihm den wahren Messias.

Zum Humor des Films (Beispiele)

▶ Brian Cohen (Graham Chapman) hasst die römischen Besatzer, obwohl sein entlaufener Vater selbst ein Römer war. Brian schließt sich der Volksfront von Judäa an. Er beschmiert nachts die Wand eines öffentlichen Gebäudes mit der eindeutigen Forderung „Romanes eunt domus", was grammatisch falsch ist, wohl aber bedeutet: „Romans go home". Ein römischer Offizier korrigiert: „Romani ite domum." Zur Strafe muss Brian die korrekte Form hundertmal an die Wand schmieren.

▶ Der Revolutionär Brian wird von Pontius Pilatus verfolgt und zusammen mit zahlreichen Leidensgenossen als Nr. 140 mit der Kreuzigung bestraft. Vor der Kreuzigung muss in einer Schlange angestanden und geduldig gewartet werden, bis man endlich dran ist. Manche drängen sich stürmisch vor, die das Annageln kaum erwarten können. *Zur Kreuzigung? Ja. Gut. Bitte links und jeder nur ein Kreuz.*

▶ Ein Gnadenakt kommt für Brian zu spät. Alle Mitgekreuzigten nennen sich Brian von Nazareth. Man mag den wertvollen Märtyrer Brian nicht verlieren. Die Gekreuzigten sterben fröhlich singend.

Storyboard[122]

Zeit	Inhalt
0:00:00	Nacht in der Wüste; Sterne; drei Kamele. Nazareth.
	Die Drei Weisen reiten durch das Tor der schlafenden Stadt und weiter durch die menschenleeren Straßen. Ein Hund knurrt sie an. Sie nähern sich einem erleuchteten Stall; Licht strömt ihnen entgegen. Sie sitzen ab, treten ein und finden die typische Szene vor, mit einem Kindlein, in einer roh gezimmerten Krippe auf Stroh gebettet, und geduldig herumstehenden Tieren. Die Mutter döst neben dem Kind.
	Plötzlich schreckt sie auf, sieht die Weisen, kreischt auf und fällt rücklings von ihrem Strohhaufen herunter. Rasch kommt sie wieder hoch und blickt die drei argwöhnisch an.

---

122 M. Python, Das Leben Brians. Drehbuch und Apokryphe Szenen. Aus dem Engl. von M. Bodmer (Heyne 8856), München ²1994.

0:01:32   Mandy: *Wer seid ihr?*

Erster Weiser: *Wir sind Astrologen. Wir kommen aus dem Osten.*

Mandy: *Soll das so ne Art Witz sein?*

Erster Weiser: *Wir möchten das Kindlein preisen.*

Zweiter Weiser: *Wir müssen ihm huldigen.*

Mandy: *Huldigen!! Ihr seid total besoffen, das ist es. Einfach widerlich. Raus, raus.*

Dritter Weise: *Nein, nein.*

Mandy: *Kommt hier reingeplatzt in aller Herrgottsfrühe, mit irgendwelchem Gewäsch über orientalische Wahrsager ... raus mit euch.*

Erster Weiser: *Nein. Nein, wir müssen ihn sehen.*

Mandy: *Geht das Gör von jemand anderem preisen, los.*

Zweiter Weiser: *Ein Stern hat uns hergeführt.*

Mandy: *Ein Stern! Sternhagelvoll seid ihr. Raus mit euch!*

Zweiter Weiser: *Wir müssen ihn sehen. Wir haben Geschenke mitgebracht.*

Mandy: *Raus.*

Erster Weiser: *Gold, Weihrauch und Myrrhe.*

Mandys Haltung ändert sich.

Mandy: *Na, warum habt ihr das nicht gleich gesagt? Er ist da drüben ... Tut mir leid, es ist nicht aufgeräumt. Was ist das überhaupt, Myrrhe?*

Dritter Weiser: *Das ist ein wertvoller Balsam.*

Mandy: *Ein Balsam, wozu gebt ihr ihm einen Balsam? Der könnte ihn beißen.*

Dritter Weiser: *Was?*

Mandy: *Das ist ein gefährliches Tier. Schnell, schmeißt es in den Trog.*

Dritter Weiser: *Nein, das ist es nicht.*

Mandy: *Ist es doch.*

Dritter Weiser: *Nein, nein, es ist eine Salbe.*

Mandy: *Eine Salbe?*

Dritter Weiser: *Sieh her.*

Mandy (nimmt mit schmuddeligem Finger eine Probe von der Salbe): *Ach so. Es gibt doch ein Tier, das Balsam heißt, oder hab ich das geträumt? Astrologen, wie? Na schön, was ist er denn?*

Zweiter Weiser: *Hmm?*

Mandy: *Was ist er für ein Sternzeichen?*

Zweiter Weiser: *Steinbock.*

Mandy: *So, Steinbock? Wie sind die denn so?*

Zweiter Weiser: *Er ist der Sohn Gottes, unser Messias.*

Erster Weiser: *König der Juden.*

Mandy: *Das also ist ein Steinbock, wie?*

Dritter Weiser: *Nein, nein. Das ist nur er.*

Mandy: *Ach so, ich wollte eben sagen, dann gäb's ja ne ganze Menge davon.*

Die Drei Weisen sind auf die Knie gefallen.

Zweiter Weiser: *Welchen Namen hast du ihm gegeben?*

Mandy: *... Brian.*

Die drei Weisen: *Wir beten dich an, o Brian, der du Herr über uns alle bist. Lobpreis sei dir, Brian, und dem Herrn, unserem Vater. Amen.*

Mandy: *Macht ihr so was öfter?*

Erster Weiser: *Was?*

Mandy: *Diese Preiserei.*

Erster Weiser: *Nein, nein, nein.*

Mandy: *Ach so. Na ja, wenn ihr wieder mal vorbeikommt, schaut doch herein.*

Zeit	Inhalt

Sie verstehen den Wink und erheben sich.

Mandy: *Und vielen Dank auch für das Gold und den Weihrauch, aber ... wegen der Myrrhe braucht ihr euch nächstes Mal keine Mühe zu machen. Danke schön. Wiedersehen.* Zu Brian: *Na, die waren doch ganz nett ... total bescheuert, aber trotzdem...*.

Dramatischer Musikeinsatz.

Im Hintergrund sind die Weisen zu sehen, wie sie die richtige Heilige Familie finden. Sie stürzen zurück, raffen ihre Geschenke zusammen und beten das Jesus-Kind an (klassische Szene).

Mandy: *He, he, das gehört mir, das habt ihr mir eben erst geschenkt. Aua.*

Anfangstitel:
Monty Pythons Das Leben Brians

Die Musik schwillt an, steigert sich ins Unerträgliche.

Erzähler: *Brian ... das Kindlein namens Brian*
Wuchs ... und wuchs und wuchs und wuchs und ward
Ein Knabe namens Brian
Ein Knabe namens Brian
Er hatte Arme und Beine und Hände und Füße. Dieser Knabe mit Namen Brian. Und er wuchs und wuchs und wuchs heran. Wuchs heran und ward ein Teenager namens Brian. Ein Teenager namens Brian Und sein Gesicht ward pickelig ja, sein Gesicht ward pickelig. Und seine Stimme ward voller und es spross immer toller auf Jung-Brian, als wollt' er beweisen, er sei doch kein Mädchen namens Brian. Nein, kein Mädchen namens Brian.

0:03:58 *Und er tat sich rasieren*
und oft onanieren
und Mädchen ausführen
und viel pokulieren,
dieser Mann namens Brian,
dieser Mann namens Brian.

Die Kamera schwenkt langsam über eine weite, offene Landschaft. Hunderte von Menschen sind langsam unterwegs zu einem fernen Hügel. Wir sehen Kamele und Esel, die von dunkelhäutigen Menschen geführt werden, manche reiten, andere gehen zu Fuß, alle steuern auf einen Punkt außerhalb unseres Gesichtsfelds zu.

Wir sind jetzt oben in den Hügeln, und der Schwenk wird weitergezogen, während die Menge größer wird und der Eindruck, sie drängten einem Ziel entgegen, sich verstärkt.

Zwischentitel:
Judäa, A.D. 33
Samstag nachmittag
Etwa zur Teezeit

Wir hören die ferne Stimme Jesu zu uns herwehen und nach einem Schnitt sehen wir ihn auf einer Hügelkuppe stehen. Als die Kamera zurückfährt, sehen wir Tausende von Menschen, die seinen Worten lauschen.

Zeit	Inhalt
0:06:35	Jesus: *Selig sind, die da geistlich arm sind, denn das Himmelreich ist ihr. Selig sind, die da Leid tragen, denn sie sollen getröstet werden. Selig sind, die da hungert und dürstet nach der Gerechtigkeit, denn sie sollen satt werden ...*
	Christi Stimme wird leiser, während die Kamera von ihm zurückfährt und den gewaltigen Umfang der Menschenmenge enthüllt. In der Nähe, etwas abseits, aber aufmerksam, steht ein großes Kontingent römischer Soldaten in eng geschlossenen Reihen, bewaffnet, ungerührt, fremdländische Soldaten im Wochenendsonderdienst, die eine große und potenziell antirömische Menschenmenge im Auge behalten ...
	Brian, Mandy und eine Menschenmenge lauschen von fern.
	Mandy: *Lauter!*
	Brian: *Mama! Schsch!*
	Mandy: *Ich versteh ja kein Wort. Gehen wir lieber zur Steinigung.*
	Brian: *Steinigungen gibt es doch alle Tage zu sehen.*
0:07:30	Mandy: *Ach, komm schon, Brian ...*

Zur Intention der Autoren/des Films

Terry Jones und Terry Gilliam wollten keinen Jesus-Film drehen und es ging ihnen nicht um die Gestalt Jesu. Bei einer Reise durch Nordafrika stießen sie in Monastir (Tunesien) auf die zurückgelassenen Kulissen aus Franco Zeffirellis „Jesus von Nazareth".[123] So entstand die Idee, diese Kulissen wieder zu verwenden, um einen Anti-Zeffirelli-Film bzw. einen Anti-Hollywood-Film zu machen.

Dabei thematisieren sie gesellschaftliche Fragen der Zeit Jesu, z.B. das Spannungsverhältnis von römischer Besatzung und jüdischem Widerstand.

Darsteller Terry Gilliam: „Niemand von uns wollte Jesus ernsthaft an die Karre fahren. Aber wir hatten halt Spaß daran, den Herrn ein bisschen zu verarschen."[124]

Dennoch gibt es Szenen, die nicht schlicht als „Verarschung" hinnehmbar sind: So relativiert der Film die Heilsbedeutung der Kreuzigung Jesu dadurch, dass er die Kreuzigung als eine ganz gewöhnliche Hinrichtungsart der Römer darstellt.

Die anderen ebenfalls grausamen Hinrichtungsarten der Steinigung und der Tötung in der Arena werden ebenfalls ins Lächerliche gezogen.

Die Autoren versuchen, die biblische Geschichte zu entmythologisieren, indem sie diese ins Lächerliche ziehen.

---

123 Vgl. W. Bär/H.J. Weber, Fischer Film Almanach 1981. Filme - Festivals – Tendenzen, Frankfurt 1981, S. 120.
124 Zit.n. Heidenheimer Neue Presse vom 25.5.1992.

138

Didaktisch-methodische Anregungen[125]

▶ Ist dieser Film überhaupt ein Jesus-Film und wenn ja: Wie ist er bzw. sein Humor gemeint? Diese Leitfrage sollte über einer Behandlung des „Leben des Brian" in Schule oder Gemeinde stehen. Dazu ist Folgendes zu bedenken:
  – Der Film ist ein „Anti-Zeffirelli-Film": Ein kurzer Vergleich der Passionsszenen zeigt die verwendeten Kulissen und Kostüme von „Jesus von Nazareth".

▶ Die Hauptfigur „Brian" wird nicht mit Jesus Christus identifiziert.

▶ Der Film macht sich nicht über Jesus lustig, sondern kritisiert Verhaltensweisen der damaligen Zeitgenossen: Leichtgläubigkeit, blinde, unbedingte Folgebereitschaft, Sehnsucht nach einem Messias. Ist das heute ein Thema? (Man könnte auf Jugendreligionen kommen, auf Pseudoreligionen wie den Markenkult, die Werbe-Gläubigkeit usw.)

▶ Der Film enthält unterschiedliche Arten von Humor: z.B. die politisch-revolutionären Diskussionen der „jüdischen Befreiungsfront" (Nonsense), der Sprachfehler von Pontius Pilatus (Slapstick), die unangemessene Darstellung der Heilung des Aussätzigen oder der Kreuzigung (Groteske). Wo (wenn überhaupt) lässt sich tieferer Sinn vermuten? Gibt es Grenzen des Anstands, die respektiert werden sollten?

▶ Werden mit diesem Film religiöse Gefühle verletzt? Sollte man ihn verbieten? (vgl. unten, die Kritikerstimmen)

▶ Wie steht es mit dem Informationsgehalt des Films? Werden z.B. die religiösen Gruppierungen, die es zur Zeit Jesu gab, im Film zutreffend dargestellt?

▶ Wie geht der Film mit Jesus-Themen (Wunder, Friedenspredigt, Nächstenliebe, Leid, Heil, Tod) um? Liegt irgendein Sinn in der Methode?

Kritikerstimmen

▢ „Gotteslästerlich, blasphemisch? Ach nein! … Eine witzige Parodie auf alle Leben-Jesu-Filme, eine komische Entlarvung des falschen frommen Leinwandpathos, gelegentlich die Grenzen des guten Geschmacks überschreitend, aber gewiss keine Gotteslästerung. Zum schnellen Lachen und zum raschen Vergessen."[126]

---

125 Vgl. auch: R. Hermes, Das Kreuz kein Skandalon, sondern ein Jux? „Das Leben des Brian" im Religionsunterricht, in: Hinweise 5/6. Nachrichten. Berichte. Anregungen des Bistums Essen, Dez. 1991, S. 24-28.
126 H. Ohly, Monty Pythons Das Leben des Brian, in: Evangelischer Filmbeobachter, 1980.

□ „Wer … von Blasphemie und Gotteslästerung redet, hat die formal gewiss fragwürdige Satire … mit allzu verkürztem Blickwinkel gesehen … Geschmacklos, zum Schluss zynisch und in manchen Szenen für Christen beleidigend. – Wir raten ab."[127]

□ „Der Film … löste heftige Kontroversen und eine Anklage wegen Gotteslästerung aus. Die Staatsanwaltschaft entschied: ,Der Tatbestand der Beschimpfung eines religiösen Bekenntnisses liegt nicht vor.'"[128]

Die Kreuzigungsszene führte zum Verbot des Films in England. Der Film wurde ebenfalls in einigen Bundesstaaten der USA und in Norwegen wegen dieser Szene verboten.

Das Leben und die Passion Jesu Christi
(Frankreich 1897)
10 Min., ab Klasse 5

Inhalt

Obwohl das Werk nur 220 Meter lang (etwa 10 Min.) war, zeigt dieser zweite Jesus-Film in der Filmgeschichte 13 Szenen aus Jesu Leben: von der Anbetung der Könige über die Flucht nach Ägypten, die Ankunft in Jerusalem bis zur Kreuzigung, zur Grablegung und zur Auferstehung. Jede der dreizehn Szenen ist mit nur einer einzigen festen Kameraeinstellung gefilmt.

Filmszenen

Produzent Lumière beschreibt den Film ganz genau im reichhaltigen Katalog aus dem Jahr 1898. Hier ein Auszug der ersten acht Szenen:[129]

Anbetung der Könige
Im Innern der Krippe wacht die Jungfrau Maria bei dem Jesuskinde. Ein Sklave tritt ein, um Joseph anzukündigen, dass er der Vorläufer der Hl. Drei Könige ist, die vom Stern geleitet hierher kommen. Eintritt der drei Könige, die sich vor der Krippe knien, und dem göttlichen Kinde ihre Gaben darbringen.

---

127 Katholisches Institut für Medieninformation e.V. (Hg.), Das Leben des Brian, in: filmdienst, 1980, Nr. 22602.
128 Illustrierte Wochenzeitung, Nr. 14, Stuttgart 1993, S. 43.
129 Zit.n. C. Ford, Der Film und der Glaube, Nürnberg 1955, S. 70f.

Flucht nach Ägypten

Joseph, den Esel mit der Jungfrau und dem Kinde in die Wüste führend, hält am Fuße der Sphinx, um daselbst die Nacht zuzubringen. Nachdem er die Jungfrau und das Kind untergebracht hat, rollt er sich in seinen Mantel zusammen und schläft. Die römischen Soldaten stürzen herbei, um sich der Jungfrau zu bemächtigen, sehen aber plötzlich die Sphinx, Sinnbild einer Gottheit, und fallen furchterfüllt auf die Knie, während Joseph, der inzwischen erwacht ist, sich ihnen entgegenstürzt, um die Jungfrau und das Kind zu schützen.

Ankunft in Jerusalem

Eine Straße von Jerusalem. Rechts der Palast des Herodes. Ankunft Christi auf einem Esel. Die Menge schwenkt Palmzweige, während die Apostel ihre Mäntel unter die Füße des Reittieres warfen. Herodes, mit einer Zornesgebärde, erliegt dem Neid, den er beim Triumph Jesu empfindet. Er bittet den Judas, ihm Christus auszuliefern, der die um ihn herum kniende Menge segnet.

Verrat des Judas

Inneres des herodianischen Palastes. Eintritt des Herodes, der Jesus rufen lässt. Ein Prätorianer verspricht, Jesus gefesselt an Herodes auszuliefern, der ihm als Preis seines Verrates eine Geldkassette gibt. Abgang des Judas über seinen letzten Schwur, sein verruchtes Unternehmen zu vollbringen.

Auferweckung des Lazarus

Auf einer Tragbahre bringt man die Leiche des Lazarus. Seine trauernde Witwe fleht Christus an, ihr den Mann zurückzugeben. Jesus nähert sich alsdann dem Leichnam und spricht die Worte: „Lazarus stehe auf". Die Leiche belebt sich und der Tote ersteht inmitten einer Menge Volkes, die, erregt durch dieses Wunder, sich um denjenigen herumkniet, der dieses Wunder vollbrachte.

Das Abendmahl

Die Apostel sind um den Tisch versammelt, als plötzlich Christus erscheint. Er teilt ihnen Brot und Wein, indem er sagt: „Nehmet, esset und trinket, dies ist mein Leib und Blut". Judas zu seiner Rechten, gibt ihm dann einen Kuss, was ihm von Seiten Jesu die Worte einbringt: „Brüder, einer von euch wird mich verraten." Überraschung und Entrüstung aller Apostel, die ihre Treue bezeugen, während dem einer derselben, der links von Jesus steht, ihn küsst. Judas entfernt sich.

Verhaftung Christi
Jesus – von Joseph, Maria und Maria Magdalena umgeben – ruht aus in einem Wald. Er erwacht durch den Lärm, den Herodes verursacht. Judas begleitet ihn. Letzterer bezeichnet Herodes denjenigen, den er verraten hat. Eintritt der Soldaten, die sich Jesus bemächtigen und ihn in Ketten legen.

Geißelung
Man führt Herodes Christus vor, begleitet von Joseph und Maria Magdalena. Jesus wird an die Geißelsäule angebunden, die in der Mitte des Prätoriums steht. Dann schlägt ein Soldat ihn auf Befehl des Herodes, auf seine Weigerung hin, die an ihn gestellten Fragen zu beantworten. Maria und Maria Magdalena küssen das Gewand des Herrn, während Joseph vergebens bei Herodes um Mitleid bittet.

Es folgen die Szenen
– Dornenkrönung
– Kreuzigung
– Kalvaria
– Grablegung
– Auferstehung.

Zur Entstehung und Gestalt des Films

Der kurze Streifen ist die größte Filmproduktion der Firma Lumière. Sie musste dem Käufer- bzw. damaligem Publikumsgeschmack entsprechen. Der Film wurde deshalb in dem böhmischen Dorf Horitz gedreht, wo alljährliche Passionsspiele stattfanden.
Der Film zeigt deutliche Veränderungen der biblischen Vorlage, z.B.
– Jesus wird von einem Soldaten (nicht von Josef von Arimathäa) in eine Kiste gelegt.
– Die Auferstehung Jesu geschieht aus der Kiste (nicht aus einem Grab).
Auch verspricht der Filmtitel „Das Leben und die Passion Jesu Christi" eher eine Gleichgewichtung von Kindheit (im Film nur zwei Szenen), Wirken (im Film keine Szene), Tod und Auferstehung, anstatt „nur" Passionsspiele.

Didaktisch-methodische Anregungen

Der Film lässt sich gut schon in unteren Klassenstufen (4 oder 5) einsetzen. Die Zuschauer
▶ schätzen begründend die Entstehungszeit des Films (1897)
▶ suchen Unterschiede in den damaligen technischen Möglichkeiten: Abfilmen, eine Perspektive aus der Totalen u.a.
▶ beschreiben die einzelnen Szenen (Inhaltsangaben)

- ▶ vergleichen die Szenen mit den biblischen Texten
- ▶ schreiben einen Drehbuchtext
- ▶ überlegen sich Farbgestaltungen für eine mögliche Handcolorierung
- ▶ erkennen das Ungleichgewicht der Szenenverteilung: Obwohl der Film im Titel vorgibt, das Leben Jesu darzustellen, überwiegen eindeutig die Passionsszenen.
- ▶ arbeiten das Jesus-Bild heraus: Jesus als Wundermann (Erweckung des Lazarus).

Das letzte Abendmahl
(Kuba 1976)
120 Min., ab Klasse 10

Themen

- – Moderne Jesusgestalt
- – Soziale Gerechtigkeit
- – Politische Theologie – Befreiungstheologie
- – Religion als Machterhalt („Opium des Volkes")
- – Missionsverständnis
- – Heuchelei und Aufrichtigkeit
- – Bedeutung und Verständnis des Abendmahls in der Tradition der Kirchengeschichte.

Inhalt

Ende des 18. Jahrhunderts in einer Fabrik in Havanna (Kuba): Der fromme Besitzer einer Zuckerrohrplantage lädt jedes Jahr in der Karwoche zwölf schwarze Sklaven zu sich nach Hause ein, die von seinen Aufsehern zuvor hart geschunden wurde. Es handelt sich um ein symbolisches Abendmahl. In seiner Ansprache kehrt er den verständnisvollen Herrn heraus.

Storyboard[130]

Zeit	Inhalt
0:00:00	
0:02:40	Einblendung: *Die beschriebenen Ereignisse fanden in einer Karwoche am Ende des 18. Jahrhunderts in einer Fabrik in Havanna (Kuba) statt.*

130 Die Dialogtexte sind vom Film abgehört.

Zeit	Inhalt

0:02:26 Mittwoch vor Ostern
Der Aufseher Don Manuel (reißt die Tür auf): *Verfluchte Neger! Jetzt werdet ihr Don Manuel kennen lernen! – Du hast ihm geholfen!*
Sklave: *Nein, ich helfe ihm nicht.*
Aufseher: *Wer war es dann?*
Sklave: *Niemand aus der Herberge. Sebastian macht immer alles allein.*
Aufseher: *Wo ist sein Schlafplatz?*
Sklave: *Hier.*
Aufseher: *Auf diesen Lumpen?*
Sklave: *Ja*
Ruf von draußen: *Der Herr Graf ist da!*
Aufseher: *Wieso denn jetzt? Los an die Arbeit, Miststück! Los, steh auf!*
Der Zuckerrohrplantagenbesitzer, der Graf, kommt angeritten:
Graf: *Guten Tag zusammen.*
Anwesende: *Guten Tag*
Graf: *Guten Tag, Pater.*
Pater: *Guten Tag, Herr Graf.*
Graf: *Wie schön, dass Sie sich erholt haben.*
Pater: *Gott ist großmütig ...*
Graf: *Monsieur Ducle, guten Tag! Wie geht es Ihnen?*
Ducle: *Sehr liebenswürdig. Gut, gut.*
Graf: *Senora, meine Hochachtung.*
Frau: *Vielen Dank.*
Graf: *Und Don Manuel?*
Ducle: *An die Arbeit! ...*
Don Manuel: *Ein Neger ist entlaufen ...*
Graf: *Lassen Sie mich ankommen. Also ... Monsieur Ducle, ich habe wichtige Vorhaben mit Ihnen zu besprechen.*
Ducle: *Wann immer Sie möchten.*
Graf: *Don Manuel, ich erwarte Sie mittags in meinem Büro.*
Gut.

0:05:47 Aus dem Dialog zwischen dem Grafen und dem Pater:
Graf: *Wie steht's mit Ihrer Mission?*
Pater: *Sehr schwierig, mein Herr. Es ist sehr schwer, den Negern das Christentum beizubringen.*
Graf: *Nur Mut! Sie wissen sehr gut, warum ich gekommen bin. Sie hatten doch keine Schwierigkeiten, zu ...*
Pater: *Nein. Alles ist vorbereitet, Herr Graf. Es ist ein Jammer, dass nicht alle gottesfürchtig sind. Dieser Jähzorn des Aufsehers!*
Graf: *Vielleicht ist es ungerecht, so über Don Manuel zu denken. In diesen Zeiten ist es nicht leicht, dies Schiff zu lenken. Das Meer ist aufgewühlt.*
Pater: *Wenn sie etwas mehr Gottvertrauen hätten, mehr Zeit der Kirche widmen würden und weniger den Hühnern, den Bergen, dem Schnaps, den Negerinnen ...*
Der Graf kleidet sich vor einem Kruzifix an.
Graf: *Ich finde keine Gelassenheit, Pater. Ich lebe in ständiger Unruhe und selbst am Tag irre ich herum wie ein Verlorener in einem Labyrinth voller Finsternis. Wo finde ich den Ausweg, Pater?*
Pater: *In Gott und nur in Gott.*
Graf: *Was ist mit dem Neger, der heute früh entflohen ist?*
Aufseher: *Er wollte vor allen Sklaven mein Ansehen untergraben. ...*

144

Zeit	Inhalt

Pater: *Es waren nicht alle Neger in der Kirche am Sonntag.*
Aufseher: *Die Zuckermühle musste repariert werden.*
Graf: *Aber es war kein gewöhnlicher Sonntag, es war die Karwoche, und es war Palmsonntag. Der Kaplan hat recht.*
Aufseher: *Der muss auch nicht 140.000 Kilo zusichern.*
Graf: *Man muss die Karwoche achten, seine Pflicht gegen Gott tun.*
Aufseher: *Und die 140.000 Kilo, Herr Graf? Dann muss ich die Peitschenhiebe verdoppeln und vielen Negern den Fußstock anlegen.*
Graf: *Warum sagen Sie mir das? Das ist Ihre Sache, oder? ... Sie sind der Aufseher. Der Kirche muss man Respekt zollen.*

0:08:10 · Szenenwechsel: Der Graf, der Pater und Ducle: betreten den Arbeiter-Schuppen
Ducle stolz zum Grafen: *Sehen Sie, Eure Exzellenz, bei dieser neuen Anordnung werden alle Kessel von einem einzigen Feuer gespeist. – Das Feuer ist zu schwach. ...*
Ducle zum Pater: *Als Zuckermeister wird man geboren. Das wird einem in die Wiege gelegt. Dazu muss man von der Natur geschaffen sein. Nur sie verrät uns das Geheimnis, das den ganzen Körper in Besitz nimmt.*
Pater: *Das klingt ja wie Zauberei.*
Ducle: *Auch Riten der Kirche könnte man für Zauberei halten, doch nichts wäre weiter entfernt, oder?*
Pater: *Diese Sakramente haben einen ganz klaren Zweck.*
Ducle: *Dieses Pulver etwa nicht? Es dient der Zuckerherstellung.*
Graf: *Dann liegt Ihr Geheimnis also in dieser kleinen Tüte?*
Ducle: *Nein, Exzellenz. Hier! Diese Substanzen sind wichtig für die Umwandlung. Das anfangs grüne Zuckerrohr wird zu schwarzer Materie. Das, was später weiß wird, muss zuerst einmal schwarz sein. ... Durch das Feuer wird der Zucker gereinigt, wie die Seelen der Gerechten im Fegefeuer, nicht wahr?*
Kaplan: *Unglücklicherweise werden nicht alle Seelen im Fegefeuer gereinigt. ...*

0:12:50 · Reiter haben den entflohenen Sklaven eingefangen.
Aufseher: *Mal sehen, ob du immer noch Lust hast, abzuhauen.*
Der Aufseher schneidet ihm brutal ein Ohr ab und wirft es den Hunden zum Fraß.

0:13:40 · Am Vorabend des Karfreitag
Graf: *Don Manuel, Ich möchte, dass Sie mir zwölf von diesen Negern auswählen.*
Aufseher: *Wofür?*
Graf: *Tun Sie, was ich Ihnen sage.*
Aufseher: *Ich wollte nur wissen, wonach ich auswählen soll.*
Graf: *Irgendwelche. Wählen Sie einen aus jeder Gruppe und fertig.*
Aufseher: *Du ... und du ... zum Henker!*
Graf: *Wo ist der entlaufene Neger, der gestern eingefangen wurde?*
Aufseher: *Der ist im Bußholz.*
Graf: *Er macht die Reihe voll. Bringen Sie ihn ins Krankenzimmer, danach in die Kapelle.*
Aufseher: *Aber ... Herr Graf!*
Graf: *Tun Sie, was ich Ihnen sage.*

0:17:30 · Szenenwechsel: Der Pater hält den Sklaven eine kurze Predigt:
Pater: *Was heißt „in den Himmel kommen"? Es heißt, Gott sehen, bei Gott sein, in Gottes Haus leben. Nicht in der Küche, sondern im Salon. Es heißt, an Gottes Tisch essen, mit der Heiligen Jungfrau, die unsere Mutter ist, und mit den Engeln und den Heiligen, unseren Brüdern. Das heißt in den Himmel Kommen. Dort befiehlt*

keiner, keiner will dem andern etwas Böses, keiner streitet, das ist meins, das ist deins. Denn dort gehört alles allen und keinem fehlt etwas. Ist das nicht gut? Ist das nicht großartig? Wollt Ihr nicht in den Himmel? Aber um dorthin zu kommen, muss man rein sein und die Gebote einhalten. Der Sklave tut seine Pflicht, um ein guter Sklave zu sein. Er muss dem Herrn Respekt erweisen und ihm dienen, da Gott will, dass er ihm dient. Und ihn lieben, da Gott will, dass er ihn liebt, sehr liebt.

0:20:12   Szenenwechsel: Die Abendmahlsfeier beginnt mit der Fußwaschung. Der Graf will feierlich seinen Sklaven die Füße waschen. Diese können die Situation nicht verstehen und müssen kräftig lachen, als der Graf die Füße auch küssen will.

Graf: *Lass das, mehr Wasser!*

Sklave: *Der Graf kann sich solchen Luxus leisten. Es ist seine Art sich zu reinigen.*

Graf: *All dies ist für euch (er zeigt auf den reich gedeckten Tisch). Dies ist kein Tag wie jeder andere. Dies ist ein besonderer Tag. So steht es geschrieben im Buche Gottes. An einem Tag wie heute versammelte Christus seine Freunde um sich, seine Jünger, die wie seine Sklaven waren, um Abschied von ihnen zu nehmen. Christus würde sterben.*

Ein Sklave: *Nein! Mein Herr kann nicht sterben. Mein Herr ist gut.*

Graf: *Ich rede von Christus. Christus ging in den Himmel. Gott, der Vater, hatte ihn gerufen. Einer musste sich opfern und für die Menschheit leiden, das Lamm sein, die Strafe Gottes auf sich nehmen, ohne sich aufzulehnen, schweigend. Einer musste bezahlen für alles Schlechte, das der Mensch tut. Also. Esst und trinkt! ... Von allen guten Dingen des Heiligen Geistes, die Christus seinen Feinden gewährt, ist das beste, sich selbst zu überwinden, und Qualen, Schande und Unrecht zu ertragen um Christi Willen. Alle anderen guten Dinge sind Gottes, und ihm schulden wie sie. Der Schmerz ist das Einzige, was wir haben, und das Einzige, was wir Gott darbringen können ... mit Freuden.*

Der Graf setzt sich langsam wieder hin und hat Tränen in den Augen. Die Schwarzen lachen und der Graf stimmt in das Lachen mit ein.

Graf: *Ihr habt's verstanden ... Ihr habt die Moral verstanden, nicht wahr?*

Sklave: *Mein Herr, mal sehen, ob Neger Ambrosio verstanden hat. Wenn Aufseher gibt Schläge mit Kopf nach unten, Neger muss zufrieden sein?* (Lachen der Schwarzen)

Graf: *Ja genau. So ist es. Habt ihr das verstanden, könnt ihr wahrhaft glücklich sein, glücklicher als die Weißen. Hört zu: Der Neger ist von der Natur viel eher dazu geschaffen, den Schmerz mit Ergebenheit zu ertragen. Hat je ein Weißer beim Zuckerrohrschneiden gesungen? Der Neger hingegen singt immer. Denn wenn man singt, vergisst man, was man tut. Und die Seele freut sich. Weiße leiden mehr beim Zuckerrohrschneiden als Neger. Gott richtet es so ein, dass dem Neger die Fähigkeit zum Schneiden angeboren ist; er ist gleichsam in das Zuckerrohrfeld hineingeboren.*

Sklave: *Mein Herr, der Neger singt und schneidet Zuckerrohr, aber Singen ist ihm lieber als Zuckerrohrschneiden.*

Graf: *Ja, darum muss man ihn zwingen. Dazu ist der Aufseher da. Er hat die Aufgabe, die Tagediebe zum Arbeiten zu bringen. Viele von euch sind Tagediebe, darum bekommen sie die meisten Schläge.*

Sklave: *Warum muss der Neger ertragen, dass der Aufseher ihn schlägt? Warum schlägt man ihn nicht?*

Graf (springt erregt auf, schreit): *Weil Gott es so verfügt hat. Das ist die Strafe Gottes. Gott ist barmherzig, aber er hat kein Mitleid mit dem, der ihm nicht ge-*

horsam ist. (beruhigt sich und nimmt wieder Platz): *Aber Gott entschädigt auch die, die am meisten leiden und die sich opfern und die am meisten arbeiten. Für alle, die tun, was Gott befiehlt, gibt es ein Paradies im Himmel, wie früher, das der Mensch zerstört hat. Und wisst ihr was? Man brauchte nicht zu arbeiten. Hatte man Hunger, streckte man die Hand aus und nahm, was man brauchte. Keine Neger! Neger und Sklaven gab es erst später, als Gottes Strafe kam ...*

Sklave: *Neger denkt an Paradies, dort gibt es keinen Herrn, oder?*

Graf: *Nein. Weder einen Herrn noch Sklaven.*

Sklave: *Und Aufseher.*

Graf: *Nein, auch keinen Aufseher.*

Sklave: *Dann ist es gut im Paradies. Und warum gibt es keinen Aufseher im Paradies? Der Pfarrer sagt, der Aufseher ist wie Jesus Christus.*

Graf, leicht angeheitert: *Ein alter Bock ist dieser Aufseher! Wie Jesus Christus. Ich weiß nicht, was euch der Kaplan gesagt hat, aber Don Manuel, der Aufseher, kann niemals Jesus Christus ähnlich sein. Don Manuel ist ein großer Sünder...*

Manche Sklaven glauben schon an eine Wandlung ihres tyrannischen Herrn.

Karfreitag

Aufseher vor der Kapelle: *Ich scheiß auf euch Neger. Steht auf oder nicht! Zwingt mich nicht reinzukommen! Faulenzen.*

Sklave: *Der Herr sagt, heute keine Arbeit.*

Aufseher (schlägt ihn nieder): *Und was sagt der Schlag? Dass gearbeitet wird.*

Anderer Sklave: *Mein Herr hat gestern gesagt Nein.*

Aufseher: *Mein Herr! Von wegen mein Herr! Was glaubst du, wer du bist? Ich komme in die Herberge! Was ist mit der Glocke? Wer hat befohlen, aufzuhören?*

Pater: *Manuel, bitte! Was machen Sie?*

Aufseher: *Was machen Sie hier, Pater?*

Pater: *Heute ist Karfreitag. Der Herr Graf hat es ausdrücklich gesagt, dass nicht gearbeitet würde.*

Aufseher: *Davon weiß ich nichts. Mir sagte er ausdrücklich, dass kein Tag zu verlieren ist. Los! Damit auch der letzte Neger aufsteht!*

Pater: *Respektieren Sie die Karwoche!*

Aufseher: *Was geht das die Neger an? Lassen Sie mich in Ruhe! Können Sie das verantworten? Und Sie, Pater? Sind Sie nicht dafür verantwortlich?*

Pater: *Ich glaube, Gründe zählen bei ihnen nicht. Ich habe nichts mehr zu sagen.*

Aufseher: *Mal sehen, wer die Nachzügler sind!* (wird gegenüber den Sklaven handgreiflich): *Worauf wartet ihr? Und du?*

Sklave: *Der Herr Graf hat mir seine Gnade erwiesen.*

Aufseher: *Welche?*

Sklave: *Die Freiheit. All die Neger sind Zeugen.*

Aufseher: *Da hat der Herr wohl nicht mit mir gerechnet. Los vorwärts!*

Sklave: *Der Herr lügt nicht!*

Aufseher: *Wer hat gesagt, dass der Herr ein Lügner ist?*

(schlägt den Sklaven): *... damit du mich recht verstehst.*

Aber die Sklaven halten an ihrer Forderung nach Arbeitsruhe fest; ein Aufstand bricht aus. Der Kaplan ist machtlos. Der Graf lässt alle Aufrührer gnadenlos niedermetzeln. Nur einer entkommt.

Zur Intention des Films

Der kubanische Film attackiert „mit subtiler Ironie die Vereinnahmung der Religion durch die Mächtigen zur Unterdrückung des Volkes. Am Ende steht ein Aufruhr zur Gewalt, ohne die derartige Verhältnisse nach Meinung der Autoren nicht zu ändern sind."[131]

Didaktisch-methodische Anregungen

Gut wäre es, diesen Film interdisziplinär anzugehen; Schüler*innen*, die sich zugleich mit den sozialen Fragen im 19. Jahrhundert im vorindustriellen Deutschland oder mit Kolonialismus/Ausbeutung/Sklaverei beschäftigen, sind für das Anliegen des Films – und seinen Zündstoff! – sensibel.

Am besten kommt die Diskussion an knappen, pointierten Filmzitaten in Gang:

▶ Ein Schwarzer fragt klagend im Film: *Wo gibt es einen Herrn, der mit dem Neger teilt? Wo der Sklave am selben Tisch isst und trinkt wie der Herr? Das gibt es nicht.* Wie sind dennoch Veränderungen der politischen Lage möglich?

▶ Der Pater fordert in seiner Predigt: Der Sklave *muss dem Herrn Respekt erweisen und ihm dienen, da Gott will, dass er ihm dient. Und ihn lieben, da Gott will, dass er ihn liebt, sehr liebt.* Welche Folge hat das? Wie könnte eine Befreiungspredigt aussehen?

▶ Der Pater beklagt im Film: *Es ist sehr schwer, den Negern das Christentum beizubringen.* Was meint er mit „beibringen"? Ist Mission als „Einbahnstraße" oder als Dialog zu verstehen?

Der Film ermöglicht – mit älteren Schülern – den Einstieg in die Diskussion der Befreiungstheologien, des christlichen Engagements für Gerechtigkeit:
- Im 20. Jahrhundert: Christliche Befreiungsbewegungen in Lateinamerika, z.B. Helder Camara, Erzbischof von Olinda und Recife (Brasilien)
- Der Entwicklungsdienst der Kirchen: ein Beitrag für Frieden und Gerechtigkeit in der Welt
- Christen als Anwälte für Freiheit und Gerechtigkeit.

---

131 Religion im Film, Köln 1999, S. 310.

Die letzte Versuchung Christi
(USA 1988)
164 Min., ab Klasse 10

Themen

- Religions- und Kirchenkritik
- Möglichkeiten und Grenzen künstlerischer Gestaltungen
- Gotteslästerung.

Inhalt

Nikos Kazantzakis, der Autor der Romanvorlage, lässt Jesus als Zimmermann auftreten, der Kreuze für Hinrichtungen herstellen muss. Maria Magdalena ist aus Enttäuschung über Jesus eine Hure geworden. Jesus, ein ganz normaler Mensch wie alle anderen, ruft am Kreuz: „Mein Gott, mein Gott, warum hast du mich verlassen!" Die Anklage wird unterbrochen durch „die letzte Versuchung", durch einen Traum und durch eine Vision, in der Jesus – vom Kreuz befreit – mit Maria Magdalena ein Kind zeugt. Maria Magdalena wird vom Blitz erschlagen. Jesus wird durch Judas aus dieser Vision gerissen und stirbt am Kreuz mit den Worten: „Es ist vollbracht."

Storyboard[132]

Zeit	Szene/Inhalt	Bibel
0:00:00	Vor Beginn der Filmhandlung wird folgender Text abgerollt:	
	Das doppelte Wesen Christi die Sehnsucht des Menschen, so menschlich, so übermenschlich, zu Gott zu gelangen ... blieben mir stets ein tiefes unergründliches Geheimnis. Mein größter seelischer Konflikt und Quell all meiner Freude und Qualen seit meiner Jugend war der erbarmungslose Kampf zwischen dem Geist und dem Fleisch... Denn meine Seele ist das Schlachtfeld, auf dem diese beiden Armeen von jeher ihren Kampf ausgetragen haben.	

132 Die Dialogtexte sind vom Film abgehört.

Nikos Kazantzakis aus dem Vorwort zur engl. Ausgabe seines Werkes „Die letzte Versuchung":

„Dieser Film beruht nicht auf der Heiligen
Schrift, sondern auf dem Roman, der sich mit
diesem ewigen Konflikt beschäftigt."

0:02:17 Der Beginn der Handlung

0:02:34 Jesus: *Mit einem Gefühl, ganz zart, ganz sanft fängt es an.*
Und dann kommt der Schmerz, als ob ein unsichtbar Raubvogel die
Klauen in meinen Schädel schlägt, die Krallen graben sich ein. Kurz
bevor sie meine Augen erreichen, lockern und lösen sie sich allmäh-
lich. Und dann erinnere ich mich.
Zuerst habe ich drei Monate lang gefastet und habe mich sogar
ausgepeitscht, bevor ich schlafen ging. Zunächst klappte es. Dann
kam der Schmerz wieder und die Stimmen. Sie rufen mich beim
Namen...
Stimme: *Jesus!*
Jesus: *Wer ist da? Wer bist du? Warum verfolgst du mich?*
Judas: *Bist du bereit? Bist du bereit? Nein, kein Kreuz! Wir werden*
den Zeloten befreien. Wo sind deine Gedanken? Hast du gehört,
was ich gesagt habe?
Jesus: *Auf solche Art kommt der Messias nicht.*
Judas: *Was meinst du damit? Woher weißt du das? Wer hat dir das*
gesagt? Du benimmt dich schändlich. Schämst du dich nicht? Nie-
mand macht mehr Kreuze für die Römer. Nur du, du bist der Einzige.
Du bist schlimmer als jene. Ein Jude, der Juden tötet. Feigling! Wie
willst du jemals für deine Sünden bezahlen?
Jesus: *Mit meinem Leben, Judas! Ich besitze nichts anderes.*
Judas: *Wende dich nicht ab! Sieh mich an! Sieh mir in die Augen.*
Mit deinem Leben, was meinst du damit?
Jesus: *Bitte, lass mich Judas! Ich weiß nicht. Ich weiß es nicht.*
Judas: *Du wirst das Kreuz tragen?*
Jesus: *Ja, hab ich vor.*
Judas (schlägt Jesus): *Ich werde das nicht zulassen.*
Jesus: *Ich bitte dich, Judas, steh mir nicht im Weg!*
Judas: *Was ist mit dir? (wendet sich von Jesus ab): Ich kämpfe. Du*
arbeitest für den Feind.

0:07:30 Jesus arbeitet für die römischen Soldaten und fertigt Kreuze an.
Soldat: *Die sollen sich zusammennehmen, sonst passiert was!*
Jesus trägt den schweren Kreuzbalken zur Hinrichtungsstätte.
Eine Frau spuckt Jesus ins Gesicht.
Eine andere Frau zu Jesus: *Komm mit!*
Soldat (verliest die Anklage): *Dieser Mann, nackt wie er vor euch*
steht, wird verurteilt wegen Aufruhrs, weil er seine Hand gegen
Rom erhoben hat. Er versuchte das Volk zur Rebellion aufzuhetzen.
Er versprach, dass sich aus der Mitte des Volkes ein Messias erhe-
ben und das römische Weltreich stürzen würde. Mord, Verrat, Plün-
derung und anderes hat er begangen und wird zum Tode verurteilt.
Rom verurteilt ihn. Alle Götter Roms verurteilen ihn.

Zeit	Szene/Inhalt	Bibel
0:11:30	Stimme: *Bist du sicher, dass es Gott ist? Bist du sicher, dass es nicht der Teufel ist?* Jesus: *Ich bin mir gar nichts mehr sicher.* Stimme: *Wenn es der Teufel ist, den kann man austreiben.* Jesus: *Was ist, wenn es Gott ist? Den kann man nicht austreiben.*	
0:12:25	Jesus allein: *Wer ist das? Wer verfolgt mich? – Magdalena, Magdalena!*	
0:13:00	Jesus im Vorhof des Tempels: *Danke, Herr, dass du mich hingeführt hast, wo ich nicht hingehen wollte. Hier muss einer der Engel Gottes sein. Er stieg zur Erde, um mir den Weg zu weisen.*	
0:14:20 0:16:50	Jesus geht in das Haus von Maria Magdalena, die als Hure tätig ist. Maria Magdalena: *Wer ist das draußen? Wer ist da? – Wie kommst du da her?* Jesus: *Liebste, ich weiß, ich habe viel Schlechtes getan. Ich werde in die Wüste gehen. Ich flehe dich an, mir zu vergeben, bevor ich gehe.* Maria: *Oh, ich verstehe schon. Du sitzt den ganzen Tag da draußen mit den andern und dann kommst du mit gesenktem Haupt hier herein und sagst: „Vergib mir!" Doch so einfach ist das nicht. Wenn du Vergebung suchst, bei mir findest du die jedenfalls nicht!* Jesus: *Es tut mir Leid, Maria.* Maria: *Verschwinde, ich will dich hier nicht mehr sehen!* Maria wendet sich von ihm ab. Jesus: *Sieh doch, sieh dir dies doch an. Gott kann deine Seele retten.* Maria: *... und ich hasse euch beide.* Jesus: *Gib mir die Schuld. Es ist alles meine Schuld, aber nicht Gottes.* Maria: *Wem habe ich dieses Gefühl Gott gegenüber zu verdanken?* Jesus: *Deshalb flehe ich dich an, mir zu vergeben. Ich will meine Schuld begleichen. Ich weiß, dass ich dir die schlimmsten Dinge angetan habe.* Maria (schreit weinend): *Bezahl oder verschwinde!* Jesus: *Erinnerst du dich nicht? Überhaupt nicht, Maria?* Maria: *Wieso auch? Nichts hat sich geändert. Sag die Wahrheit. Du willst meine Seele retten. Hier wirst du sie finden. Das weißt du.* Maria (entblößt sich, zeigt Jesus ihren Busen): *Du bist genau wie alle andern. Nur du kannst es nicht zugeben. Du bist zu bemitleiden. Ich verabscheue dich. Hier ist mein Körper.* (Ergreift Jesu Hand): *Errette ihn! Rette ihn!* Jesus verlässt Maria. Maria (schreit ihm nach): *Zeigst du so, dass du ein Mann bist! Du hattest nie den Mut, ein Mann zu sein.* (Jesus kommt zurück. Maria bringt ihre Kleider in Ordnung): *Sieh gefälligst weg! Immer hast du am Rockzipfel deiner Mutter oder mir gehangen. Jetzt hängst du dich an Gott. Du versteckst dich in der Wüste, weil du Angst hast. Mach schon, geh!* (streichelt Jesu Wange) *Ich erinnere mich sehr wohl daran, als wir Kinder waren. ... Ich habe nur immer dich gewollt und nichts.* Jesus: *Was denkst du, was ich wollte?* Maria: *Bitte, geh nicht! Ist es so schlimm, im Haus einer Prostituierten zu bleiben?...* Jesus: *Maria, es tut mir Leid, Ich kann nicht bleiben!*	

Zeit	Szene/Inhalt	Bibel

0:21:27 Jesus in der Wüste

Jesus begegnet Mönchen. Er wird von einem Alten willkommen geheißen.

Jesus: *Betet ihr immer so spät?*

Mönch: *Das ist eine Bestattung. Der Vorsteher des Klosters ist verstorben.*

Jesus: *Soll ich mit dir beten?*

Mönch: *Schlaf, du wirst müde sein. Ich weiß, wer du bist.*

Jesus legt sich schlafen.

Am nächsten Morgen erfährt Jesus, das der alte Mönch verstorben ist.

Jesus zu den Mönchen: *Das war der, der mich letzte Nacht untergebracht hat.*

0:26:16 Ein Mönch: *Du musst gesegnet sein, wenn Gott sich dir zeigt, auf solche Weise.*

Jesus: *Luzifer ist in mir, er sagt, ich bin nicht der Sohn von Maria und Josef, nein, er sagt, ich bin der Sohn Gottes, und mehr noch: ich bin Gott selbst ... und mehr als das!*

Mönch: *Möchtest du mich noch etwas fragen?*

0:27:50 Jesus: *Zu wem soll ich reden?*

Mönch: *Öffne nur deinen Mund. Du liebst die Menschen?*

Jesus: *Die Menschen und ich leide mit ihnen. Mehr weiß ich nicht.*

Mönch: *Das genügt!*

Jesus: *Alles ... was ich euch sagen kann ... Meine einzige Botschaft.*   Mt 22, 29
... ist ... Liebe ... Ihr ... sollt euren Nächsten so lieben, wie ihr euch selbst auch liebt ... Versteht ihr mich ...?

1:35.40 Judas und Jesus allein

Jesus: *Ich wünschte, es gäbe einen Weg. ... Ich muss am Kreuz sterben.*

Judas: *Ich will nicht, dass du stirbst.*

Jesus: *Du hast keine Wahl, ich auch nicht. Du darfst nicht vergessen, wir bringen Gott und die Menschen zusammen. Wenn ich nicht sterbe, finden sie nie zueinander. Ich bin das Opfer, aber ohne deine Mithilfe kann es keine Erlösung geben. Das musst du begreifen.*

Judas: *Ich kann nicht, niemals! Jemand, der stärker ist als ich!*

Jesus: *Denk an dein Versprechen. Ich muss dich an deine Worte erinnern: Du würdest mich töten, wenn ich vom Pfad der Revolution abweichen würde.*

Judas: *Ja!*

Jesus: *Ich bin abgewichen, nicht wahr?*

Judas: *Ja!*

Jesus: *Dann musst du mich töten. Ich bestehe darauf. Er wird es auch tun durch dich. Die Tempelwachen werden mich vermuten in einer Gegend, wo keine Menschen sind. Wir gehen nach Getsemane. Du wirst dafür sorgen, dass sie mich finden.*

Judas: *Nein!*

152

Zeit	Szene/Inhalt	Bibel
1:38:02	Jesus: *Ich werde den Tod erleiden. Aber nach drei Tagen komme ich zurück. In Triumph! Du darfst mich nicht verlassen, mein Bruder!* Judas: *Wenn du deinen Meister verraten solltest, würdest du das tun?* Jesus: *Nein! Deshalb hat Gott den leichteren Auftrag auch mir gegeben, am Kreuz zu sterben.*	Vgl. Mt 16, 21
1:38.48	Judas (weint): *Was wird mit den anderen?* Jesus: *Heute Abend sage ich es Ihnen.*	
1:39:50	Abendmahl Jesus: *Hört mich an! Nimm dieses Brot. Dieses Brot ist mein Leib, Trinkt jetzt diesen Wein. Reicht ihn weiter. Dieser Wein ist mein Blut. Trinkt zum Gedenken an mich!* Judas steht auf. Jünger: *Wir sind noch nicht fertig!* Jesus: *Ich habe euch allen etwas Wichtiges mitzuteilen ...*	Vgl. Mt 26, 26
1:43:30	Im Garten Getsemane Jesus: *Wartet hier auf mich!* Jesus (betet): *Vater im Himmel, Vater auf Erden. Die Welt, die du geschaffen hast und die wir sehen können, ist schön. Aber die Welt, die du geschaffen hast und die wir nicht sehen können, ist auch schön. Ich weiß nicht, vergib mir, Vater, welche die Schönere ist, ich weiß es nicht. ... (weint): O bitte, Vater, ich bin schon so lange bei dir, ... immer tat ich, was du von mir verlangt hast. Wie viele Wunder hast du für andere getan? Für Moses teiltest du das Rote Meer. Du hast Noah gerettet. ... Und nun verlangst du von mir, dass ich mich kreuzigen lasse. Kann ich dich ein letztes Mal fragen: Muss ich sterben? Gibt es keinen anderen Weg? Du reichst mir einen bitteren Kelch, aber ich kann nicht. Bitte, lass ihn an mir vorübergehen! Bitte, Vater, Vater!* (Judas reicht ihm den Kelch) *Ist das deine Antwort?* Judas (trinkt daraus): *Nun gut. Jetzt gib mir Kraft.* Jesus (kehrt zu den drei Jüngern zurück, findet sie schlafend): *Könnt ihr nicht einmal mit mir wach bleiben?* Jünger: *Verzeih!* Jesus: *Es ist zu spät!*	Vgl. Mt 26, 36ff
1:47:35	Ankunft der Soldaten Judas: *Willkommen, Rabbi!* (küsst Jesus) Petrus zieht sein Schwert, verletzt einen Soldaten am Ohr. Jesus (wirft das Schwert weg): *Wer damit lebt, stirbt damit!* Jesus heilt das Ohr des Soldaten. Zu Judas: *Ich bin bereit!*	Vgl. Mt 26, 49
1:48:44	Verhör Pilatus: *Du bist also der König der Juden?* Jesus: *König ist dein Wort.* Pilatus: *Ja schön, du bist Jesus von Nazareth.* Jesus: *Ja, der bin ich.* Pilatus: *Nicht der Messias. Man sagt auch, du seist ein Wundertäter. Na, böser Zauber. Könntest du uns vielleicht eine kleine Kostprobe geben, ein kleines Kunststück vorführen, nur für mich und hier?*	Vgl. Mt 26, 63

	Jesus: *Ich bin kein dressiertes Tier und auch kein Zauberer.* Pilatus: *Das ist bedauerlich. Es heißt, du bist auch so ein jüdischer Wirrkopf. Möchtest du etwas wissen? Du bist gefährlicher als die Zeloten. Sag etwas. Es wäre besser, du hättest gesprochen! Na gut, dann sag wenigstens, was du den Leuten auf der Straße erzählst.* Jesus: *Der Prophet Daniel hatte eine Vision: Eine riesige Statue hatte ein goldenes Haupt... Mein Reich ist nicht hier, nicht auf Erden. ...*	Joh 18, 36
1:52:10	Jesus wird von Soldaten gegeißelt, ausgepeitscht; ihm wird eine Dornenkrone aufgesetzt.	
1:53:00	Petrus ist weggegangen; ein Soldat kommt auf ihn zu. Soldat: *Ich kenne dich, du warst doch auch bei ihm!* Petrus: *Das war ich nicht!* Soldat: *Nein, ich habe recht, das ist bestimmt einer von denen! ...*	Vgl. Mt 26, 69ff
1:53:52	Auf dem Weg nach Golgata: Jesus trägt sein Kreuz	
1:56:42	Jesus: *Mutter! Maria Magdalena! Wo seid ihr?* (sieht die Frauen): *Mutter, es tut mir Leid, dass ich so ein schlechter Sohn bin.* Jesus wird von den Soldaten abgeführt und ans Kreuz gebunden und genagelt. Das Kreuz wird aufgerichtet. Jesus: *Vater, bleib bei mir! – Vater, vergib ihnen! – Vater, warum hast du mich verlassen!*	
2:01:22	Ein schönes, kleines Mädchen erscheint, kniet am Boden. Jesus: *Wer bist du?* Mädchen: *Ich bin dein Schutzengel.* (steht auf): *Dein Vater ist ein Gott des Erbarmens. Er sagte: Geh hinunter. Er hat genug gelitten ... Er hat dich nur auf die Probe gestellt. Er will nicht dein Blut. Er sagte: Lass ihn nur im Traum sterben ...* Jesus: *Aber die Schmerzen waren echt!* Mädchen: *Ja, du brauchst keine mehr haben. Du hast genug getan.* Sie nimmt ihm die Dornenkrone ab. Sie zieht ihm die Nägel aus Armen und Beinen küsst seine Wunden. Der Engel führt ihn fort. esus: *Ich muss nicht geopfert werden?* Mädchen: *Nein, ganz gewiss nicht!* Jesus: *Ich bin nicht der Messias?* Mädchen: *Nein!* Jesus heiratet Maria von Magdala. Sie haben Kinder und sind glücklich.	
2:31:27	Das Traumbild verschwindet. Jesus stirbt am Kreuz. Jesus (schwach, lächelnd): *Es ist vollbracht.*	Joh 19, 30

Zur Intention des Regisseurs/des Films

Auf die Frage, was den Regisseur Scorsese an Kazantzakis' Jesus besonders berührt, antwortet er: „Gewöhnlich ist Jesus ausschließlich als Gott dargestellt worden. Er betrat einen Raum, und schon erstrahlte dieser, sodass jeder wusste, um ihn war das Außergewöhnliche. Und doch stellt ihn das Evangelium anders dar. Das Interessante am Roman von Kazantzakis ist die

Tatsache, dass Jesus zunächst als ein Mensch geschildert wird, und deshalb erfährt und versteht er an einem gewissen Punkt den Verlust, die Sehnsucht und andere Gefühle und Schwächen, die als rein menschlich empfunden werden...

Ich behaupte gar nicht, dass das Konzept von ‚Die letzte Versuchung Christi‘ die Wahrheit ist, aber die Idee ist faszinierend. Bei Kazantzakis kämpft Jesus mit seinem menschlichen Naturell, während er mit Gott einig wird. Wegen der zwei Seelen in ihm, der menschlichen und der göttlichen, ist jeder Augenblick seines Lebens Konflikt und Sieg...

Es geht um eine Geschichte voller Größe, und sie handelt davon, dass es allzeit besser ist, einen direkten seelischen Zugang zu finden, als den Hürden und Zweifeln nachzugeben, die vom Menschen stammen. ...

Ich will ausdrücken, dass man zu Gott direkt sprechen kann und keinen Vermittler braucht. ...

Jesus, wäre er hier, wäre er auf der 8th Avenue mit den Prostituierten und den Drogenhändlern, denn er begab sich zu den Ausgestoßenen... Wir sind nicht da, um den Glauben guter Christen zu erschüttern. Dieser Film ist in erster Linie für Menschen, die keinen Zugang zur Religiosität haben, oder solche, die sich von der Kirche abgewandt haben...“[133]

„Mein Film ist aus einem tief religiösen Gefühl entstanden. Ich habe an diesem Film fünfzehn Jahre lang gearbeitet; er bedeutet mir mehr als irgendein anderes Filmprojekt. Ich glaube, es ist ein religiöser Film über den leidvollen Kampf, Gott zu finden, und deshalb glaube ich, dass er eine Bestätigung des Glaubens und keine Verleugnung ist.“

Zur Wirkung des Films

Dieser Film hat bereits vor dem Kinostart Schlagzeilen gemacht: Schlägereien in Marseille und Athen, Brandanschlag in Paris, Verbot in Israel u.a. mehr.

Im New Yorker Ziegfeld Theatre konnte der Film nur unter Polizeischutz starten. Den Rosenkranz in der Rechten, das Kreuz in der Linken, eine Jesusfigur küssend, versuchten Demonstranten die Filmaufführungen zu verhindern.

„Rund 25000 Menschen demonstrierten vor den Universal Studios, in der Öffentlichkeit setzte eine erregte Diskussion über Gotteslästerung und Meinungsfreiheit ein, scharfe anti-semitische Untertöne vergifteten die Debatte, religiöse Fanatiker drohten gar mit Gewaltaktionen gegen Kinos...

133 M. Scorsese, Zum Film „Die letzte Versuchung“. Interview (Pressemappe zum Film), Sept. 1988, in: epd-Dokumentation 7/89, S. 66ff.

‚Dieser Film ist die Phantasterei einer kranken menschlichen Seele', verkündet ein New Yorker Erzbischof, der für zwei Millionen griechisch-orthodoxe Gläubige spricht. ‚Er verunglimpft den christlichen Glauben an einen perfekten und sündenlosen Christus.'"[134]

Während manche Kritiker von „Skandalon", „Verletzung religiöser Gefühle" (CSU)[135] und von einer „Verflechtung von Obszönitäten"[136] sprechen, gibt Hans Schwier, der Kultusminister von Nordrhein-Westfalen, zu bedenken, dass „nicht der Film, sondern die Bereitschaft so vieler Menschen, so unreflektiert zu hassen … erschreckend ist. … Täglich erhalte ich Hunderte von Briefen mit der Forderung, den Film verbieten zu lassen. Viele, fast zu viele Schreiben sind von erschreckendem Hass geprägt. Von einer angeblich jüdischen Produktion, von einem dämonischen, pornographischen Machwerk des Teufels ist die Rede, manche bezeichnen den Film als ein Verbrechen, das nur mit dem Holocaust verglichen werden kann. Nachdenken ist angebracht, nicht nur über den Film, sondern über die Bereitschaft vieler Menschen zu hassen…"[137]

Didaktisch-methodische Anregungen

▶ Die Wirkung des Films, besonders der Kommentar des Kultusministers sowie die verschiedenen Pressestimmen (s.u. in Auswahl) bieten guten Grundlagen zur Erschließung der Eigenart des Films. Es sollten folgende Aussagen bedacht werden:
  – Scorsese möchte – wie die Romanvorlage – sowohl im theologischen wie im ästhetischen Sinne gegen das Glaubensverständnis der kirchlichen Tradition provozieren.
  – Jesus ist kein Held, kein Vorbild, sondern Opfer von widrigen Verhältnissen.
  – Jesus ist verzweifelt, ein gescheiterter Mensch, ein Versager, ein schwarzer Engel.

▶ Wer den Film lieber induktiv interpretieren möchte, geht von dem Vergleich mit den Evangelien aus und fragt die Schüler*innen:

---

134 H. Rosner, Das Scorsese-Evangelium, in: cinema, Nr. 10/1988 (Hamburg), S. 7ff.

135 Süddeutsche Zeitung vom 31.10.1988.

136 So Mutter Basilea der 1947 gegründeten Marienschwesterschaft, die gegen den Film protestiert: „Verpflichtung von Obszönitäten und missbrauchten Bibelzitaten… Im großen Schmerz über diese hereinbrechende Flut der Gotteslästerung ist in unserem Herz nur ein Schrei: Das darf unserem Herrn Jesus Christus nicht angetan werden!" Zit.n. epd/Zentralausgabe, 14.9.1988.

137 Hans Schwier, Statement zu den Protesten gegen den Jesus-Film Martin Scorseses, Düsseldorf, 7.11.1988, in: epd Dokumentation 7/89, S. 17.

– Welche Szenen sind erfunden?
– Mit welcher Absicht sind diese Szenen hinzugefügt?
– Wie beurteilen Sie diese Absicht?
– Was trägt der Film zum Verständnis der *Menschheit Jesu* bei?
– Beinhaltet der Film Ihrer Meinung nach Gotteslästerung?
– Halten Sie ein Verbot des Filmes für berechtigt?
Hierzu können die unterschiedlichen Pressekritiken herangezogen werden.

Kritikerstimmen

„Scorseses Phantasie will die vertrauten Bilder in Frage stellen und fuhrwerkt doch nur mit neuen Oberflächenbildern herum."[138]

„Jesus zum Nachdenken… Wer sich ein Jesus-Bild aus der Sonntagsschule bewahrt hat, wird wohl Anstoß nehmen an einem Messias, der als Menschensohn menschliche Anfechtungen überwinden muss, bevor er seine Berufung und Qual auf sich nimmt. Wer aber bereit ist, der Grundidee des griechischen Autors Nikos Kazantzakis zu folgen, dass die Göttlichkeit des Zimmermannssohnes errungen ist in der Anfechtungen, für den dürfte dieser Jesus zum Nachdenken nicht ohne Faszination sein – auch und gerade, wenn er Christ ist."[139]

„Provokant wirkt die ‚Letzte Versuchung' eher auf Atheisten denn auf Gläubige – nämlich, sie reizt zum Spotten. Wenn der Heiland beispielsweise sich in den Rupfenausschnitt fasst und schnuppdiwupp wie ein philippinischer Wunderheiler mit derb grabschender Faust sein blutendes Jesusherz hervorzaubert aus der behaarten Brust – oder wenn er, am Ende, sich in den Ölbergkies bückt und dem römischen Soldaten, welchem Petrus das Ohr abhieb, rasch das Läppchen wieder an den entstellten Gehörgang pappt: dann machen solch mirakulös verlebendigte Schlafzimmerbilder doch schmunzeln … Scorsese verletzt nicht religiöses, sondern humanes Empfinden, er lästert nicht Gott, aber sein Umgang mit Gott ist partienweise geschmacklos. …"[140]

„Wenn schon dieser Film dennoch zu kritisieren ist, dann nicht wegen seines allzu freien Umgangs mit der biblischen Tradition, sondern weil er sich nicht frei genug macht von den üblichen Jesusklischees. Dem Film mangelt es insofern an Plausibilität, als Charisma und Geheimnis

138 Zit.n. stern-tv (Beilage zum Stern), Nr. 15 vom 7. April 1993.
139 Gerd-Eckhard Zehm (dpa), Frankfurter Rundschau, 18.8.1988.
140 Ruprecht Skasa-Weiß, Superstar in Sachrupfen, in: Stuttgarter Zeitung, 9.11.1988.

des gezeigten Jesus von Nazareth nicht deutlich werden. Dem Tiefsinn eines ‚Dallas'-Protagonisten steht diese Mischung aus Guru, Wundertäter und TV-Evangelist näher als einem Rabbi, in dessen Nachfolge Menschen alles liegen und stehen lassen…"[141]

Maria –
Die heilige Mutter Gottes
(USA 1999)
88 Min., ab Klasse 7

Inhalt

„Das Neue Testament mal ganz anders: Die Lebens- und Leidensgeschichte Jesu von Nazareth (Christian Bale) wird aus der Sicht seiner Mutter Maria (Melinda Kinnaman) erzählt."[142]

Storyboard (aus dem Anfangsteil des Films[143])

Zeit	Szene/Inhalt	Bibel
0:00:00	Text: *Obwohl wir uns dichterische Freiheiten erlaubt haben, glauben wir, dass dieser Film dem Geist und der historischen Bedeutung der biblischen Geschichte von Maria und Jesus gerecht wird.* *Im ersten Jahrhundert gehörte Palästina – die Heimat der Juden, zum Römischen Reich. Rom hatte Herodes, einen Marionettenkönig, eingesetzt. Dieser wurde jedoch von der Prophezeiung verfolgt, dass der Messias kommen sollte.* *Viele Juden rebellierten gegen die Besetzung, aber die römische Armee schlug jeden Widerstand brutal nieder.*	
0:00:30	Maria, ein Schäfchen auf dem Arm, kommt von einer Anhöhe und gibt einem Knaben das entwichene Schaf zurück: *Da ist sie.* Knabe: *Danke, Maria!* Ankunft von römischen Reitersoldaten. Knabe (erschrocken): *Pass auf, die Römer kommen!* Die Juden verstecken sich verängstigt in ihren Wohnungen. Juden: *Wieso können sie uns nicht in Ruhe lassen!* Maria zu Joseph: *Ihr dürft sie nicht gegen uns aufhetzen!* Joseph: *Keine Sorge, das machen wir nicht!* Maria schützt eine ältere Frau vor den Angriffen der Römer.	

141 „Trickserei". Scorseses „Letzte Versuchung Christi" erregt die Gemüter, Herder-Korrespondenz 11/88, S. 505.
142 So in den Pressemitteilungen der Premiere-Medien-GmbH, 85774 Unterföhring.
143 Die Dialogtexte sind vom Film abgehört.

Zeit	Szene/Inhalt	Bibel

Maria: *Ich bringe sie nach Hause.*
Verletztes Mädchen zu Maria: *Maria, wieso tun sie so etwas?*
Ein Mann: *Dafür bringe ich sie um!*
Maria: *Ist die ganze Welt verrückt? Wo ist Gott?*
Joseph: *Gott hat das nicht getan!*
Maria: *Aber wieso?*
Joseph: *Weil sie es können!*
Römischer Soldat: *Juden von Nazareth! Euer Kaiser in Rom hat*   Lk 2, 1ff
befohlen, dass all seine Untertanen gezählt werden sollen. Und
deshalb in genau neun Monaten soll jedermann in die Stadt seiner
Herkunft ziehen und seinen Namen in die Steuerlisten eintragen
lassen. Jedermann wird seine Frau und seine Kinder mitführen und
sie ebenfalls eintragen lassen.
Micha (will gegen den Soldaten vorgehen): *Römischer Abschaum!*
Er wird von Soldaten geschlagen.
Maria (mutig): *Hauptmann. Er hat Mut bewiesen. Ein Soldat wie du*
kann die Tapferkeit eines anderen Mannes würdigen, ohne selbst
an Würde zu verlieren!
Hauptmann (beeindruckt zu Maria): *Auch du bist mutig!* (zu den
Soldaten): *Lasst ihn los! Wir rücken ab!*

0:04.40	Szenenwechsel. Maria verbindet Michas Wunden.	

Maria: *Sie haben schon wegen weniger ganze Dörfer niederge-*
brannt! Du hast unser aller Leben in Gefahr gebracht!
Micha: *Dafür habe ich ihnen gezeigt, dass sich wenigstens einer*
gegen sie wehrt.
Ruben: *Maria, wie vorlaut du warst! Ich konnte es überhaupt nicht*
fassen!
Joseph: *Und wenn sie nichts gesagt hätte?*
Ruben: *Wenn du wirklich so ein dreistes Weib heiraten willst, dann*
ist das deine Sache.
Micha: *Und was hast du getan, Ruben? Gar nichts. Nicht das*
Geringste! Und du bist mein Bruder!
Ruben: *Du kannst doch nicht allein gegen die römische Armee*
antreten, Micha!
Maria: *Auch wenn sich ein Mann wie ein römischer Soldat kleidet*
und wie einer spricht, so ist er doch ein Mann und vielleicht sogar
ein guter Mensch ...

0:06:02	Szenenwechsel. Gewitter, Blitze, Redengüsse	

Maria (allein im Raum): *Wozu all dieses Leiden? Ich bitte dich, ant-*
worte! Oder stelle ich vielleicht die falschen Fragen? Wie kann Ich
das Leiden lindern! Was kann ich dafür tun?

0:06:30	Szenenwechsel: Maria allein auf dem Feld	

Von weitem erscheint eine weiße Gestalt, den Kopf umhüllt, mit
Wanderstab.
Mann: *Gegrüßest seist du, Maria! Der Herr ist mit dir! Fürchte dich*   Lk 1, 28
nicht! Du hast bei Gott Gnade gefunden. Siehe, du wirst ein Kind   Lk 1, 30
empfangen und einen Sohn gebären. Den sollst du Jesus nennen.
Maria: *Wie soll das möglich sein? Ich habe keinen Ehemann.*

Zeit	Szene/Inhalt	Bibel
	Mann: *Der Heilige Geist wird über dich kommen. Und die Kraft des*	Lk 1, 34
	Höchsten wird dich überschatten. Das Kind, das du zur Welt bringst,	Lk 1, 32
	wird auch heilig genannt werden. Gott wird ihn den Thron Davids	
	geben. Und seine Herrschaft wird kein Ende haben.	Lk 1, 33
	Maria: *Was kann ich sagen. Ich bin die Magd des Herrn. Es soll mir*	Lk 1, 38
	geschehen, wie du es verkündet hast.	
	Mann: *Denn nichts ist für Gott unmöglich.*	
0:12:40	Szenenwechsel. Besuch der Maria bei Elisabeth	Lk 1, 39ff
0:16:40	Szenenwechsel. Maria und Joseph	
	Maria: *Der Engel des Herrn ist zu mir gekommen. Das hier ist Gottes*	
	Kind. Bei meiner Ehre, das war kein Mann!	
	Joseph: *Du hast mich betrogen! ... Du musst Nazareth sofort verlassen. Ich kann*	
	dich nicht mehr zur Frau nehmen, nachdem, was du getan hast. Für mich bist du	
	tot!	
0:22:10	Szenenwechsel. Herbergssuche in Bethlehem und	
0:24:30	Geburt Jesu	
	Maria: *Ist er nicht wunderschön?*	
	Joseph: *Ja, wunderschön!*	
	Wirtin: *Ich habe noch niemals ein schöneres Kind gesehen!*	

Zur Wirkung des Films

Es wird zwar versucht, teilweise aus weiblicher Perspektive zu erzählen. Dies wird jedoch nicht stringent durchgehalten. Der Film verwendet viele Klischeebilder und zeigt das Neue Testament nicht anders als frühere „Sandalenfilme" (vgl. dagegen den Anspruch von Premiere).

Die Klischeebilder werden besonders deutlich:

▶ in den Charakterisierungen der *Hauptfiguren*
So werden *Römer und Juden* einander schematisch gegenübergestellt: Täter gegen Opfer, brutale Despoten gegen Unschuldigen, die den Frieden lieben und in Eintracht leben. *Maria tritt* – wie aus Krippenspielen gewohnt – im weißen Kleid mit blauem Umhang auf, sie liebt Tiere, ist fromm und gut (lässt sich gleichzeitig mit Jesus im Jordan taufen; begleitet Jesus auf dem Kreuzweg nach Golgatha; betet nach Jesu Verlassenheits-Schrei am Kreuz inbrünstig und auf Knien das „Vater Unser" [1:19:05]). Zugleich zeigt sie den Mut, der in Romanen und Hollywood-Epen gern Frauen und Müttern zugebilligt wird – etwa gegen die Soldaten (vgl. Storyboard) oder auch gegen die versagenden Freunde ihres Sohnes (Zu den Jüngern: *Ihr Feiglinge! Tut doch etwas!* Zu Johannes: *Wieso stehst du nicht zu ihm?* [1:16:18])
Jesus wird als Idealtyp in Superlativen dargestellt. Er ist bereits bei seiner Geburt nach dem Urteil von Maria, Joseph und der Wirtin das schönste Kind, zeigt früh seine Friedfertigkeit und Sanftmut, fragt bereits als

Kind: *Wieso erkenne ich diese Dinge und niemand sonst?* Als Zwölfjähriger geht er in den Tempel, weil Gott es mir gesagt hat (0:45:15); leistet als Achtzehnjähriger gute Arbeit als Zimmermann und erfährt großes Lob: *Es passt perfekt!* Er zeigt sich großzügig (Auf den Einwand eines Juden: *Ich kann nicht bezahlen, erst nach der Ernte,* antwortet er: Bezahle, wenn du kannst [0:41:40]) und respektiert die Frauen als Vorbild, *da sie unsere Söhne erziehen.* Als guter Sohn tanzt er beim Hochzeitsfest zu Kana mit seiner Mutter (0:56:45) und zeigt sich ihr als der Auferstandene, indem er seine Hände segnend erhebt.

▶ in *einzelnen kitschigen Szenen* wie der Idylle im Stall bei den Tieren (Geburt), den Auftritten Jesu als Prediger und Heiler mit wallendem Haar, wehendem Gewand und Sandalen, dem tief hängenden Himmel mit schwarzen Wolken nach Jesu Tod.

▶ in der *Konzeption*
Übernatürliches wird erzählt, als seien es historische Fakten (die Engelerscheinung); zugleich wird kräftig ausgeschmückt, wenn sich etwa das Kind Jesus weigert, mit Kameraden zu kämpfen und die ihn fragen: *Warum tust du immer, als seist du etwas Besonderes? Schwächling! Los, schlag mich! Feigling!* (0:36:00). Auch dass Maria bei Jesu Tod das Vater Unser betet, macht dem kritischen Betrachter Probleme.

Didaktisch-methodische Anmerkungen

Angesichts meiner oben dargestellten Kritik würde ich diesen Film – wenn überhaupt – erst ab Klasse 10 einsetzen, und zwar bewusst als Negativ-Beispiel für neuere Jesus-Darstellungen im Film. Ich würde ihn nur in Ausschnitten zeigen (z.B. nur die ersten 6 Minuten oder die Kreuzigungsszene) und mit den Schülerinnen und Schülern herausarbeiten, welche Elemente des „Sandalenkitsches" er aufweist und was daran bedenklich ist.

Der Messias
(Frankreich/Italien 1975)
145 Min.
FSK ab 12 J., ab Klasse 5

Themen

– Neues Testament
– Bibel- und Historienfilm.

Inhalt

Die vier Evangelien werden als Drehbuchvorlagen verwendet, eine besondere Rolle wird dem Täufer Johannes eingeräumt. Am Anfang steht die Salbung Sauls zum König. Es folgt ein Streifzug durch die Geschichte Israels bis zu Herodes dem Großen.

Storyboard (aus dem Anfangsteil[144])

Zeit	Szene/Inhalt	Bibel
0:00:00	Alttestamentlicher Vorspann Erzähler: *Elfhundert Jahre vor Christus, nach ihrer Flucht aus der Sklaverei Ägyptens, irrten die Stämme der Kinder Israels 40 Jahre umher ...* Episode: Die Salbung Sauls zum König Erzähler: *Doch während der tausend Jahre haben die Propheten immer wieder die Hoffnung in den demütigen Volk Israel genährt: auf einen gerechten König, auf einen Messias, der ganz bestimmt kommen wird.*	
0:13:40	Die drei Weisen informieren Herodes über die Geburt vom neu geborenen Retter Herodes: *Ein neuer König in meinem Land?*	Mt 2, 1-8
0:15:58	Die Warnung *Fürchte dich vor Herodes!*	Mt 2, 11-13
0:17:40	Der Kindermord	Mt 2, 16
0:18:00 0:20:35	Der Tod des Herodes Die Unruhen	Mt 2, 19
0:22:20	Jesus, Maria und Josef beim Paschafest in Jerusalem Maria zu Jesus: *Heute ist ein wichtiger Tag für dich.*	Lk 2, 41f
0:24:50	Der zwölfjährige Jesus im Tempel Eltern: *Warum hast du das getan? Wir haben dich überall gesucht.* Jesus: *Wusstet ihr nicht, dass ich im Hause meines Vaters sein muss?*	Lk 2, 43-46.48f
0:31:10	Der Täufer Johannes	Mk 1, 4f
0:32:45 0:33:10	Das Wirken von Johannes Johannes: *Ich taufe dich mit Wasser zum Zeichen der Buße.* Die Taufe Jesu Johannes zu Jesus: *Ich müsste von dir getauft werden. Und du kommst zu mir?*	Mt 3, 11.13-15 Lk 3, 3.7-14
0:33:40	Die ersten Jünger Jünger: *Rabbi, du bist der Sohn Gottes!*	Joh 1, 29-30.40-42.45-50
0:35:30	Die Tempelaustreibung Jesus: *Raus mit euch!*	Joh 2, 13-16

144 Die Dialogtexte sind vom Film abgehört.

Zeit	Szene/Inhalt	Bibel
0:36:10	Jesus und die Samariterin am Jakobsbrunnen	Joh 4, 6-26.28-29
0:38:10	Johannes, der Täufer, und Jesus, der Messias	Joh 3, 26-30
0:39:00	Johannes klagt Antipas an	Lk 3, 19f.
0:40:25	Antipas und der Täufer	Mk 6, 20
0:44:20	Ablehnung Jesu in Nazareth	Mk 6, 2f Lk 4, 14-30
0:46:55	Der Fischfang des Petrus	Lk 5, 2.4-7
0:50:11	Der Zöllner	Lk 6, 37f

Zum Umgang des Regisseurs/Films mit der biblischen Vorlage

Regisseur Roberto Rosselini variiert und erweitert die verwendeten biblischen Texte der synoptischen Tradition.

▶ Er lässt Jesus *biblische Originaltexte sprechen*[145], erlaubt sich aber bei den anderen Figuren größere Freiheiten.

▶ Die *Evangelien* werden unterschiedlich gewichtet; so benutzt Rosselini das Markus-Evangelium für die Rahmenhandlung, entnimmt dem Matthäusevangelium Rede-Vorlagen und schöpft im Kern bevorzugt aus Lukas und Johannes.

▶ Rosselini wertet die *Person des Täufers* auf: Er ist nicht nur der Vorläufer Jesu, sondern eigenständiger Kämpfer für Freiheit und Gleichheit. So legt er ihm folgende Erklärung in den Mund: *Mir das Leben nehmen? Ich habe keine Angst! Denn wisse: Mich erwartet das Himmelreich. Mich gefangen halten? Was macht es mir denn aus, Ketten zu tragen, wenn mein Geist frei ist? Nein, Tetrarch, ich bin frei und du nicht! Deine Krone gibt dir Befehle und du musst gehorchen.* Der Tod des Täufers wird in der Mitte des Films gezeigt; er kann somit als zentraler Wendepunkt interpretiert werden[146]: Erst der Tod des Täufers motiviert Jesus, in der Öffentlichkeit zu wirken.

---

145 Eine „delikate" Ausnahme ist die kleine Erweiterung in Jesu berühmter Aussage über die Ehescheidung in der Bergpredigt; Rosselinis Jesus setzt hinzu: „Außer in Sonderfällen" ... Dazu vgl. Rosselinis Biografie: Aus der Beziehung zwischen ihm und der Schauspielerin Ingrid Bergman wurde 1950 ihr erstes gemeinsames Kind geboren, obwohl die Bergman zu dieser Zeit noch anderweitig verheiratet war.

146 Vgl. R. Zwick, Evangeliumrezeption im Jesusfilm, a.a.O., S. 197.

- ▶ Rossellini zeigt, wie die *Jünger* aus ihrer passiven Tätigkeit des Zuhörens und Lernens erwachen, Sendungsbewusstsein entwickeln und aktiv die Worte Jesu weitergeben oder mit den Pharisäern mutig streiten.

- ▶ Rosellini gibt den Frauen mehr Raum für eigenes, aktives Handeln. Das zeigt vor allem die Oster-Szene: Maria aus Magdala kommt am ersten Tag der Woche, als es noch dunkel war, zur Gruft und sieht den Stein weggenommen. Aufgeregt läuft sie zu Simon Petrus und zu den anderen Jüngern und klagt: *Sie haben den Herrn weggenommen* (vgl. Joh 20, 1ff).

- ▶ Rossellini erzählt von *Jesus* als von „einem Menschen, der seine Menschlichkeit so vollendet hat, dass er das Göttliche berührt."[147] Dementsprechend betont der Film die vorbildhafte Freiheit und Geschwisterlichkeit, die Jesus verkündigt und lebt. Der Konflikt zwischen Jesu Sendung als Messias und der damaligen Politik der Herrschenden ist von Anfang an deutlich. Jesus versteht seine Sendung universal; sein besonderes Augenmerk gilt der Förderung einer aktiveren Rolle der Frauen, der Sorge um die Schwachen und Schuldbeladenen.

Didaktisch-methodische Anregungen

- ▶ Der Film eignet sich zunächst zur „Realienkunde": Die jüdische Glaubenswelt zur Zeit Jesu ist authentisch und eindrücklich dargestellt; die Messias-Erwartung und ihr Kontext werden auch jüngeren Schülern anschaulich und können gut herausgearbeitet werden.

- ▶ Darüber hinaus ist es spannend, die Kinder in die Rollen verschiedener „Helden" des Films schlüpfen zu lassen. Wenn sie sich als „Johannes", als „Zöllner" oder als „Maria" Begegnungen mit dem Film-Jesus ausmalen und sich anschließend darüber austauschen, werden zentrale Aspekte der Botschaft Jesu (Freiheit, Menschenwürde, Verantwortung) lebendig und verständlich.

---

147 G. Seeßlen, Von Oberammergau nach Hollywood (und zurück). Passionsspiel und Kino, in: R. Zwick/O. Huber (Hg.), Von Oberammergau nach Hollywood. Wege der Darstellung Jesu im Film, Köln 1999, S. 212.

„So ist seine Messiasgestalt denn auch ganz in den jüdischen Alltag mit der dazugehörigen alttestamentlichen Frömmigkeit, mit den Wallfahrten nach Jerusalem, den Opferhandlungen im Tempel, der Arbeit der Bauern und Fischer, hineingestellt. Noch selten dürfte es einem Jesusfilm gelungen sein, das jüdische Milieu so unpathetisch, dokumentarisch echt einzufangen. Die betreffenden Szenen gehören zum besten, was dieser Film zu bieten hat. …

Das zentrale Thema dieses Jesus-Films scheint allerdings die Idee der Freiheit und deren Verwirklichung in der Messiasgestalt und in seiner Umgebung zu sein."[148]

Miraculi
(BRD/DDR 1988/89-1991)
Fernsehfilm
Ab Klasse 10

Themen

– Moderne Jesusgestalt
– Wunderheilungen
– Religiöser Fanatismus
– Vergebung statt Vergeltung
– Heuchelei und Aufrichtigkeit
– Dem Nächsten zum Heiland werden.

Inhalt

Sebastian wird als Mitglied einer Clique Jugendlicher bei einem Bagatelldiebstahl erwischt, den er selbst schwerer nimmt als seine Umwelt. Er will wieder gutmachen. Er wird freiwillig Hilfsfahrkartenkontrolleur und versucht in dieser Position, seine Mitmenschen zur Ehrlichkeit zu erziehen. Dabei wird er mehr und mehr zur Jesus-Figur, liebend und unverstanden, verspottet und gequält, ohne Gegenwehr zu leisten.

148 Ambros Eichenberger, in: ZOOM-Filmberater, 30. Jg., Nr. 8, 19.4.1978.

165

Storyboard[149]

Zeit	Szene/Dialogtexte
0:00:00	Anfangstitel: *Im Sommer 1978 verschwand bei Sagsdorf. Kreis Sternberg, Bezirk Schwerin, über Nacht das Wasser eines Sees – und mit ihm hundert Meter Straße, Bäume, ein Bagger und alle Arbeitsgeräte.* *Malaysische Fischer entdeckten im April 1988 nördlich von Kudat vor der Küste Sabahs eine kleine Insel, nicht größer als ein Fußballfeld.* *So geheimnisvoll, wie sie erschien, so geheimnisvoll ist sie im März 1990 wieder verschwunden. Ältere Leute glauben sich zu erinnern, dass das bereits 1914 und 1915 so geschah.*
0:00:55	Der Film beginnt wortlos: Fünf junge Leute spielen Billard. Die Zigarettenschachtel wird versehentlich in ein Wasserglas gestoßen.
0:03:50	Sie stehen vor dem Tanzcafé „Zur neuen Welt", wollen rauchen, haben aber keine Zigaretten. Sie pochen an die Eingangstür eines Kiosks, treten dagegen. Sie knobeln mit Streichhölzern. Einer zieht das kurze Holz, Sebastian Müller. Er muss den Kiosk knacken, um Zigaretten zu stehlen. Als er – in jeder Hand eine Zigarettenschachtel – aus dem Kiosk hinaus will, sieht er sich selbst im Spiegel. Ihm wird bewusst: Ich bin ein Dieb. Als die Polizei kommt, flieht er nicht. Von der Konfliktkommission seines Betriebes wird er zu einer unerheblichen Geldstrafe von 50 Mark verurteilt. Richter: *Man könnte denken, das alles sei banal. Belanglos, der Sachschaden gering, nicht der Rede wert. Wüsste man nicht, dass das Vergehen moralisch zutiefst verwerflich ist ...* Sebastian (entschlossen): *Ich weiß, was ich zu tun habe.*
0:14:40	In der Straßenbahn Einer seiner Freunde: *Mal unter uns, Basti, egal wie es kommt. Wir tragen das mit. Oder hattest du gedacht, wir lassen dich wirklich hängen?*
0:17:50	Sebastian sucht nach Wahrheit und Gerechtigkeit. Er wird ehrenamtlicher Hilfskontrolleur bei der Straßenbahn.
0:19:25	Sprecher der Kontrolleure: *Ein Neuer in unserm Kreis. Wir wissen, wer du bist. Wir wissen alles. Solange Menschen betrügen, so lange muss man Menschen kontrollieren. Viele sagen: Was sind schon 20 Pfennige in der Straßenbahn ... .* Im Übungswagen wird Sebastian in seine neue Tätigkeit eingewiesen. Sprecher: *Entdecken der Schwarzfahrer! Bestrafen! ... Für den Kontrolleur haben alle Fahrgäste potenzielle Betrüger zu sein.* Seine Freunde und seine Freundin verstehen Sebastian nicht, denn er betreibt diese neue, von allen gehasste Funktion mit missionarischem Ernst.
0:47:30	Sebastian zu Fahrgästen ohne Fahrschein: *Melden Sie sich Dienstag im Depot Zimmer 36!*
0:51:00	Verhör im Depot. Sebastian und mehrere Schwarzfahrer Sebastian: *Glauben Sie, dass mit 20 Mark aus einem Menschen, der betrogen hat, ein Mensch wird, der nicht betrogen hat? Man kann nur Gleiches mit Gleichem austauschen. Aufrichtigkeit gegen Aufrichtigkeit, Vertrauen gegen Vertrauen und Liebe gegen Liebe, Betrug ist mit Geld nicht zu begleichen. ...*

149 Die Dialogtexte sind vom Film abgehört.

Zeit	Szene/Dialogtexte
	Fahrgast: *Wollen wir wetten?*
	Sebastian: *Wenn Sie jemanden lieben, der Sie nicht liebt. Wenn es Ihnen als Liebender nicht gelingt, geliebt zu werden, dann ist Ihre Liebe ohnmächtig. Ein Unglück. Sie können sie kaufen. Aber dann werden nicht Sie geliebt, sondern Ihr Geld.*
	Sebastian (öffnet die Tür mit der Geste der Verabschiedung): *Sie können gehen.*
	Eine Frau beim Herausgehen: *Das haben Sie aber schön gesagt.*
0:56:40	Die Jugendbande verspottet Sebastian: *Bist du nicht unser Basti? Kontrollier uns doch! Los! Kontrollier, wenn du kannst. Achtung! Freie Fahrt.* (flößen ihm gewaltsam Schnaps ein): *Sauf!* (ziehen ihm seinen Mantel aus und schubsen ihn): *Du sollst dich wehren!* (werfen ihn aus der fahrenden Bahn)
	Eine Frau zum verletzten Sebastian: *Das haben Sie aber neulich schön gesagt. So schön.* (weint)

Interpretationsansätze

▷ „Er verschafft sich Respekt: Tatsächlich wird er ein sehr erfolgreicher Kontrolleur, und niemand wagt es, Sebastian die üblichen Ausreden aufzutischen. Mit jedem seiner Delinquenten führt er ein persönliches Gespräch.

Sebastian wird zum Heiligen, ja zum Heiland der Ehrlichkeit. Gegen jede Versuchung ist aber auch er nicht gefeit. Da gibt es Magdalena, eine notorische Schwarzfahrerin, die von Sebastian stets übersehen wird. Und da gibt es Conny, einen alerten Schrotthändler, der Magdalena auf Sebastian ansetzt, um diesen merkwürdigen, unzeitgemäßen Moralisten zu stürzen und den gefallenen Engel seiner Partygesellschaft am See vorzuführen.

Aber der Plan misslingt. So wenig, wie Sebastian diejenigen ‚kontrollieren' kann, die er liebt, kann Magdalena so handeln, wie Conny es von ihr verlangt: Beide verschwinden in der Dunkelheit auf Nimmerwiedersehen – und mit ihnen der See, von dem für die verdutzten Partygäste nur noch eine öde Schlammfläche zu sehen ist."[150]

▷ Als Straßenbahnkontrolleur sieht Sebastian seinen Job auch unter missionarischem Aspekt. Auch äußerlich ist er zum Heiligen, zum Heiland gewandelt: Schulterlanges, welliges Haar und Bart erinnern an Jesus-Darstellungen des 19. Jahrhunderts, z.B. an Bilder von Julius Schnorr von Carolsfeld.

Die Passionsszene Jesu findet hier eine Parallele: Sebastian wird von einer Jugendbande verspottet, als er spät abends allein in der Straßenbahn sitzt. Er wehrt sich nicht und lässt die Schmähungen über sich ergehen. Er wird zusammengeschlagen und aus der fahrenden Bahn geworfen.

150 ZDF-Monatsjournal, Nr. 6, Juni 1995, S. 55.

Will man den Film nicht in seiner vollen Länge vorführen, so empfiehlt es sich, nur die zwei Szenen zu zeigen:

▶ die Szene des Verhörs im Depot (0:51:00) zum Thema „Vergebung statt Vergeltung"

▶ die „Passionsszene" in der Straßenbahn (0:56:40–0:59:13) zum Thema „Leiden".

Kritikerstimmen

„Ambitionierter, aber verworrener Film aus den letzten Tagen der DDR – Durchschnittlich."[151]

„Wortkarg, langsam und bedeutungsschwanger inszenierte Ulrich Weiß 1990 in der Noch-DDR sein surrealistisch-bizarres Lehrstück über einen Jungen, der auszieht, den Menschen Wahrheit und Gerechtigkeit zu bringen – Fernsehtip."[152]

Die Passion der Jungfrau von Orleans/Johanna von Orleans
(Frankreich 1927/28)
s/w, 80 Min.
Ab 12 J., ab Klasse 8

Themen

– Christus inkognito
– Legendenbildungen
– Heiligenverehrung.

Inhalt

Der Film schildert die Gerichtsverhandlung, die Aburteilung und die Hinrichtung auf dem Scheiterhaufen der Jeanne d'Arc (etwa 1410/12–1431). Die Zwischentexte sind den Prozessakten entnommen. Es lassen sich deutliche Parallelen zur Passionsgeschichte Jesu aufzeigen[153]:

---

151 HörZu, Heft 24 vom 9.6.1995, S. 55.
152 stern-tv-magazin, Nr. 25 vom 14.6.1995.
153 Die Zwischentexte sind dem Film entnommen.

Szene/Inhalt	Bibel
Johannas Kindheit im lothringischen Dorf Donremy Im Stall hat die junge Johanna ihren ersten geistlichen Auftritt.	Vgl. Lk 2
Johanna findet zunächst eine begeisterte Anhängerschaft.	Vgl. Mt 4, 25 Mk 3, 7 Lk 6, 19
Immer mehr Menschen glauben an ihre Worte. Johanna ist voll der Gnade, voll des Heiligen Geistes.	
Johanna: *Vertraut mir, schlaft!* Als es in den Kampf geht, muss sie die schlafenden Jünger wieder wecken.	
Johanna steht den Männern in der Inquisition gegenüber.	Mt 26, 57 ff.
Über die Engländer (die bösen Mächte) ruft sie deutlich ihr *Wehe*.	Mt 23, 15. 16. 23.25 Lk 11, 42. 46 Lk 20, 41
Johanna bei der Huldigung des neuen Königs: *Es ist vollbracht!*	
Priester: *Ich hole die Sakramente. Sage mir bitte, wie Du noch immer glauben kannst, dass Gott Dich zu uns sandte?* Johanna: *Seine Wege sind nicht unsere Wege und ich bin sein Kind. Und der große Sieg mein Martyrium!* Priester: *Und deine Befreiung? Der Tod? Möchtest du beichten? – Corpus Domini nostri Jesu Christi custodiat animam tuam in vitam aeternam. Amen. – Jeanne, Du musst jetzt tapfer sein! Deine letzte Stunde ist gekommen!* Johanna: *Jesus, lieber Jesus für dich sterbe ich gern, aber lass mich bitte nicht so lange leiden ... werde ich heute Abend bei dir im Paradiese sein?*	Vgl. Lk 23, 43
Das Kruzifix hält man ihr wie einen Essigschwamm entgegen. Johanna (schreit): *Jesus! Jesus!*	Joh 19, 29
Für einen Offizier ist sie die Erlöserin: *Ihr habt eine Heilige verbrannt!*	Mt 27, 54 Mk 15, 39 Lk 23, 47

Didaktisch-methodische Anregungen

▶ Bei der Besprechung kann u.a. herausgearbeitet werden, dass der Film
 – kein Historiengemälde darstellt
 – nicht an der Chronologie der Ereignisse interessiert ist
 – ein beeindruckendes expressionistisches Beispiel für „Christus inkognito" darstellt
 – die Passion der Johanna sich an die Passion Jesu anlehnt
 – den Glaubenskampf der Johanna herausstellt: *Werde ich heute Abend bei dir im Paradiese sein?*

▶ Will man den Film nicht in seiner vollen Länge zeigen, so empfiehlt es sich, nur die letzten 6 Min. vorzuführen. Die Schülerinnen und Schüler sehen sich die Sequenz zuerst in der Original-Stumm-Version, danach kritisch vergleichend in der bearbeiteten Musik-Version an: Wirkt die Musikunterlegung eher bereichernd oder zerstörerisch auf den Bildrhythmus?

2. Vergleichende Übersichten

Die Taufe Jesu

Vergleich	„König der Könige"	„Das 1. Evangelium"	„Genesis-Projekt"
Szene der Taufe	0:28:25–0:30:06	0:24:10	0:07:30 – 0:08:10
Text	Johannes: „Ich bin die Stimme eines Predigers in der Wüste. Der Messias ist einer ..." (vgl. Joh 1, 23)	Johannes: „Ich hatte nötig, mich eher von dir taufen zu lassen." (Mt 3, 13-17)	Erzähler: Der Heilige Geist, sichtbar in der Gestalt einer Taube, fuhr auf Jesus herab. Und eine Stimme aus dem Himmel sprach: „Du bist mein geliebter Sohn. An dir habe ich Gefallen gefunden." (Lk 3, 22)
Johannes der Täufer	Gestalt wird ausge-schmückt, z.B. in der Gefängnisszene, als Jesus ihn dort besucht.	Figur wird aufgewertet als wichtigste Gestalt neben Christus.	Figur wird eher abgewertet.
Jesus		Jesus erscheint dem Zuschauer in dieser Szene zum ersten Mal: Es fällt die schmale Gestalt Jesu auf. Er hat seinen Kopf mit einem Tuch bedeckt. Der Zuschauer kann Jesus nicht gleich erkennen.	Kitschige Darstellung: Sentimental wird das plötzliche Auftauchen Jesu durch die Musik unter-strichen: Der Zuschauer sieht Jesus erst von hinten, dann dreht sich Jesus ihm zu. Jesus erscheint im weißen Gewand.
Die Zeugen	Großaufnahmen: Die Frauen	Große Bedeutung für die Szene.	Kaum Bedeutung für die Szene: Jesus steht allein im Mittelpunkt (Großauf-nahmen von Jesus, Taube, Wolken und strahlend blauen Himmel)
Theologische Konzeption	Der historische Jesus	Der kerygmatische Christus, nicht der historische Jesus	Der bibl. Text als Dreh-buchvorlage, als historische Quelle.

Vergleich	„König der Könige"	„Die Größte Geschichte"	„Das 1. Evangelium"
Angaben zum Film	„The King of Kings" (USA 1960; Produktion: MGM. Regie: Nicholas Ray. Buch: Philip Yordan. 169 Min.)	„The Greatest Story Ever Told" (USA 1963. Produktion/Regie/Buch: George Stevens. 196 Min.)	„Il Vangelo Secondo Matteo" (Italien 1964; Produktion: Arco. Regie: Pier Paolo Pasolini. 136 Min.)
Inhalt	Das Leben Jesu soll im Schau- und Erbauungsfilm dargestellt werden: Eine Reise durch die Heilsgeschichte, von der Eroberung Jerusalems bis zur Erscheinung des Auferstandenen in Galiläa. Zwei Figuren werden im Film aufgewertet bzw. umgedeutet: Barabbas als Berufsrebell und militanter Nationalistenführer, und Judas, der mit der Aufstandbewegung sympathisiert.	Stevens knüpft an die populäre Erzählung von Fulton Oursler an und möchte eine umfassende Darstellung des Lebens Jesu geben.	Dem Matthäus-Evangelium folgend entwirft Pasolini ein individuell getöntes Bild der Heilsgeschichte, in dem besonders der soziale Aspekt der Botschaft Jesu herausgearbeitet wird.
Die Gestalt Jesu (sein Aussehen)	Jesus wird gezeichnet als Heiland der Innerlichkeit, der Liebe und des Friedens, als ein tragischer Idealist. Sein weiches und schönes Gesicht steht für Frieden, Nächstenliebe, Einfalt des Herzens und Demut. Jesus verkündet ein unpolitisches Christentum der reinen Innerlichkeit und lehnt revolutionär-politische Handlungsweisen ab.	Jesus wird gemäß einer weich-kitschigen Devotionalien-Frömmigkeit stilisiert. Jesus erscheint stets in makellos drapiertem Übergewand. Aussehen, Mimik und Gestik Jesu stehen in der Tradition der volkstümlichen Heiligenmalerei, z.B. von Schnorr von Carolsfeld.	Jesus zeigt einen strengen Gesichtsausdruck, er lächelt selten (z.B. nur in den Szenen mit Kindern), er lacht nie.
Charakterisierung: Das Jesusbild	Nicht die Göttlichkeit Jesu, nicht der heldenhafte Wundermann steht im Vordergrund, sondern der sympatische Mensch, der im Gegensatz zu den Figuren Barabbas und Judas auf jede Form von Gewalt verzichtet. Jesus als „Menschensohn" oder als „Erlöser" wird nicht einmal angedeutet.	Jesus bleibt nicht der irdische Jesus, der Sohn des Zimmermanns: Stevens lässt den Herrlichkeitsanspruch Christi deutlich durchscheinen. Jesus bleibt friedfertig, stets ein bequemer Heiland, der sich in die Rolle süßlichen Dulder- und Erlösertums schickt.	Jesus ist unduldsam und kennt keine Alternative, kein Entweder-Oder, trägt fanatische Züge: Er hat das Schwert in die Welt gebracht. Jesus will nicht Herrschaft über Menschen gewinnen, sondern er verkörpert das Prinzip der Brüderlichkeit. Der Lebensweg Jesu ist von Anbeginn überschattet durch seinen Kreuzestod. Jesus verkörpert das Prinzip des Anti-Autoritären, des Anti-Herrschaftlichen.

Die Versuchungsgeschichte (Mt 4, 1-11; Lk 4, 1-12) [154]

Vergleich	„König der Könige"	„Die Größte Geschichte"	„Das 1. Evangelium"
Versucher Jesus Bibeltext	„Der Versucher bleibt im Bild unsichtbar, lediglich über seine Stimme präsent: Jesus taumelt in der Bergwüste. Die Teufelsfigur wird auf die Stimme reduziert. Vergleich Filmtext – Bibeltext: Ray lässt seinen Erzähler die Lukas-Fassung aufnehmen und flechtet ein Motiv ein: Jesus ging in die Wüste, „um sich zu stärken für die Zeit, indem er kommen sollte", indem er „seine Seele den Prüfungen der Elemente und ihrer Dämonen (überließ)". Mit schnarrender Stimme tönt der Teufel: „Siehe, ich bin hier! Komm, ich befehle es dir! Sei versucht, erfülle Deine Wünsche!" Ray folgt der Lukas-Fassung: die zunehmende körperliche Erschöpfung Jesu wird unterbrochen von Versuchungen: – Brot – Herrschaft: Jesus kauert auf der Erde und saugt verzweifelt an einem Kakteenblatt. Der Teufel kündigt an: „Siehe, ich zeige Dir die Reiche der ganzen Welt in einem Augenblick." Als Jesus aufblickt, hat der Teufel ein opulentes Gemälde einer prächtigen orientalischen Stadt in den Himmel projiziert (vgl. Matthäus). Jesus schleppt sich wortlos weiter.	Als eine Art Mephistopheles gegen den Faust-Christus ist der Versucher charakterisiert, als Kontrapunkt der Heiligkeit und Göttlichkeit. Das Diabolische taucht zum ersten Mal in dieser Versuchungsszene auf, als Jesus in die Einöde geht. Hier übernimmt es die Rolle des Widerparts und Versuchers. In der Passionsszene schreit der Versucher am lautesten in der Menge des Volkes: „Kreuzige ihn!"	Jesus kniet im stummen Gebet. Aus der Ferne geht der Versucher auf ihn zu. Jesus erhebt sich von den Knien und zeigt sich dem Kontrahenten überlegen. Sein verhaltenes Lächeln, mit dem er den Versucher begrüßt, zeigt seine innere Überlegenheit. Jesu Stimme ist sanft. Die harte Stimme des Satans berührt ihn nicht. Pasolini verzichtet auf eine Erzählerstimme. Ursprünglich hatte Pasolini die Rolle des Verführers im Sinne der ikonographischen Tradition des „schönen Verführers" mit einem engelhaften Jüngling besetzen wollen, wählte dann aber einen unsympathisch wirkenden, finster und verschlagen dreinsehenden Darsteller, der mit seinem bodenlangen, schwarzen Kapuzenmantel am ehesten der Tradition des Teufels im Mönchsgewand verpflichtet ist. Pasolini setzt den Versucher durch Mimik und Physiognomie in die Nähe des Darstellers des Judas Iskariot. Jesus ist von Anfang an dem Verführer klar überlegen.

154 In Anlehnung an R. Zwick, Auslegung im Medienwechsel. Matthäus 4,1-11 und Lukas 4,1-12, in: G. Müller/F.W. Niehl (Hg.), Von Babel bis Emmaus. Biblische Texte ausgelegt, München 1993, S. 49ff.

Vergleich	„König der Könige"	„Die Größte Geschichte"	„Das 1. Evangelium"
	– Hinabstürzen von der Zinne: Der Teufel ruft Jesus ein drittes Mal und rüttelt ihn aus dem Erschöpfungsschlaf. Jesus steigt hierauf auf einen „hohen Fels", um sich anschließend von diesem wieder „hinabzu- lassen". „Hebe dich hin- weg!", schreit jetzt Jesus den Teufel an und fährt fort: „den Herrn … sollst du anbeten". Ray lässt Jesus folgende Hinzufügung an den Teufel richten: „Komm! Komm, wenn du willst! Aber ich werde nicht den Herrn, meinen Gott bitten, dass er dich auf- halte. Denn es steht geschrieben: ‚Du sollst Gott, deinen Herrn, nicht versuchen!'" Jesus siegt nach langem Rin- gen, nach einem inneren Kampf über den Ver- sucher.		

Vergleich	„König der Könige"	„Die Größte Geschichte"	„Das 1. Evangelium"	„Der Messias"
Anzahl	Die Wunder Jesu werden nur indirekt angedeutet, deshalb keine Schauwunder. Die Darstellung Jesu als gütiger Mensch.	Darstellung von „nur" zwei Wundern: – die Heilung eines Gelähmten – die Auferweckung des Lazarus Jesus appelliert an die Glaubenskraft des Lahmen, er „hypnotisiert" ihn nicht. Die Wunder werden nur vorsichtig angedeutet. Dennoch geraten diese in die Nähe der Magie. Stevens möchte die Wunder als „psychosomatischen Vorgang" interpretieren, die sich erklären lassen.	Darstellung von sechs Heilungen und Naturwunder: – Heilung von vielen kranken Menschen – Die Heilung eines Aussätzigen – Die Heilung eines Lahmen – Die Brotvermehrung – Jesu Seewandel: Hier fehlt der starke Wind – Die Verfluchung des Feigenbaums Es fehlen einige der Wundertaten: das Wunder am Knecht des Hauptmanns, die Stillung des Sturms u.a. Die Wunder werden nicht als Geheimnisse, sondern als wirkliche Ereignisse präsentiert. Sie geschehen fast „nebenbei". Sie sind zu verstehen als Aspekte eines Realitätsverständnisses, dem das göttliche Eingreifen als einziger Garant utopischer Hoffnung erscheint.	Darstellung von – Brotvermehrung – Fischfang Das eigentliche Wundergeschehen wird nicht dargestellt.

Vergleich	„König der Könige"	„Die Größte Geschichte"	„Das 1. Evangelium"	„Der Messias"
Regisseur/ Hauptdarsteller		Max von Sydow (Jesus-Darsteller) zu den Wundern: *„Wie soll man ein Wunder in einem Film wie diesem behandeln, der jedermann anspre-chen soll? Es muss so bearbeitet wer-den, dass es auf verschiedenen Ebe-nen akzeptiert werden kann. Ein gläubiger Mensch muss es als göttliches Wunder annehmen können, einem Ungläubigen muss die Möglichkeit gegeben werden, trotzdem zu glauben."*	Pasolini: *„Es gibt einige schreckliche Momente, für die ich mich schäme, die fast gegenrefor-matorisches Barock sind, abstoßend: die Wunder. Dass Wunder der Brote und der Fische und Christus auf dem Wasser gehend: Das ist ekelhafter Pietismus. Der Sprung von dieser Art Heiligen-Bil-der-Szenen zu der leidenschaftlichen Gewalt und Politik seiner Predigten ist so groß, dass die Christus-Figur des Films im Publikum ein großes Gefühl des Unbehagens ver-breitet."* [155]	Rossellini: *„Ich habe nur die beiden beispiel-haftesten festge-halten: die Brot-vermehrung, in der Art, dass alle Leute zu essen haben und das Brot geteilt ist, und den wunder-baren Fischfang, wo sie die Netze ins Wasser werfen und Fische fangen; man fing zuvor keine, nachher fing man welche: Das ist so direkt, so präzise und das spiegelt sich direkt im Verhalten der Zeugen."* [156]

155 Zit.n. W. Schütte, Il Vangelo Secondo Matteo. Das Erste Evangelium – Matthäus, S. 133.
156 Interview mit E. Flipo, in: Amis du film et TV, nr. 239, April 1976, S. 14.

Vergleich	„Genesis-Projekt"	„Jesus Christ Superstar"	„Das Leben des Brian"
Die Gestalt Jesu	Möchte Jesus „wirklichkeitsgetreu" darstellen und die Erwartungen an Klischeebilder befriedigen: lange Haare, Bart Projektion: „realistisch"? Jesus wirkt „ergreifend", gefühlvoll, der Zuschauer leidet mit	Jesus erscheint kitschig als Student, er hat nicht die Figur einer Autoritätsperson. Bezüge zur Gegenwart werden hergestellt. Jesus als Mensch („just a man")	Jesu Gestalt und Geschichte wird auf Brian übertragen. Es geht um Brian, nicht um Jesus.
Die beteiligten Menschen	Viele Menschenmassen, auch bei der Kreuzigung (insgesamt ca. 5000 Statisten)	Sie sind neuzeitlich gekleidet: Menschen aus unserer Umgebung: Wechsel von Vergangenheit und Gegenwart, Verzicht auf Massenszenen bei der Kreuzigung	Sie werden lächerlich gemacht (sarkastisch, schwarzer Humor) – „Nur ein Kreuz!" – „Fehlstart" bei der Kreuzigungsgruppe
Die beteiligten Gruppen	Die Römer werden sehr brutal dargestellt	Brutalität: Das Auspeitschen Jesu	Übertragung auf heute (Studentenbewegung)
Bezug zur Bibel	Gibt vor, sehr nahe am Bibeltext (Lk) zu sein	Episoden aus der Passionsgeschichte Jesu nur teilweise Bezug zur Bibel, Engel werden dargestellt wie gute Freunde	Eigentlich kein Bezug zur Bibel Kein Jesus-Film.
Musik	Tragisch wirkende, sentimentale Musik, passend zum Thema, Musik als Begleitung/Berieselung	Rockmusik (Musical): wichtig als eigenständige Aussage	
Farbgestaltung	Naturfarben, harmonisch „kitschig schön"	Teilweise grellere Farben	farbenprächtiger, „alter Hintergrund"/Verwendung der Kulissen von Hollywood-Filmen (in Monastir, Tunesien)

157 Auswertung von Schülerantworten, 10. Klasse, Hellenstein-Gymnasium, Heidenheim

Vergleich	„Genesis-Projekt"	„Jesus Christ Superstar"	„Das Leben des Brian"
Kameraführung	Teilweise langweilig	Teilweise konfuse Kameraführung	Kameraführung unterstreicht die witzigen Szenen
Aussageabsicht	Das Leiden und Sterben Jesu möglichst getreu, wirklichkeitsnah nachzustellen Die Göttlichkeit Jesu aufzuzeigen Heftet das abgeschlagene Ohr des römischen Soldaten wieder an (Schauwunder: Jesus als Zauberer?) Jesus hat Macht über Leben und Tod Missionierung: Jesus starb für dich	Geschehen aus moderner Sicht zu dokumentieren, Bibel kritisch zu hinterfragen	Kritik an bisherige kitschige Hollywood-Streifen Kritische Distanz
Kritik	Ein farbenprächtiger Bilderbogen ... Geht von der Verbalinspiration aus Bibel unkritisch als Drehbuchvorlage verwendet	Teilweise kitschig (Sonnenuntergang), gute Unterhaltung	Witzfilm, blöde, Schwachsinn

Vergleich	„König der Könige"	„Die Größte Geschichte"	„Das 1. Evangelium"
Johannes der Täufer	Gestalt wird ausgeschmückt, z.B. in der Gefängnisszene, als Jesus ihn dort besucht	Die tarzanöse Gestalt Johannes des Täufers wirkt lächerlich.	Die Figur wird aufgewertet als wichtigste Gestalt neben Christus und parallel gesetzt zu Christus: Johannes im Kerker gilt als Präfiguration von Christi Kreuzestod, er übertrifft Jesus an Härte und Kompromisslosigkeit.
Judas (Motivation/ Aussagen über Jesus)	Judas handelt aus politischen Motivationen: Er sympatisiert mit der Aufstandsbewegung. Er will Jesus durch Todesgefahr zwingen, die Engelsmächte zum irdischen Beistand, zum Siege der Juden herabzurufen. Für ihn hat Jesus als Messias versagt.	Empört sich über die Verschwendung des teuren Öls durch Jesus bei der Salbung Bei Kaiphas bezeichnet Judas sich als „Freund" Jesu. „Jesus ist der beste und gütigste Mensch, den ich je kennen gelernt habe. Er war zu allen Menschen immer gut. Sein Herz – sein Herz ist so rein. Alle Menschen bewundern ihn, die Kinder verehren ihn. Ich liebe ihn!"	Judas erscheint im satanischen Licht: Der Teufel hat Judas zum Verrat getrieben. Nicht Judas, sondern der Satan hat Jesus verraten. Damit wird Judas entlastet
Barrabas	Barabbas ist Berufsrebell, militanter Nationalistenführer, der in der Wüste die Legionen überfällt. Barabbas nutzt den Einzug Jesu in Jerusalem zu einem Massensturm auf die römische Festung. Barabbas will die unterdrückten Juden mit Waffengewalt zu befreien. Die Figur wird aufgewertet zur Barabbasgeschichte mit viel Schwertergerassel. Barabbas betreibt eine geheime Waffenschmiede.		

Vergleich	„König der Könige"	„Die Größte Geschichte"	„Das 1. Evangelium"
Maria			Maria wird nicht sentimental, klischeehaft dargestellt. Sie bleibt in der stillen Sorge um das Geheimnis ihrer Empfängnis: Hier wird das Mysterium der Menschwerdung des Gottessohnes angedeutet. In der Golgatha-Szene trauert die gealterte Mutter als stumme Zeugin seines Leidens
Maria Magdalena	Die Frauenpaare im amerikanischen Jesus-Film sind nicht konstitutiv; sie fungieren in Bezug zu den Männerpaaren als ergänzende „Erläuterungen".		
Martha		Spricht Jesus einmal als „Herr" an: als „Meister"	

3. Thematische Zuordnungen und Zielgruppen

Thema	Film	für Klasse	Seite
Abendmahl in der Tradition der Kirchengeschichte	Das letzte Abendmahl	10–13	42, 143 ff.
Amtskirche, Amtsverständnis	Ava und Gabriel	10–13	60 ff.
Antisemitismus	Jesus Christ Superstar	7–13	25, 49, 112 ff., 177 ff.
Apokalypse	Das Buch des Lebens	10–13	73 ff.
	Joan Lui – Eines Tages werde ich kommen	10–13	26
Apokryphen	Jesus von Montreal	11–13	25, 41, 49, 120 ff.
Auferstehung	Jesus von Montreal	11–13	25, 41, 49, 120 ff.
Befreiungstheologie	Das letzte Abendmahl	10–13	42, 143 ff.
Berechnungen des Zeitpunktes der Wiederkehr Jesu	Das Buch des Lebens	10–13	73 ff.
Blasphemie?	Leben des Brian	10–13	25, 42, 46, 134 ff. 177 f.
	Die letzte Versuchung	10–13	25, 34, 149 ff.
Charismatische Erweckungsprediger	Apostel!	10–13	53 ff.
Christus incognito	Pale Rider	10–13	42, 51 f.
Dem Nächsten zum Heiland werden	Miraculi	10–13	29, 165 ff.
Erlöserfiguren	Die Passion der Jungfrau von Orléans	8–13	51, 168 ff.
Erlösungsbedürftigkeit jedes Menschen	Bad Lieutenant	10–13	65 ff.
Evangeliumsfilm	Genesis-Projekt: Jesus	4–13	46, 48, 49, 107 ff., 171 ff.
	Das 1. Evangelium	5–13	48, 83 ff., 171 ff., 179 f.
	Die größte Geschichte	5–13	24, 42, 103 ff., 172 ff., 179 f.
	König der Könige	5–13	24, 48, 133 f., 171 ff., 179 f.
	Der Messias	5–13	50, 161 ff., 175 f.
Geburt Jesu	Damals in Bethlehem	4–7	34, 79 ff.
	Die Geburt Christi	4–7	34, 82
	Jesus-Geschichten	4–7	34
	Die Spur der drei Könige	4–7	34

Verzeichnisse

I. Verleih- und Informationsadressen

Filmmuseen, Filminstitute und Filmarchive in Deutschland (Auswahl)

Die Museen liefern Infos zu Ausstellungen, Archiven, Bibliotheken u.a.

Bundesarchiv
Abt. Filmarchiv
Fehrbelliner Platz 3
10707 Berlin
Tel.: 030/68 81-1
Fax: 030/86 81 310

CINEGRAPH
Hamburgisches Centrum
für Filmforschung e.V.
Gänsemarkt 43
20354 Hamburg
Tel.: 040/35 21 94

Deutsches Filmmuseum
Schaumainkai 41
60596 Frankfurt/M.
Tel.: 069/21 23 88 30
http://
www.deutsches-filmmuseum.de

Deutsches Institut
für Filmkunde e.V.
(Filmarchiv)
Kreuzberger Ring 56
62205 Wiesbaden
Tel.: 06 11/72 33 10

Filmkundliches Archiv
Berrenrather Str. 423
50937 Köln
Tel.: 02 21/46 38 47

Filmmuseum Düsseldorf
Schulstraße 4
40213 Düsseldorf
Tel.: 02 11/899-24 90
http://www.rp-online.de/
duesseldorf/filmmuseum

Filmmuseum München
Im Münchner Stadtmuseum
St.-Jakobs-Platz 1
80331 München
http:///www.artechock.de/arte/mfm
/index.htlm

Filmmuseum Potsdam
Am Marstall
14467 Potsdam
Tel.: 03 31/22 181-0
Fax: 03 31/27 181-26

Privates Archiv für Filmkunde
Kuenstr. 5
50733 Köln
Tel.: 02 21/72 47 42

Verleih

Hierzu sind unbedingt die
Verleihbedingungen der einzelnen
Medienanbieter zu beachten.

Christlicher Video Dienst
Steenkoppel 63
24539 Neumünster
Tel.: 04321/81357

Evangelische Medienzentrale
Württemberg (EMZ)
Theodor-Heuss-Str. 23
70171 Stuttgart
Tel.: 0711/22276-38
Fax: 0711/22276-65 oder 43

Fachstelle für Medienarbeit (FfM)
Sonnenbergstraße 15
70184 Stuttgart
Tel.: 0711/1646400

Filmgalerie 451
Gymnasiumstr. 52
70174 Stuttgart
Tel: 0711/290856
Fax: 0711/293575

Institut für Film und Bild
in Wissenschaft und Unterricht
(FWU)
Bavaria-Film-Platz 3
82031 Grünwald
Tel.: 089/64971
Fax: 089/6497300

Landesbildstelle Württemberg
(LBW)
Rotenbergstraße 111
70190 Stuttgart
Tel.: 0711/281083

Landesfilmdienst
Wolframstr. 20
70191 Stuttgart
Tel.: 0711/251012

Matthias Film GmbH
Gänsheidestr. 67
70181 Stuttgart
Tel: 0711/240512
Fax: 0711/22611892

Schauinsland Medien GmbH
Postfach 20 04 30
44634 Herne

Taurus Film GmbH & Co.
Robert-Bürkle-Straße 2
85737 Ismaning
Tel.: 089/99562255
Fax: 089/99562751

Verband der Filmverleiher e.V.
http://www.vdfkino.de

Warner Home Video
Hans-Henny-Jahnn-Weg 35
22085 Hamburg
Tel.: 040/226500
Fax: 040/22650259

Verkauf

Atlas Video
Zechenstr. 70
47443 Moers
Tel.: 0 28 41/5 18 2 47
Fax: 0 28 41/5 18 2 27

Calwer Vide – Calwer Verlag
Scharnhauser Straße 44
70599 Stuttgart
Tel.: 07 11/1 67 22-0
Fax: 07 11/1 67 22 77

Deutsche Bibelgesellschaft
Balinger Str. 31
Postfach 81 03 40
70520 Stuttgart
Tel.: 07 11/71 81-0

Evangeliums-Rundfunk Verlag (erf)
Postfach 1444
35573 Wetzlar
Tel.: 0 64 41/505-0

hänssler Video – Hänssler Verlag
Postfach 1220
73762 Neuhausen
Tel.: 0 71 58/17 70

Katholisches Filmwerk GmbH
(KFW)
Postfach 11 11 52
60046 Frankfurt am Main
Tel.: 069/9 71 43 60
Fax: 069/97 14 36 13

Informationen

Viele Fernsehanstalten, besonders
die Öffentlich-Rechtlichen, und
manche Filmgesellschaften sind
bereit, Hinweise zu den gesendeten
Filmen zu geben. Hier sind
besonders zu nennen:

ZDF
Programmdirektion
Kirche und Leben
Postfach 4040
55100 Mainz
Tel.: 0 61 31/7 024 44

Taurus Film
Abt. Programm-
Präsentation/Sonderprojekte
Robert-Bürkle-Straße 2
85737 Ismaning
Tel.: 089/99 56-0

Institutionen geben Informationen

Bundesarchiv
Abt. Filmarchiv
Fehrbelliner Platz 3
10707 Berlin
Tel.: 030/68 81-1
Fax: 030/86 81 310

Deutsches Institut für Filmkunde e.V.
Abt. Bildarchiv u. Dokumentation
Schaumainkai 41
60596 Frankfurt am Main
Tel.: 069/61 70 45
Abt. Filmarchiv
Kreuzberger Ring 56
65205 Wiesbaden
Tel.: 06 11/72 33 10
Fax: 06 11/72 33 18

Gemeinschaftwerk Evangelischer
Publizistik (GEP)
Abt. Vertrieb
Postfach 50 05 50
60394 Frankfurt am Main
Tel.: 069/58098-189

Katholisches Institut für Medieninformationen (KIM)
Am Hof 28
50667 Köln
Tel.: 02 21/92 54 63 0

Zentralstelle Medien der Deutschen
Bischofskonferenz
Film-Referat: Dr. Peter Hasenberg.
Kaiserstr. 163,
53113 Bonn
Tel: 02 28/10 32 42

Katholisches Filmwerk GmbH
Wolfgang Luley
Ludwigstr. 33
60327 Frankfurt/M.
Tel.: 069/97 14 36-17

Katholischer Mediendienst/ZOOM
Dokumentation
Bederstr. 76
CH 8027 Zürich
Tel.: 00 41/12 02 01 32

Kirchliche Akademien

Evangelische Akademie
Arnoldshain
61389 Schmitten/Taunus

Kirchliche Filmbeauftragte

Filmbeauftragter der Ev. Kirche in
Deutschland (EKD)
Martin Ammon
Himmelsruh 17
37085 Göttingen
Tel.: 05 51/79 40 04

II. Literaturauswahl

Zur Theorie des Films, Filmanalysen

Engell, Lorenz: Sinn und Industrie. Einführung in die Filmgeschichte. Frankfurt 1992

Engelmeier, Regine u. Peter W. (Hg.): Film und Mode. Mode im Film. München/New York [3]1997

Gast, Wolfgang: Film und Literatur. Analysen, Materialien, Unterrichtsvorschläge. Grundbuch. Einführung in Begriffe und Methoden der Filmanalyse. Frankfurt 1993

Kandorfer, Pierre: DuMont's Lehrbuch der Filmgestaltung. Theoretisch-technische Grundlagen der Filmkunde. Köln [4]1990

Kortzfleisch, Siegfried v./Cornehl, Peter (Hg.): Medienkult – Medienkultur. Berlin/Hamburg 1993

Monaco, James: Film verstehen. Kunst, Technik, Sprache. Geschichte und Theorie des Films. Reinbek 1990 (1980) (rororo Bd. 6271). Überarbeitete und erweiterte Neuausgabe 1995

Netenjakob, Egon: Im Nullmedium. Wie Fernseh-Dramaturgen Filme produzieren. 18 Porträts. Köln 1996

Zur Filmgeschichte: Filmlexika – Jahrbücher

Adolf Grimme Institut (Hg.): Jahrbuch Fernsehen 1995/96. Marl 1996

Bock, Hans-Michael (Hg.): CINEGRAPH. Lexikon zum deutschsprachigen Film. Vollständiger Nachdruck des vergriffenen Grundwerks. München 1996 (edition text + kritik)

Chronik des Films, Dortmund 1994 (Chronik-Verlag)

Cinegraph: Lexikon zum deutschsprachigen Film. Verlag edition + kritik. München, ab 1984

Dahlke, Günther/Karl, Günther: Deutsche Spielfilme von den Anfängen bis 1933. Ein Filmführer. Berlin 1993

Elsaesser, Thomas: Der neue deutsche Film. Von den Anfängen bis zu den Neunziger Jahren. München 1994 (Heyne Sachbuch 209)

Engelmeier, Peter W.: 100 Jahre Kino. Die großen Filme. Augsburg 1994

Evangelischer Filmbeobachter (EFB). München 1948-1971 (danach: Filmbeobachter)

Filmbeobachter. München 1976-1983 (danach: epd film)

Film-Dienst. Kath. Institut für Medieninformationen e.V. in Zusammenarbeit mit der Katholischen Filmkommission. Köln

Film-Jahrbuch 1992ff (Hg. Lothar R. Just). Heyne Filmbibliothek. München 1992ff.

Fischer Film Almanach. Filme. Festivals. Tendenzen. 1981ff. Reihe: Fischer Cinema. Frankfurt 1981ff.

Fritz, Walter: Im Kino erlebe ich die Welt. 100 Jahre Kino und Film in Österreich. Wien 1997

Hanisch, Michael: Auf den Spuren der Filmgeschichte. Berliner Schauplätze. Berlin 1991

Hoffmann, Hilmar: 100 Jahre Film. Von Lumière bis Spielberg. Düsseldorf 1995

Jacobsen, Wolfgang/Kaes, Anton/Prinzler, Hans Helmut (Hg.): Geschichte des deutschen Films. Stuttgart/Weimar 1993

Karasek, Hellmuth: Mein Kino. München 1995

Kirche und Film. Frankfurt 1948-1983 (danach epd film)

Kramer, Thomas/Prucha, Martin: Film im Lauf der Zeit. 1200 Jahre Kino in Deutschland, Österreich und der Schweiz. Wien 1994

Krusche, Dieter: Reclams Filmführer. Stuttgart [10]1996 (aktualisierte Neuauflage über den internationalen Film von den Anfängen in der Stummfilmzeit bis zur Gegenwart: Über 1000 wichtige Spielfilme werden besprochen)

Lexikon des Internationalen Films. Das komplette Angebot in Kino und Fernsehen seit 1945. 21000 Kurzkritiken und Filographien. Hg. v. Kath. Institut für Medieninformationen e.V. und der Kath. Filmkommission für Deutschland (10 Bde. und Nachtragsbände). Reinbek 1987ff (vgl. Datenbanken)

Medienhandbuch München 1997. Über 8000 Adressen aus den Bereichen Film, Funk, TV, Fernsehen, Fotografie, Presse, Werbung, Neue Medien, sowie Kunst und Kultur.

Medienkompetenz: Handlungsmöglichkeit für Kinder und Jugendliche. Beiträge der LAG Jugend und Film Niedersachsen. 12 s/w. Fotos v. Brigitte Tast, Beitr. v. Norbert Mehmke/Jürgen Fiege u.a. Hg. v. Hans J. Tast. 1996. 144 S.

Netenjakob, Egon: TV-Filmlexikon. Regisseure, Autoren, Dramaturgen 1952-1992 (Fischer Bd. 11947). Frankfurt 1994

Nowell-Smith, Geoffrey (Hg.): The Oxford History of World Cinema. New York 1996

Pfaff, Carsten: Filmstatistisches Taschenbuch 1996. Wiesbaden 1996 (Spitzenorganisation der Filmwirtschaft e.V.)

Quellen zur Filmgeschichte (besonders der Stummfilmzeit) http://www.unibw-muenchen.de/campus/Film/www.Filmbi.html

Reichmann, Hans Peter/Worschech, Rudolf (Hg.): Abschied vom gestern. Bundesdeutscher Film der sechziger und siebziger Jahre. Frankfurt a.M. 1991

Rother, Rainer: (Hg.): Sachlexikon Film. Reinbek 1997

Stiftung Deutsche Kinemathek: http://www.kinemathek.de

Stresau, Norbert: Der Oskar. Alle Preisgekrönten Filme. Regisseure und Schauspieler seit 1929. München 1996 (Heyne)

Thomas, Nicholas (Hg.): International Dictionary of Film and Filmmakers. (2. erw. Auflage) 1994

Thomson, David: A Biographical Dictionary of Film. (3. erw. Auflage) New York 1996

tip. Filmjahrbuch, Nr. 1ff – Daten, Berichte, Kritiken. Berlin

Toeplitz, Jerzy: Geschichte des Films. Fünfbändiges Nachschlagewerk. Bd. 1: 1895-1928; Bd. 2: 1928-1933; Bd.: 3: 1934-1939; Bd. 4: 1939-1945; Bd. 5: 1945-1953. Berlin 1993 (Nachdruck)

Das Ufa-Buch. Die internationale Geschichte von Deutschlands größtem Film-Konzern. Kunst und Krisen – Stars und Regisseure – Wirtschaft und Politik. Hg. v. Bock, Hans M./Töteberg, Michael, in Zusammenarbeit mit CineGraph – Hamburgisches Centrum f. Filmforschung e.V. 2. Aufl. 1994. 528 S. u. 611 Abb.

Filmzeitschriften

Cahiers du Cinéma. Paris 1951ff

Cinémathèque. Revue semestrielle d'esthétique et d'histoire du cinéma. Edition Yellow Now. Crisnée. Belgien

epd Film. Hg. v. Gemeinschaftswerk der Evangelischen Publizistik. Frankfurt 1984ff

Film History. An International Journal. Hg.v. Richard Koszarski. American Museum of the Moving Image

film-dienst. Hg. v. Katholischen Institut für Medieninformation. Köln 1947ff

Film-Echo. Hg. v. Horst Axtmann. Wiesbaden 1963ff

Frauen und Film. Hg. v. Annette Brauerhoch u.v.a. Frankfurt/M. 1974ff

Variety. New York 1905ff

Zoom. Zeitschrift für Film (zeitweilig: Zoom/Filmberater). Zürich, Bern, Luzern 1973 ff (erscheint monatlich).

Computermedien

AUF CD

Microsoft Cinemania. 1994ff. CD-ROM. Redmond: Microsoft Electronic Publishing 1993ff

The Motion Picture Guide. Hg. v. James Pallot und Jo Imeson. CD-ROM. 2. Ausg. New York: Cine-Books 1994

Lexikon des Internationalen Films. Das komplette Angebot in Kino und Fernsehen seit 1945. Hg. v. Kath. Institut für Medieninformationen e.V. und der Kath. Filmkommission für Deutschland. CD-ROM. Reinbek 1995ff

Video-Filmführer auf CD-ROM. (Hg. v. der Zeitschrift „video") Stuttgart 1995

190

Die deutschen Filme. Deutsche Fimographie 1895-1998. Hg. v. Kinema-
theksverbund 1999

IM INTERNET
Internet Movie Database (IMDb):   http://us.imdb.com/
Kurzfilm-Datenbank: http://www.kurzfilm.de/
Movieline: http://www.movieline.de/

http://www.bibl.hff-potsdam.de/
bietet unter der Rubrik „Links (zu Film und Fernsehen)" eine exzellente
Stichwortsuche rund ums Thema „Film"

Poster-Archiv
anubis.science.unitn.it/services/movies/

Film and television website archiv
timelapse.com/tvlink.html

National Film Preservation Board
lcweb.loc.gov/film/
Archive, USA

Deutsche Wochenschau
members.aol.com/torstenta/teaser1.htm
Archive, Deutschland, Kurzfilme

Steven Spielberg Jewish Film Archive, Israel
www2.huji.ac.il/www_jcj/jfa.html
Archive, Israel

Bibel – Theologie – Glaube – Film

Babington, Bruce/Evans, Peter William: Biblical Epics. Sacred Narrative in
    the Hollywood Cinema. Manchester – New York 1993 (Besonders Teil
    2: The Christ Film, S. 91-168, und Teil 3: The Roman/Christian Epic,
    S. 169-226)
Benedict, Hans-Jürgen: Der Theologe geht ins Kino. In: Pastoraltheol.
    81/1992 (Heft 12). S. 470-532
Bettecken, Wilhelm: Das „Buch der Bücher" als Filmhit. So oft verfilmt wie
    kein anderes Buch. In: Hinweise – Nachrichten, Berichte, Anregungen
    des Bistums Essen, 20. Jg., H. 5/6 (1991), S. 11-14
Bird, Michael/May, John R. (Hg.): Religion im Film. Knoxville 1982
Campbell, Richard H./Pitts, Michael R.: The Bible on Film. A cheklist
    (1897-1980). Metuchen/N.J. London 1981
Cavigelli, Zeno u.a. (Hg.): Aus Leidenschaft zum Leben. Film und Spiritu-
    alität. Zürich 1993

Communicatio Socialis 28 (1995), Heft 1-2: Thema „100 Jahre Film"

Eichenberger, Ambros: Auf der Suche nach „gottdurchlässigen" Filmen. Zum Dialog zwischen Film und Theologie. In: Wort und Antwort. Heft 3/93: Gotteserfahrung, S. 131-136

Ford, Charles: Der Film und der Glaube. Nürnberg 1955

Graff, Michael: Himmel über Hollywood. Gottesbegegnungen im Kino (Reihe KS-Kompakt Heft 2). Erweiterter Sonderdruck der gleichnamigen Serie aus dem katholischen Sonntagsblatt 1995. Ostfildern 1995

Greeley, Andrew: Religion in der Pokultur. Musik, Film und Roman. Graz – Wien – Köln 1993

Hasenberg, Peter/Luley, Wolfgang/Martig, Charles (Hg.): Spuren des Religiösen im Film. Meilensteine aus 100 Jahren Kinogeschichte. Mainz 1995

Hellmich, Klaus: Die Bibel in den Medien. Hinweise. Heft 5/6 Dez. 1991

Hill, Geoffrey: Illumination Shadows. The Mythic Power of Film. Boston/London 1992

Kreitzer, Larry J.: The New Tetament in Fiction and Film. On Reversing the Hermeneutical Flow. Sheffield 1993

Kuhn, M./Hahn, J.G./Hoekstra (Hg.): Hinter den Augen ein eigenes Bild. Film und Spiritualität. Zürich 1991 (Darin u.a.: P. Hasenberg, Das Kreuz am Rande des Weges – Religion und Spiritualität im deutschen Film der letzten beiden Jahrzehnte. S. 161-184)

Kirsner, Inge: Erlösung im Film. Praktisch-Theologische Analysen und Interpretationen. Stuttgart 1996

Kuhn, M. u.a. (Hg.): Hinter den Augen ein eigenes Bild. Film und Spiritualität. Zürich 1991

Malone, Peter: Movie Christs and Antichrists. New York 1990

Müller, Josef/Zwick, Reinhold (Hg.): Apokalyptische Visionen. Film und Theologie im Gespräch. (Reihe: Dokumentationen, Bd. 22, hg. v. Udo Zelinka). Katholische Akademie Schwerte. 1999

Roth, Wilhelm/Thienhaus, Bettina (Hg.): Film und Theologie. Diskussionen – Kontroversen – Analysen (epd-Texte 20). Stuttgart 1989

Schatten, Thomas: 50 Jahre film-dienst. Ein Beispiel für das Verhältnis von Kirche und Kultur in der Bundesrepublik Deutschland. Düsseldorf 1997

Schneider-Quindeau, Werner: Perspektivwechsel. Zum Verhältnis von theologischer Reflexion und Filmkultur. In: Pastoraltheol. 81/1992 (Heft 12). S. 482-493

Tiemann, Manfred: Bibel im Film. Ein Handbuch für Religionsunterricht, Gemeindearbeit und Erwachsenenbildung. Stuttgart 1995

Tiemann, Manfred: Die Bibel als Drehbuch: Verfilmungen. In: Bibel kontrovers. Unterschiedliche Wege der Auslegung. Arbeitsmaterial Religion. Sekundarstufe II. Schülerheft. Frankfurt 1993, S. 52ff und Lehrerhandbuch. Düsseldorf 1993.

Tiemann, Manfred: Josef lernt das Laufen. In: ru. Ökumenische Zeitschrift für den Religionsunterricht 2/98, S. 59-64

Tiemann, Manfred: Mitarbeit an EuBit. Europäischer Bibelkurs interaktiv. Katholisches Bibelwerk e.V. Österreich 2000 (Texte zu den Filmbeispielen)

Zentralstelle Medien der Deutschen Bischofskonferenz (Hg.): Kirche und Kino (medien praxis, Arbeitshilfe zum Mediensonntag 1995). Bonn 1995

Zwick, Reinhold: Blasphemie im Film. In: Katechetische Blätter 7-8/1991, S. 540-549

Zwick, Reinhold: Evangelienfilm und narrative Theologie. In: Hinweise – Nachrichten, Berichte, Anregungen des Bistums Essen. 20. Jg., H. 5/6 (1991), S. 6-11

Zwick, Reinhold: Pfade zum Absoluten? Skizze einer kleinen Typologie des religiösen Films. In: Intercom Nr. 15 (Juli 1992), S. 3-13. Erweitert in: W. Lech (Hg.), Theologie und ästhetische Erfahrung. Beiträge zur Begegnung von Religion und Kunst. Darmstadt 1994, S. 88-110

Zwick, Reinhold: Zwischen mythischen Erzählmustern und christlichen Analogien. Einige Ansätze zur religiösen Interpretation von Spielfilmen. In: film-dienst 44 (1991), Heft 1, S. 12-15

Themenheft „Religion im Film". Der Evangelische Erzieher Heft 6/1992

Jesus im Film

BÜCHER U.Ä.

Agel, H.: Le visage du Christ à l'écran (Coll. „Jesus et Jésus-Christ"; Série annexe 4). Paris 1985

Baugh, L.: Imaging the Divine. Jesus and Christ-Figures in Film. Kansas City 1997

Campbell, Richard H./Pitts, Michael R.: The Bible on Film. A Cheklist. 1887-1980. Metuchen, N. J./ London 1981.

Degenhart, Armin: Jesusdarstellungen im Medium Film. Grundsätzliche theologische und filmsprachliche Überlegungen zum Genre der Jesusfilme. (Diplomarbeit). Evangelische Fachhochschule Freiburg 1991

Drehbuchvorlage Bibel. Religion heute. Zeitschrift für Religionspädagogik. Heft 6/1983

Eichenberger, Ambros: Für und Wider Jesusfilme. In: film-dienst 31 (1978). Nr. 11, S. 1-3

Engelbrecht, J.: Jesus in Films. A Century Observed. In: Scriptura 52 (1995). S. 11-25

Fraser, P.: Images of the Passion. Westport 1998

Gerber, H.D./Schmidt, D. (Hg.): Christus im Film. Beiträge zu einer umstrittenen Frage. Evangelischer Presseverband. München 1967

Gottwald, Eckart: Mehr als nur Hollywood – Jesus im Spiel massenmedialer Kommunikation. In: Jahrbuch der Religionspädagogik. Bd 15. Neu-
kirchen 1999, S. 195-205

Heumann, Jürgen: Zwischen Blasphemie und Erbauung. Die vielen
Gesichter des Jesus N. im Film. In: religio 1 (1989), S. 30-32

Hollstein, M.: „Du sollst dir kein Bildnis machen". Die Christusfigur im
Spielfilm. Unveröffentl. Magisterarbeit im FB Philosophie und Sozial-
wissenschaften I der FU Berlin 1998

Horstmann, Johannes: Christusbilder im Spiegelbild. Notizen zu einigen
Aspekten filmischen Erzählens von Jesus. In: Hinweise – Nachrichten,
Berichte. Anregungen des Bistums Essen. 20.Jg., H. 5/6 (1991), S. 14-17

Hurley Neil P.: Cinematic Transfigurations of Jesus. In: Bird, Michael/May,
John R. (Hg.), Religion in Film. Knoxville 1982, S. 61-78

Institut für Kommunikation und Medien der Hochschule für Philosophie –
München (Hg.), Das Genre der Jesusfilme (Arbeitshilfen für Filmsemi-
nare 1). München 1989 (Die Arbeitshilfe ist erhältlich: Tel. 089 -
23862400)

Jesus in der Hauptrolle. Zur Geschichte und Ästhetik der Jesus-Filme. Mit
ausführlicher Filmographie und Bibliographie. Film-dienst extra Nov.
1992

Kampling, Rainer: Mythos – Kitsch – Belanglosigkeit. Gedanken zu Jesus
im Film. In: Katechetische Blätter 115 (1990, S. 350-356)

Kinnard, Roy/Davis, Tim: Divine Images. A History of Jesus on the
Screen. New York 1992

Langenhorst, Georg: Jesus ging nach Hollywood. Die Wiederentdeckung
Jesu in Literatur und Film der Gegenwart. Düsseldorf 1998

Lenze, B.: Der biblische Film. Dritter Teil: Die Vielfalt der Darstellungen
des Lebens Jesu im Film: Jesusfilme der 70er Jahre („Jesus Christ Superstar"; „Jesus von Nazareth" von Michael Campus). Paderborn 1987

Malone, Peter: Movie Christs and Antichrists. Sydney 1988 (New York
1990)

Mischo, Werner: Wollen wir nicht einen Film sehen? Erfahrungen mit neue-
ren „Jesus-Filmen" im Christologie-Unterricht. In: Arbeitshilfe für den
evangelischen Religionsunterricht an Gymnasien. Heft 54. Hannover
1994, S. 139-149 (der Artikel geht auf folgende Jesus-Filme ein: Und
sie erkannten ihn nicht, 1986; Jesus von Montreal, 1989; Monty Pytho-
n's Leben des Brian, 1979; Parabel, 1964)

Tatum, W.B.: Jesus at the Movies. A Guide to the first Hunderd Years.
Santa Rosa, CA 1998

Zwick, Reinhold: Christusfiguren im Musikvideo. In: Kunst und Kirche 57
(1994), S. 163-169

Zwick, Reinhold: Die Ressourcen sind nicht erschöpft. Die Jesusfigur im
zeitgenössischen Film. In: Herder Korrespondenz 49 (1995), S. 616-620

Zwick, Reinhold: Evangelienrezeption im Jesusfilm. Ein Beitrag zur intermedialen Wirkungsgeschichte des Neuen Testaments. Würzburg 1997

Wills, Gary: Jesus in the Mean Streets. New York Review of Books. 35, no. 15: 8-10

FERNSEHSENDUNGEN

Sie spielten Jesus, WDR, 26.12.1991

Jesus Christ Moviestar – Der Heiland im Kino, Dokumentarfilm von Ray Bruce und Martin Goodsmith, dt. Bearbeitung: Wolf Lengwenus, Redaktion: Volker Zielke (BBC), Norddeutscher Rundfunk 1993, 45 Min.; TV: ARTE, 17.12.1993; WDR 1.1. u. 6.1.1994; BR 21.3.1994; Bezug: EMZ (z.B. Stuttgart VC 670). Ein Streifzug durch die Geschichte der Jesus-Verfilmungen.

RUNDFUNKSENDUNG

Rebell, Clown und Hippie – Jesus im Film.

„Jesus als Filmikone. Sanfter Rebell, Sozialrevolutionär, Clown oder Hippie, kitschiges Abziehbild, sexuell oder asexuell, Mensch wie du und ich oder Gespenst. Das ist nur eine Auswahl von Gesichtern, die Filmemacher fast jeden Genres „ihrem" Jesus gegeben haben. Sie halten sich an die Historie, karikieren ihn oder lassen ihn inkognito zu einem von uns werden. Warum ist Jesus als Kinoheld bis heute aktuell? Was treibt Filmemacher: die Suche nach dem Geheimnis des Gottmenschen oder Aufklärung oder kommerzielles Interesse?" [Zit. aus: HR Hörerinfo] 30 Min., HR 2, Di 7.12.1999, 9.30 Uhr

Titel	Regisseur	Land/Jahr	Seite
Kreuz von Golgatha, Das	Julien Duvivier	Frankr. 1934/35	22, 50
Leben des Brian, Das	Terry Jones	Großbr. 1979	25, 42, 46, 134 ff., 177 f.
Leben und die Passion Jesu Christi, Das	George Hatot	Frankr. 1897	46, 49, 140 ff.
Lena	Karin Hercher	Dtl. 1995	39
Letzte Abendmahl, Das	Tomás G. Alea	Kuba 1976	42, 143 ff.
Letzte Versuchung Christi, Die	Martin Scorsese	USA 1988	25, 34, 149 ff.
Light at Dusk	Edgar Lewis	1916	20
Maria – Die heilige Mutter Gottes	Kevin Ellis	USA 1999	32, 50, 158 ff.
Maria und Joseph	Jean-Luc Godard	Frankr. 1984	50
Maria von Nazareth	Jean Delannoy	Frankr. 1995	50
Matewan	John Sayles	USA 1987	27, 42
Matrix	Andy Wachowski	USA 1999	30
Mensch Jesus	Cornelius Meckseper	Deutschl. 1999	30
Messias, Der	Rossellini	Frankr./Ital. 1975	50, 161 ff., 175 f.
Miraculi	Ulrich Weiß	Dtl. 1991	29, 165 ff.
Mirjams Mutter	Vera Loebner	Dtl. 1993	29
Pale Rider – Der namenlose Reiter	Clint Eastwood	USA 1984/85	42, 51 f.
Passion Christi	Henry C. Vincent	USA 1897/98	18
Passion der Jungfrau von Orleans	Carl Theodor Dreyer	Frankreich 1927/28	51, 168 ff.
Passión Según San Marcos, La	Osvaldo Golijov	Dtl. 2000	94
Pilatus und andere	Andrej Wajda	BRD 1972	34
Quo vadis?	Enrico Guazzoni	Italien 1913	19
Spur der drei Könige, Die	Raymond Burlet	Frankr. 1990	34
Stigmata	Rupert Wainwright	USA 1999	27 f., 49
Tages in Galiläa, Eines	Bernhard Kowalski	USA 1978	34
Touch. Der Typ mit den heilenden Händen	Paul Schrader	USA 1997	29

Titel	Regisseur	Land/Jahr	Seite
Untersuchung, Die	Damiano Damiani	Italien 1986	27
Verbotene Geschichten	Jimmy Murakami	Irland 1996	34
Von der Krippe zum Kreuz	Sidney Olcott	USA 1912/13	19
12 Monkeys	Terry Gilliam	USA 1995	30

Medienkompetenz für die Schule

Inge Kirsner /
Michael Wermke (Hg.)
Religion im Kino
Religionspädagogisches Arbeiten mit
Filmen
2000. 216 Seiten, kartoniert
ISBN 3-525-60404-1

Dieses Buch analysiert Kinofilme der
letzten Jahre im Blick auf die darin
erkennbaren Zugänge zur Lebenswirklichkeit heutiger Menschen.
Die religiöse Sehnsucht nach einem
neuen Himmel und einer neuen Erde
wird vom Film als einer zweiten
Schöpfung gespiegelt, die Träume
und Alpträume abbildet und auf
spielerische Weise sowohl Aporien
als auch neue Lebensmöglichkeiten
zeigt.

Andreas Mertin
Videoclips im
Religionsunterricht
Eine praktische Anleitung zur Arbeit
mit Musikvideos
1999. 165 Seiten mit 11 Abbildungen,
kartoniert. ISBN 3-525-61366-0

Andreas Mertin /
Hartmut Futterlieb
Werbung als Thema des
Religionsunterrichts
2001. 182 Seiten mit 32 Abbildungen,
kartoniert. ISBN 3-525-61391-1

Andreas Mertin
Internet im
Religionsunterricht
2., überarbeitete Auflage 2001.
186 Seiten mit zahlreichen Grafiken,
kartoniert. ISBN 3-525-61380-6

Theologie für Lehrerinnen und Lehrer

*Theologie für Lehrerinnen und
Lehrer* ist der Titel einer neuen
Reihe, die theologisches Elementar-
wissen mit Blick auf die Unterrichts-
praxis zugänglich macht. Die "TLL"
möchte Religionslehrerinnen und
Religionslehrern in Grundschule
und Sekundarstufe I eine Hilfe für
die Ausbildung bzw. Vertiefung der
eigenen hermeneutischen und
systematisch-theologischen Kompetenz anbieten.

Band 1:
Rainer Lachmann / Gottfried
Adam / Werner H. Ritter (Hg.)
Theologische Schlüssel-
begriffe
Biblisch – systematisch – didaktisch
1999. 408 Seiten, kartoniert
ISBN 3-525-61420-9

Band 2:
Rainer Lachmann / Gottfried
Adams / Christine Reents (Hg.)
Elementare Bibeltexte
Exegetisch – systematisch –
didaktisch
2001. 479 Seiten, kartoniert
ISBN 3-525-61421-7

V&R
Vandenhoeck
& Ruprecht